全国高职高专国际经贸专业"十三五"实用型规划教材

国际贸易概论

主　编　张玉娜
副主编　李　辉　张永红
参　编　葛　娜

知识产权出版社
全国百佳图书出版单位

图书在版编目（CIP）数据

国际贸易概论/张玉娜主编. —北京：知识产权出版社，2017.1
全国高职高专国际经贸专业“十三五”实用型规划教材
ISBN 978－7－5130－4578－0

Ⅰ.①国… Ⅱ.①张… Ⅲ.①国际贸易—高等职业教育—教材 Ⅳ.①F74

中国版本图书馆 CIP 数据核字（2016）第 271020 号

内容简介

“国际贸易概论”作为财经类专业的基础课程，有很强的理论性和实践性。为了适应我国对外贸易发展的趋势和市场竞争的迫切需要，加速培养国际贸易人才，我们按照任务驱动型教学的需要编写了本书。全书共有 11 个学习情境、23 个任务，按任务导入、思考问题、任务分析、知识链接、基础训练和综合训练的顺序展开论述，穿插小链接、小讨论和小思考，由浅入深、循序渐进，兼顾理论和实践，让学生“学中做，做中学”，提高学生思考问题、解决问题的能力。

本书既可作为高职高专院校财经管理、国际贸易等相关专业的通用教材，也可供广大业内人士使用、参考。

责任编辑：石陇辉　　**责任校对**：潘凤越
封面设计：刘　伟　　**责任出版**：刘译文

全国高职高专国际经贸专业“十三五”实用型规划教材
国际贸易概论
主　编　张玉娜
副主编　李　辉　张永红
参　编　葛　娜

出版发行：知识产权出版社有限责任公司　　**网　址**：http：//www.ipph.cn
社　址：北京市海淀区西外太平庄 55 号　　**邮　编**：100081
责编电话：010－82000860 转 8175　　**责编邮箱**：shilonghui@cnipr.com
发行电话：010－82000860 转 8101/8102　　**发行传真**：010－82000893/82005070/82000270
印　刷：北京嘉恒彩色印刷有限公司　　**经　销**：各大网上书店、新华书店及相关专业书店
开　本：787mm×1092mm　1/16　　**印　张**：12.75
版　次：2017 年 1 月第 1 版　　**印　次**：2017 年 1 月第 1 次印刷
字　数：300 千字　　**定　价**：38.00 元
ISBN 978-7-5130-4578-0

前　　言

随着经济全球化时代的到来，我国经济活动的国际化趋势日渐明显，各企业的国际交流及贸易活动越来越多，熟悉国际交流与贸易规则及惯例、不断加强国际间的交流与合作成为众多企业经营的重心，这一发展趋势使企业对国际经贸或商务管理人才的需求与日俱增。为了适应我国对外贸易发展的趋势和市场竞争的迫切需要，加快培养更多基本功扎实、操作能力强、与时俱进的高素质国际经济与贸易专业人才，我们按照任务驱动型教学的需要编写了本书。

本书在编写过程中突出实用性，并兼顾前瞻性和实效性，总结了前人成熟的研究成果，吸纳了当前国际贸易理论的新知识及国际贸易实践中的新经验和新成果，对国际贸易的基本内容进行了最新汇编。本书在内容安排和体系结构上具有以下特点：

1）融教、学、做于一体，在各情境中设有任务，每个任务又设有任务导入、思考问题和任务分析，以提示知识要点和重点，让学生带着任务去学习相关知识和技能，使教材富有启迪性、实用性和生动性。

2）插入了大量的精选案例和小链接，用以补充相关资料，增加信息量；同时穿插思考，便于加深学生对理论知识的理解，从而强化学生的技能培养、增加学生的学习兴趣。

3）在各情境后还附有基础训练和综合训练，既便于学生把握学习重点，加深对知识的理解，提高学习效率，也为教师的教学提供了方便。

4）内容简明清晰，坚持以必需、够用为度，理论知识以具体、明确、能够被掌握为原则，注重重点突出、层次清楚。

本书可作为职业院校国际贸易、电子商务、物流管理、国际金融、国际市场营销、财经等专业的教材，也可作为外贸企业各岗位的培训用书；既适于教师讲授，也便于学生自主学习。

本书由天津轻工职业技术学院张玉娜任主编，李辉、张永红任副主编，天津安钿商贸有限公司外贸部经理葛娜参与编写。具体编写分工如下：学习情境一至学习情境六由张玉娜编写，学习情境七至学习情境十由李辉编写，学习情境十一由张永红编写，葛娜撰写了前言和内容简介，并对全书内容进行完善及核对。在编写过程中，我们吸收和借鉴了很多专家学者的研究成果和著作，在此向他们表示衷心的感谢。

由于时间仓促，编者学识水平和能力有限，书中不足之处在所难免，敬请各位专家和广大读者批评指正。

目　　录

学习情境一　国际贸易认知

【知识导图】

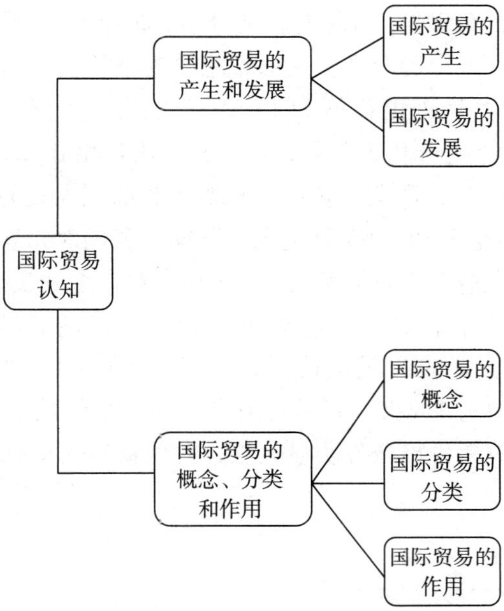

【知识目标】

1）了解国际贸易产生与发展的历史过程；
2）掌握国际贸易的基本概念及分类；
3）熟悉国际贸易分类统计的方法和特点。

【技能目标】

1）能应用所学知识分析案例；
2）能运用有关贸易知识对国际贸易的状况进行分析；
3）能系统地阐述国际贸易的历史沿革。

任务一 国际贸易的产生和发展

【任务导入】

据海关统计，2015 年我国货物贸易进出口总值 24.59 万亿元人民币，比 2014 年下降 7%。其中，出口 14.14 万亿元，下降 1.8%；进口 10.45 万亿元，下降 13.2%；贸易顺差 3.69 万亿元，扩大 56.7%。据业内人士分析，2015 年我国外贸进出口主要有以下几个特点：首先，贸易方式更趋合理。在国务院“稳增长、调结构”相关措施的大力推进下，2015 年我国一般贸易进出口值为 13.29 万亿元，下降 6.5%，占进出口总值的 54%，所占比重较 2014 年提升 0.3 个百分点；其中出口增长 2.2%。其次，贸易伙伴多元化取得积极进展。2015 年，欧盟、美国、东盟为我前三大贸易伙伴，双边贸易额分别为 3.51 万亿元、3.47 万亿元和 2.93 万亿元。同期，我国对东盟、印度等新兴市场贸易相对表现较好，其中对东盟双边贸易额略降 0.6%，对印度增长 2.5%，表现均好于进出口总体情况。同时，民营企业对外贸易显示活力，出口商品结构进一步优化。此外，2015 年，我国部分大宗商品进口量保持增长，贸易条件进一步改善。由此测算，2015 年我国贸易价格条件指数为 112.1，表明我国出口一定数量的商品可以多换回 12.1% 的进口商品，意味着我国贸易价格条件明显改善，对外贸易效益有所提升。

【思考问题】

结合案例，谈谈你对对外贸易的认识。

【任务分析】

对外贸易是一国或地区与别国或地区进行货物和服务交换的活动，是从一个国家的角度来考察这种货物和服务的交换活动。从国际范围来看这种货物和服务交换活动，就称为国际贸易或世界贸易。

【知识链接】

国际贸易是一个历史范畴，它是社会生产力发展到一定阶段时才产生和发展起来的，国际贸易的产生是以商品生产和国家的出现为前提的。

一、国际贸易的产生

（一）原始社会的国际贸易

原始社会初期，人类处于自然分工状态，生产力水平极为低下，人们只能依靠集体劳动来获取有限的生活资料，然后依照平均的原则，在成员之间进行分配。因此，在这一时期，没有剩余产品，没有私有制度，没有阶级和国家，也就不存在以国家为基础的对外贸易。

人类社会在经历第一次社会大分工后，出现了原始畜牧业和原始农业的分工，推动了原始社会生产力的发展，产品开始出现少量剩余，在氏族公社、部落之间出现了剩余产品的交换。

随着生产力的发展，手工业从农业中分离出来，人类社会实现了第二次社会大分工。手工业出现后，便产生了直接以交换为目的的生产——商品生产。随着商品生产和交换的不断扩大，产生了货币，商品的物物交换发展到以货币为媒介的商品流通。这些直接导致了第三次社会大分工——生产劳动与商业劳动相分离、私有财产和阶级产生、商品流通扩大，使专门从事贸易的商人阶层出现。商人的出现使远距离商品交换甚至海外贸易成为可能。在经历了三次社会大分工后，原始社会逐步向奴隶社会过渡。

（二）奴隶社会的国际贸易

奴隶社会的社会基础是奴隶主占有生产资料和奴隶。对外贸易的货物主要是奴隶和奴隶主追求的奢侈品，如装饰品、香料、织物等。当时的希腊是奴隶交易中心。虽然在奴隶社会对外贸易有了相对大的发展，促进了当时手工业的发展，推动了社会生产的进步，但从总体来说，由于在奴隶社会自然经济占主导地位，生产的直接目的主要是消费，进入流通领域的商品只是少数，再加上生产技术落后、交通工具简陋，以及地理知识有限，使得各个国家对外贸易的范围受到了很大限制，对外贸易的影响也很有限。

（三）封建社会的国际贸易

封建社会时期对外贸易获得了较大的发展。在封建社会中后期，由于封建地租更多地采取货币形式，极大地促进商品生产与交换的发展，直接促进了商品经济的发展。到封建社会后期，随着城市手工行业的发展，商品经济与对外贸易都获得了较快的发展，开始孕育着资本主义因素。

在封建社会，奢侈品仍然是贸易中的主要商品，西方国家用毛呢、酒来换取东方的丝绸、香料等。公元 11 世纪后期到 14 世纪，整个欧洲已经形成了几个主要贸易区，如以意大利的威尼斯、热那亚等城市为中心的地中海贸易区，包括德意志北部和北斯堪的纳维亚地区的汉萨贸易区，还有北海和波罗的海贸易区等。与此同时，在亚洲形成了以中国、日本为主的东亚贸易区，包括现今越南南部和柬埔寨的东南亚贸易区和以印度为主的南亚贸易区。

但是直到 15 世纪前，国家之间的贸易仍是建立在自然经济基础之上的，依照自愿交换的原则进行。贸易在自然经济中的地位并不重要，只是人们经济生活的一个补充，这种情况直到出于交换目的的商品生产的出现并获得长足发展才发生改变。此时还不存在真正的“国际贸易”或“世界贸易”，国家之间的贸易带有很强的区域色彩。

小链接

海上丝绸之路

历史上的“海上丝绸之路”，是指中国与世界其他地区之间的海上交通路线，以中国为起点，东通朝鲜半岛、日本，西经东南亚、印度洋地区直至西亚和东北非。扬州、明州（宁波）、泉州、番禺（广州）为海上丝绸之路中国境内的四大港口。

丝绸之路一直被认为是东西方物质与文化交流的“对话之路”。自1877年德国地理学家李希霍芬（F. von Richthofen）将中国长安（西安）为起点西达地中海东岸的古代商道命名为“丝绸之路”（Silk Road）之后，丝绸之路的称号沿用至今。海上丝绸之路起于秦汉，兴于隋唐，盛于宋元，明初达到顶峰，明中叶因实行海禁而衰落。海上丝绸之路是古代中国海外贸易的延伸，中国著名的陶瓷、茶叶、丝绸和铁器经由这条海上交通路线销往各国，西方的香料也通过这条路线输入中国。

历代海上丝绸之路可分为三大航线：东洋航线由中国沿海港口至朝鲜、日本，南洋航线由中国沿海港口至东南亚诸国，西洋航线由中国沿海港口至南亚、阿拉伯半岛和东非沿海诸国。

（四）资本主义社会的国际贸易

在资本主义生产方式下，国际贸易发展迅速，贸易规模、商品种类和地理范围都空前扩大，国际贸易在各国经济中的地位大大提高，作用增强。

1. 地理大发现对国际贸易的影响

1492年，意大利航海家哥伦布从西班牙出发，经大西洋发现美洲。1498年，葡萄牙人达·伽马从欧洲绕过非洲南端好望角到达印度，完成了具有历史意义的地理大发现。地理大发现的直接结果是将各大洲独自发展的国家联系起来，使得国家之间的贸易具有了“世界”的概念。

地理大发现后，各国资源条件的差异使得国际流通中的商品种类和数量急速增加，贸易的扩大促进了专门为交换而进行生产的专业化分工，因国家之间商品价格的差异而产生的巨大利润进一步推动了“世界”贸易的发展。

地理大发现扩大了欧洲国家对外贸易的地理范围，使其贸易范围直接扩大到大西洋彼岸的美洲和亚洲的印度、中国和南洋群岛，欧洲商人大量涌入这些地区。在对外贸易中结合着海盗行径与对殖民地人民残酷和血腥的掠夺，使西欧各国积累了大量的货币资本，商业资本得到了迅速的发展和壮大，从而大大促进了资本主义生产方式的成长和确立。在这一时期，欧洲几个主要贸易国家为争夺海上贸易霸权，进行多次商业战争。随着几个主要贸易国家的兴衰，国际贸易中心曾多次转移。起初，由于葡萄牙和西班牙最先建立起庞大的殖民帝国，其势力范围扩大到亚非拉三大洲，伊比利亚半岛诸城市就成为国际贸易中心。之后，荷兰兴起，成为世界头号海上强国，对外贸易的规模和海外殖民地的数量远远超过葡萄牙和西班牙，因而阿姆斯特丹成为国际贸易中心。到17世纪，英国取得了国际贸易霸权，伦敦就成了国际贸易中心。概括而言，这一时期的国际贸易是西欧各国同广大殖民地国家之间进行的一种掠夺性的贸易，广大殖民地国家是被迫卷入国际贸易的。贸易的范围和规模较封建社会有了空前的扩大。贸易的商品结构开始转变，工业原料和城市居民消费品的比重上升，贸易对各国经济发展作用明显，贸易的普遍性、世界性增强。

2. 第一次产业革命后的国际贸易（18 世纪中期～19 世纪中期）

16～18 世纪，欧洲经济发生了重大变化。一方面，自地理大发现后，欧洲各国从海外获取大量的金银财富，积聚了大量商业资本和工业资本，基本完成了资本原始积累过程；另一方面，海外市场的不断扩张大大刺激了欧洲工业生产的发展，到 18 世纪中期，欧洲资本主义生产方式获得长足发展，极大地推进了生产力的发展，第一次产业革命就在这一时期发生了。

第一次产业革命主要发生在英国，经历了大约 100 年的时间，它以蒸汽机的发明与使用为主要标志，建立起纺织、冶金、煤炭三大支柱产业。在欧洲，以英国为代表，完成了工场手工业向大机器工业的过渡，建立起现代企业制度。第一次产业革命使生产力发展出现质的飞跃，生产效率快速提高，社会产品大量增加，为国际贸易的发展奠定了物质基础。同时，蒸汽机在火车、轮船上的应用促进了交通运输工具的改革，相对缩短了国家之间的距离，使更多的国家和商品进入国际交换领域。自给自足的封闭自然经济体系不断受到冲击，国际范围的分工与贸易逐渐成为日益增长的国家经济不可或缺的一部分，这一时期的国际贸易呈现出以下特点。

（1）国际贸易总量实现快速增长

大机器工业的建立和发展使欧洲工业生产规模空前扩大，直接促进国际贸易规模的迅速增长。1720～1800 年的 80 年中，国际贸易量总共只增长了一倍；进入 19 世纪之后，国际贸易量的增长速度明显加快，19 世纪的前 70 年中，国际贸易量增长了 10 多倍。

（2）商品结构发生重大变化

在 18 世纪末以前交易的商品主要以香料、丝绸、咖啡、茶叶等为主。发展到这一时期，上述这些商品的交易绝对量虽然仍在扩大，但其所占的份额已经下降，各种工业制成品所占比重显著上升，其中纺织品、钢铁、机器等商品的贸易量增长较快，另外，粮食、煤炭等初级产品也成为国际贸易中的主要商品。如粮食，其贸易量要占到当时国际贸易额的 1/10 左右。

（3）国际贸易地区分布的变化

第一次产业革命首先发生在英国，因而英国成为国际贸易的中心。到 19 世纪中期，随着其他国家，如美国、德国等国家的经济相继获得快速发展，它们开始在国际贸易中与英国展开竞争。尽管如此，英国在国际贸易中的中心地位没有动摇。19 世纪 50 年代，英国的机器制造商垄断了全世界的机器、机车、铁路设备的制造。1870 年，英国拥有的商船吨位居世界第一位，超过荷兰、法国、美国、德国、俄国等国的商船吨位的总和。

3. 第二次产业革命后的国际贸易（19 世纪中期至第一次世界大战前）

19 世纪 70 年代开始，资本主义世界发生了以电力发明和应用为标志、以重化工业兴起为特征的第二次产业革命。这次产业革命主要发生在德国和美国，也包括其他欧洲国家。由于第二次产业革命使技术在工业中开始发挥重要作用，批量生产技术得到改善和充分运用，所以第二次产业革命又称为“第二次技术革命”。

第二次产业革命促进欧美亚等国家生产力和经济水平迅速提高。到 1914 年，欧洲、北美、日本、澳大利亚都先后完成了工业化进程，实现了农业自然经济向资本主义工业经济的转变，并通过贸易将资本主义生产方式在全世界范围扩展。资本输出的发展进一步强化了已形成的以欧美国家为主的现代工业经济与其他国家以自然条件为基础的农业手工业传统经济组合而成的世界经济格局，使国际分工和国际贸易成为世界上多数国家经济生活的必要组成部分，世界资本主义经济体系和相应的经济秩序逐步形成，真正意义上的国际贸易或世界贸易产生了。

第二次产业革命对国际贸易产生的影响具体表现在以下几方面。

（1）国际贸易规模继续扩张，但增长速度减缓

1840～1870年，国际贸易量增长了3.4倍，而1870～1900年国际贸易量增长了1.7倍，1900～1913年仅增长了62%。从上面的数字可以看出，第二次产业革命后，也就是资本主义发展进入垄断时期后，国际贸易增长速度明显低于第一次产业革命后的100多年。并且在这一时期，国际贸易的增长速度也明显落后于世界工业生产的增长速度。1870～1900年，世界工业年增长速度为3.7%，国际贸易年增长速度为3.2%；1900～1913年，相应数字分别为4.2%和3.8%。究其原因，主要是在这一时期，急剧扩张的生产能力与市场之间的矛盾已经显现出来，一些国家，主要是经济发达的国家，先后出现几次经济衰退，除英国之外，纷纷采取贸易保护政策，限制进口，抑制了国际贸易发展的速度。

（2）国际贸易商品结构发生变化

这一时期，初级产品和制成品在国际贸易中所占比例比较稳定，但内部结构发生变化。1876～1913年，世界初级产品贸易增加了2.1倍，制成品贸易增加了2.2倍。制成品贸易中，纺织品所占比例持续下降，金属产品的比例持续上升，化学产品、纸张、木制品、玻璃制品也增长迅速。在初级产品中，随着生产的迅速发展，矿产原料所占比例快速上升，食品和农业原料的比例下降。

（3）国际贸易地区分布的变化

尽管英国在国际贸易中仍占据第一的位置，但重要性却在不断下降。1870年，英国在世界出口中所占比重为22%，1880年下降到16.3%，1913年继续下降到13.1%。但是欧洲国家作为一个整体仍控制着国际贸易，这一点从两方面可以体现出来：一是欧洲在国际贸易中的地位。1913年，欧洲占世界出口量的59%，世界进口量的65%。二是其他国家对外贸易对欧洲的依赖程度。19世纪80年代，美国出口80%以上的市场在欧洲，1913年，虽然出口市场多元化程度在提高，增加了对加拿大、亚洲等地的出口，但对欧洲出口仍占据美国出口的60%。拉丁美洲对外贸易的60%以上是与欧洲开展的。

二、国际贸易的发展

第二次世界大战后，第三次产业革命的发生引起了一系列新兴工业的相继兴起。跨国公司的大量出现，极大地促进了生产国际化的发展，使国际分工更加深入，国际市场范围日益扩大，为国际贸易的发展提供了极其有利的条件。而随着一批社会主义国家的出现，许多发展中国家摆脱殖民统治，走上了民族独立的道路，它们积极参与国际分工、国际贸易，也使国际贸易在第二次世界大战以后获得了进一步的发展。这一时期，国际贸易呈现出以下特点。

1. 国际贸易发展迅速

第二次世界大战后，国际贸易的发展速度相当快，超过了同期世界经济的发展速度。1950～2000 年的 50 年中，全世界的商品出口总值从约 610 亿美元增加到 61328 亿美元，增长了 100 多倍。即使扣除通货膨胀因素，实际商品出口值也增长了 15 倍多，远远超过了工业革命后乃至历史上任何一个时期的国际贸易增长速度。而且世界贸易实际价值的增长速度（年平均增长 6% 左右）超过了同期世界实际 GDP 增长的速度（年平均增长 3.8% 左右）。这意味着国际贸易在各国 GDP 中的比重在不断上升，国际贸易在现代经济中的地位越来越重要。

小链接

GDP 和 GNP 的含义

GDP（Gross Domestic Product）是指国内生产总值，又称国内生产毛额或本地生产总值。它表示一个国家或地区在一定时间内（通常为 1 年）生产的所有商品和劳务的市场价值的总和，包括本国国民生产的产品和劳务，也包括外国居民在本国生产的产品和劳务。它是以地域范围来划分的。

GNP（Gross National Product）是指国民生产总值，又称国民生产毛额或本地居民生产总值。它表示一个国家或地区的所有居民在一定时间内（通常为 1 年）生产的商品和劳务的市场价值的总和，包括本国居民在国内生产的产品和劳务，也包括本国居民在国外生产的产品和劳务。它是以生产者的国籍来划分的。

2. 国际贸易的商品结构发生了重要变化

第二次世界大战以后，以美国为先导出现了以原子能、电子、合成材料、航天技术、生物技术为标志的新的科学技术革命，促成了一系列产业的诞生和发展，如原子能、半导体、石油、化工、宇航等产业。新的产业带来新的、多样化的产品，丰富了国际贸易商品的内容，使得国际贸易中制成品贸易成为无可争议的主导。同时，新产业的大量出现也使旧产业出现衰败，依照比较优势在国家之间实现产业转移，从而促进了经济发展水平不同的国家产业部门之间分工的进一步发展。同时，战后国际服务贸易在国际贸易中所占比重大幅上升。

3. 跨国公司已成为国际贸易主力军，对世界经济的发展产生重大影响

第二次世界大战以后，跨国公司大量兴起和壮大，对国际贸易的迅速发展起了巨大的促进作用。跨国公司控制了全世界 1/3 以上的生产，掌握了全世界 90% 的对外直接投资，控制了 2/3 的世界贸易和 70% 以上的国际技术转让。联合国贸易和发展会议（UNCTAD）公布的一份报告显示了 2015 年全球外国直接投资（FDI）流动情况。UNCTAD 认为 2015 年全球 FDI 增势强劲，主要由发达经济体贡献且集中在并购。2015 年，全球 FDI 同比增长 36% 至 1.7 万亿美元，为 2007 年以来最高年份，并且主要集中在并购领域，绿地投资则与上一年基本持平。跨国公司充分利用其现金流和全球流动

性，大量并购资产促进销售、降低成本。当年并购交易额同比增长 61% 至 6440 亿美元其中制造业增长 132% 至 3390 亿美元，特别是非金属产品、机械和设备、电子零配件等行业的资产买入量增长最快。服务行业的并购中，金融服务的并购放缓，房地产和交通服务则增长很快。冶炼行业并购额减少 51%，原油和天然气行业并购额减少 68%。

4. 贸易集团化趋势增强

随着生产的社会化和国际分工的不断深化，世界经济的区域化、集团化趋势日益加强，各种区域经济一体化组织相继出现，如欧洲联盟、东南亚联盟、北美自由贸易区、石油输出国组织、海湾合作委员会、中美洲共同市场、加勒比共同市场、西非国家共同体等。目前世界各种经贸区域集团已超过 100 个。经贸集团内部各成员国的贸易发展十分迅速，已成为第二次世界大战后贸易发展的一个重要特征。

5. 贸易保护主义有所增强，且更加隐蔽化、管理化

20 世纪 50 年代到 70 年代中期，贸易政策和体制总的特点是自由贸易，各发达国家倾向于贸易自由化。70 年代中期，贸易保护主义政策逐渐兴起。一些发达国家采取各种非关税壁垒措施，其保护手续更加隐蔽，更具有针对性，有的发达国家还通过“ISO 9000”“ISO 14000”等管理手段加强实行保护的效果。国际贸易体制从自由贸易走向管理贸易。

小讨论

贸易保护主义的盛行对国际贸易的发展有哪些不利的影响？

任务二　国际贸易的概念、分类和作用

【任务导入】

改革开放以来，我国对外贸易迅速发展，如今已成为全球第一大贸易国。2014 年，中国进出口总值 4.30 万亿美元，在世界货物贸易的排名从比重不足 1% 上升到 12% 左右。与此同时，有些国家对于我国外贸发展态势也出现了不同的声音。有观点认为，我国外贸增长过快，外贸依存度过高，容易产生贸易纠纷，外贸发展不具有可持续性；也有人认为，我国外贸的快速增长，将会影响到内需消费的扩大。

【思考问题】

如何看待我国当前的外贸依存度？

【任务分析】

和英、美、德、日等传统经济大国以往的情况相比，我国目前的出口份额仍然有增长空间。英国1820年出口额占全球贸易18%，美国1947年时占32.5%，德国目前出口份额约占10%，而我国出口额在全球贸易中所占比重只有10%多一点，仍然属于偏低水平。从外贸依存度看，英国、法国、丹麦和澳大利亚都曾经保持在40%以上，而我国近几年的外贸依存度也只有50%左右，并不算太高。在经济全球化的时代，每个国家都必须在全球范围内充分配置资源，使自己在竞争中处于有利地位，进出口双双超高增长和高外贸依存度将成为常态。

【知识链接】

国际贸易是在一定的历史条件下产生和发展起来的。由于各国经济发展的不平衡，科学水平和自然条件的差异，各国为了其本身的发展，需要相互之间互通有无，进行商品交换。第二次世界大战后，生产力水平的提高，为国际贸易的发展提供了强大的物质基础。

一、国际贸易的概念

国际贸易（International Trade）又称世界贸易，是指不同国家和地区之间的商品和劳务的交换活动。国际贸易有广义和狭义之分，包括货物与服务的国际贸易称为广义的国际贸易，不包括服务的国际贸易则称为狭义的国际贸易。国际贸易由进口贸易和出口贸易两部分组成，故有时也称为进出口贸易。

（一）国际贸易与对外贸易

对外贸易（Foreign Trade）是指一国或地区同别国或地区进行货物和服务交换的活动，是从一个国家的角度来考察这种货物和服务的交换活动。从国际范围来看这种货物和服务交换活动，就称为国际贸易或世界贸易。国际贸易活动是由各国的对外贸易活动构成的。广义的对外贸易包括服务贸易和货物贸易；狭义的对外贸易则只包含货物贸易。一些岛屿国家，如英国、日本等国也常用“海外贸易”来表述它们的对外贸易活动。

（二）对外贸易额与对外贸易量

1. 对外贸易额

对外贸易额又称为对外贸易值（Value of Foreign Trade），它由一国或地区一定时期进口总额与出口总额构成，是反映一国对外贸易规模的重要指标之一。一定时期内一国向国外出口商品或劳务的全部价值，称为出口贸易总额或出口总额；一定时期内一国从国外进口商品或劳务的全部价值，称为进口贸易总额或进口总额。该指标一般采用国际上通行的货币表示，联合国编制和发表的世界各国对外贸易额的数字是以美元表示的，中国商务部公布的中国对外贸易额统计数字也以美元表示。

把世界上所有国家的货物进口总额或货物出口总额按同一种货币单位换算后加在一起，即得到国际货物贸易额——世界货物进口总额或货物出口总额。由于一国的出口就是另一国的进口，因此，从世界范围来看，所有国家货物进口额的合计数字理应等于所有国家货物出口额的合计数字。但是由于各国在进行货物贸易统计时一般按离岸价格（FOB 价，即启运港船上交货价，其中不包括保险费和运费）计算出口额，按到岸价格（CIF 价，即成本、保险费加运费）计算进口额，因此，世界货物出口总额总是小于世界货物进口总额。

2. 对外贸易量

对外贸易量是以一定时期的不变价格为标准来计算的对外贸易值。由于进出口商品的价格经常变动，对外贸易额难以反映该国贸易的实际规模和发展变化情况，如果以国际贸易实物数量来表示，则能避免上述矛盾。对外贸易量原意是用进出口商品的数量、重量、长度、面积、体积等计算单位来表示进出口商品的多少和变化的实际情况。然而，世界各国进出口商品数量种类繁多，计量单位各异，无法用统一的计量单位来表示世界或某个国家在一定时期的实际贸易量。

对外贸易量便于不同时期对外货物贸易额的比较。它是用价格指数调整后的贸易额，排除了价格波动对贸易额的影响，相当于是按照不变价格或固定价格计算的报告期的贸易额，其反映了对外贸易实际规模的变化情况，使得不同时期的贸易额可以直接进行比较。

（三）贸易差额

一国在一定时期内出口总额与进口总额之间的差额称贸易差额（Balance of Trade）。贸易差额用以表明一国对外贸易的收支状况。当出口总额超过进口总额时，称为贸易顺差，或贸易出超（Trade Surplus）；当进口总额超过出口总额时，称为贸易逆差，或贸易入超（Trade Deficit）。通常贸易顺差以正数表示，贸易逆差以负数表示。如果出口总额与进口总额相等，则称为贸易平衡。

一国的进出口贸易收支是其国际收支项目中最重要的组成部分，因而贸易差额状况对一国的国际收支有重大的影响。

小思考

贸易顺差是越大越好吗?

据海关统计，2014 年，我国进出口总值 26.43 万亿元人民币，同比增长 2.3%，其中出口 14.39 万亿元，增长 4.9%；进口 12.04 万亿元，下降 0.6%；贸易顺差 2.35 万亿元，扩大 45.9%。按美元计，2014 年我国进出口总值 4.30 万亿美元，同比增长 3.4%。其中出口 2.34 万亿美元，同比增长 6.1%；进口 1.96 万亿美元，同比增长 0.4%；贸易顺差 3824.6 亿美元，同比扩大 47.3%。

根据资料分析，我国的贸易顺差是越大越好吗?

（四）对外贸易商品结构与国际贸易商品结构

对外贸易商品结构（Composition of Foreign Trade）是指一定时期内一国进出口贸易

中各类商品的构成，即某大类或某种货物进出口贸易额与整个进出口贸易额之比，以份额表示。对外贸易商品结构可以划分为出口商品结构和进口商品结构两种，是反映一国对外贸易质量的重要指标。

国际贸易商品结构（Composition of International Trade）是指一定时期内各大类货物或某种货物在整个国际贸易中的比重，即各大类货物或某种货物贸易额与整个世界贸易额的比率。为便于比较分析，世界各国均按《联合国国际贸易标准分类》公布其对外货物贸易结构。多数国家发布的贸易结构数字包括出口商品（服务）结构、进口商品（服务）结构、进出口商品（服务）结构。

对外贸易商品结构或国际贸易商品结构可以反映出一国或世界经济发展水平、产业结构状况和第三产业发展水平等。

（五）对外贸易地理方向与国际贸易地理方向

对外贸易地理方向又称为对外贸易地区分布（Foreign Trade by Regions）或国别构成，指一定时期内各个国家或国家集团在一国对外贸易中所占有的地位，通常以它们在该国进口额、出口额或进出口总额中的比重来表示。对外贸易地理方向指明一国出口货物和服务的去向以及进口货物和服务的来源，从而反映一国与其他国家或国家集团之间经济贸易联系的程度。一国的对外贸易地理方向通常受经济互补性、国际分工的形式与贸易政策的影响。

国际贸易地理方向又称国际贸易地区分布（International Trade by Regions），用以表明世界各洲、各国或各个国家集团在国际贸易中的地位。计算各国、各国家集团、各洲在国际贸易中所占的比例，既可以计算各国、各国家集团、各洲的进口额和出口额在世界进口总额和出口总额中所占的比例，也可以计算各国、各国家集团、各洲的进出口额在世界进出口额中所占的比例。

（六）对外贸易依存度

对外贸易依存度又称对外贸易系数（Degree of Dependence on Foreign Trade），以一国对外贸易额同该国国内生产总值（GNP）或国民生产总值（GDP）的比率来表示，用以反映一国经济发展对对外贸易的依赖程度。

对外贸易依存度一般通过进口系数和出口系数来反映，也可以用一国对外贸易总额与该国 GNP 或 GDP 的比率直接反映，数年来中国无论是货物出口与 GDP 还是 GNP 之比都在持续上升。比重的变化意味着对外贸易在国民经济中所处地位的变化。

小思考

外贸依存度比较

中国经济对国际市场的依赖程度连降两年，延续2007 年以来的基本回落趋势，但相比美国、日本仍属较高水平。2014 年，我国外贸依存度为46%，美国、日本、巴西三国的外贸依存度约为30%。

根据以上数据，我们可否得出中国外贸依存度高于美国与日本的结论?

二、国际贸易的分类

国际贸易范围广泛，内容复杂，种类繁多，根据不同的标准，可以进行不同的分类。认识和掌握这些分类以及相关的概念，有助于深入地研究国际贸易。

(一) 按货物移动方向划分

按货物的移动方向不同，国际贸易可以分为出口贸易、进口贸易和过境贸易。

1. 出口贸易

出口贸易（Export Trade）又称输出贸易，是指本国生产或加工的商品输往国外市场销售的贸易业务。不属于外销的商品不包括在内。例如，运出国境供驻外大使馆、领事馆使用的货物以及旅客个人带出国境使用的货物均不列入出口贸易。它是一个国家或地区取得外汇收入的最主要途径，对一国或地区的国民经济发展起着非常重要的作用。

从国外输入的商品，未在本国消费，又未经本国加工而再次输出国外，称为复出口或再输出（Re - Export Trade）。形成复出口主要与经营转口贸易有关。

2. 进口贸易

进口贸易（Import Trade）又称输入贸易，是指将外国商品输入本国市场销售的贸易业务。同样，不属于内销的商品不包括在内。例如，输入国提供外国大使馆、领事馆自己使用的货物以及旅客个人带入国境使用的货物均不列入进口贸易。

输往国外的商品未经消费和加工又输入本国，称为复进口或再输入（Re - Import Trade）。造成复进口的原因是商品出口后未能销售或者商品遭损坏等。复进口具有偶然性，是不得已而为之的补救行为，无实际商业意义。

3. 过境贸易

过境贸易（Transit Trade）又称通过贸易，是指甲国向乙国运送商品，由于地理位置的原因，必须通过第三国，对第三国来说便是过境贸易。第三国虽然没有直接参与此项交易，但商品要进出该国的国境或关境，并要经过海关统计，从而构成了该国进出口贸易的一部分。世界上大多数国家都会采取积极措施来鼓励过境贸易，以此来促进本国经济发展。

(二) 按国境或关境划分

按国境或关境不同，国际贸易可以分为总贸易和专门贸易。

1. 总贸易

总贸易（General Trade）是指以国境为标准划分的进出口贸易。凡进入国境的商品一律列为总进口，凡离开国境的商品一律列为总出口。在总出口中又包括本国产品的出口和未经加工的进口商品的出口。总进口额加总出口额就是一国的总贸易额。目前，采用总贸易额统计方法的有美国、日本、英国、加拿大、澳大利亚、中国、独联体国家、东欧国家等 90 多个国家和地区。

2. 专门贸易

专门贸易（Special Trade）是指以关境为标准划分的进出口贸易。只有从外国进入关境的商品以及从保税仓库存提出进入关境的商品才列为专门进口。当外国商品进入国境后，暂时存放在保税仓库，未进入关境，不列为专门进口。从国内运出关境的本国产品以及进口后经加工又运出关境的商品，则列为专门出口。专门进口额加专门出口额称为专门贸易额。目前，采用专门贸易额统计方法的有德国、意大利、瑞士、法国等80多个国家和地区。

小链接

国境和关境的区别

关境亦称“税境”“海关境域”“关税境域”或“关税领域”，指一国海关法规可以全面实施的领域。一般而言，一国的关境与其国境（包括领陆、领水、领空）的范围是一致的，关境即国境。但是也有一些国家和地区的关境与国境不一致。在设有自由区、自由港、保税区的国家，这些自由港、自由区及保税区不属于该国的关境范围之内，这部分地区被称为“关境以外的本国领土”。此时，关境小于国境。相反，在缔结关税同盟的国家之间，相互不征收进出境货物的关税，关境包括了几个缔约国的领土，所包括的这一地区被称为“关境以内的外国领土”，关境大于国境。有关关境的法律条文一般在各国的海关法中予以载明。

一般情况下，关境与国境的关系分为三种。①关境等于国境。②关境大于国境。例如，结成关税同盟的国家，其成员国之间，货物进出国境不征收关税，只对来自和运往非同盟成员国的货物在进出共同关境时征收关税，此时应认为每个成员国的关境大于国境，典型的例子是欧盟。③关境小于国境。如在设有保税区、自由港和自由区的国家就是如此。

（三）按商品形式划分

按商品形式不同，国际贸易可以分为有形贸易和无形贸易。

1. 有形贸易

有形贸易（Tangible Trade）是指以具有物质形态的商品为买卖对象的贸易，即国际贸易的货物贸易。有形贸易是“无形贸易”的对称，指商品的进出口贸易。由于商品是可以看见的有形实物，故商品的进出口被称为有形进出口。有形贸易的进出口必须通过海关，海关依据海关税则对商品征收关税，并反映在海关的贸易统计上，它是一国国际收支中最主要的项目。

小链接

国际贸易商品分类

国际贸易中的有形商品种类繁多，为便于统计，联合国秘书处于1950年起草了《联合国国际贸易商品标准分类》，并分别在1960年和1974年进行了修订。按照1974年的修订本，国际贸易商品分为10大类，分别为：食品及主要供食用的活动物（0）；饮料及烟类（1）；燃料以外的非食用粗原料（2）；矿物燃料、润滑油及有关原料（3）；动植物油脂及油脂（4）；未列名化学品及有关产品（5）；主要按原料分类的制成品（6）；机械及运输设备（7）；杂项制品（8）；没有分类的其他商品（9）。在国际贸易中，一般把（0）~（4）类商品称为初级产品，把（5）~（8）类商品称为制成品。

2. 无形贸易

无形贸易（Intangible Trade）是指劳务或其他非实物商品的进出口而发生的收入与支出，主要包括：①和商品进出口有关的一切从属费用的收支，如运输费、保险费、商品加工费、装卸费等；②和商品进出口无关的其他收支，如国际旅游费用、外交人员费用、侨民汇款、使用专利特许权的费用、国外投资汇回的股息和红利、公司或个人在国外服务的收支等。以上各项中的收入称为“无形出口”；以上各项中的支出称为“无形进口”。一般来说，无形贸易包括服务贸易（Service Trade）和技术贸易（Technology Trade）。

有形贸易要结关，故其金额显示在一国的海关统计上。无形贸易不经过海关办理手续，其金额不反映在海关统计上，但要显示在一国国际收支表上。

（四）按是否有第三国或地区参加贸易划分

按是否有第三国或地区参加，国际贸易可以分为直接贸易、间接贸易和转口贸易。

1. 直接贸易

直接贸易（Direct Trade）是指货物生产国与货物消费国直接买卖货物的贸易行为，贸易双方直接洽谈完成交易。对于生产国而言，是直接出口；对于消费国而言，是直接进口。在国际贸易中，大多采用直接贸易的方式。

2. 间接贸易

间接贸易（Indirect Trade）是指商品生产国与商品消费国通过第三国进行卖买商品的行为。其中，生产国是间接出口，消费国是间接进口，第三国是转口。

3. 转口贸易

转口贸易（Entrepot Trade）又称中转贸易或再输出贸易，是指生产国与消费国之间通过第三国所进行的贸易，对第三国来说，就是转口贸易。在转口贸易中，转口贸易国的贸易商分别与生产国、消费国的贸易商订立买卖合同，达成实际交易；而过境贸易中，交易关系的确立是在生产国与消费国贸易商之间进行的，因此，转口贸易与过境贸易的本质区别在于交易关系的确立不同。目前，新加坡、中国香港、伦敦、鹿特丹等，都是国际著名的中转地，进行着数量很大的转口贸易。通过转口贸易它们除了可以得到可观的转口利润和仓储、运输、装卸、税收等收入外，同时也推动了当地金融、交通、电信等行业的发展。

小讨论

举例说明转口贸易与过境贸易有什么区别。

（五）按清偿工具划分

按清偿工具不同，国际贸易可以分为现汇贸易和易货贸易。

1. 现汇贸易

现汇贸易（Cash - liquidation Trade）又称自由结汇贸易（Free - liquidation Trade），是用国际货币进行商品或劳务价款结算的一种贸易方式。买卖双方按国际市场价格水平议价，按国际贸易惯例议定具体交易条件。交货完毕以后，买方按双方商定的国际货币付款。国际贸易中能够作为清偿手段的货币主要是美元、欧元和日元等，这些货币在国际支付中具有普遍接受性。这是国际结算中的主要结算方式，世界上大多数国家都采用现汇贸易方式。

2. 易货贸易

易货贸易（Barter Trade）是指在换货的基础上，把等值的出口货物和进口货物直接结合起来的贸易方式。传统的易货贸易，一般是买卖双方各以等值的货物进行交换，不涉及货币的支付，也没有第三者介入，易货双方签订一份包括相互交换抵偿货物的合同，把有关事项加以确定。在国际贸易中，使用较多的是通过对开信用证的方式进行易货，即由交易双方先订易货合同，规定各自的出口商品均按约定价格以信用证方式付款。根据协定规定，任何一方的进口或出口，由双方政府的指定银行将货值记账，在一定时期内互相抵冲结算。

（六）按交易手段划分

按交易手段不同，国际贸易可以分为有纸贸易和无纸贸易。

1. 有纸贸易

有纸贸易也称单证贸易（Documentary Trade），是指在国际贸易过程中，通过纸面单证等商业文件进行结算支付并履行合同的一种贸易方式。在国际贸易中常见的结算单据有汇票、发票、提单、装箱单、重量单、保险单、商检证等。另外，信用证和合同本身也是书面文件。

2. 无纸贸易

无纸贸易也称为 EDI（Electronic Data Interchange），中文译为“电子数据交换”。它是一种在公司之间传输订单、发票等作业文件的电子化手段。它通过计算机通信网络将贸易、运输、保险、银行和海关等行业信息，用一种国际公认的标准格式，实现各有关部门或公司与企业之间的数据交换与处理，并完成以贸易为中心的全部过程。因此应用 EDI 技术必须具备数据标准化、通信网络技术、EDI 软件和硬件几项基本要素。由于使用 EDI 可以减少甚至消除贸易过程中的纸面文件，EDI 又被人们通俗地称为“无纸贸易”。

（七）按商品的运送方式划分

按商品的运送方式不同，国际贸易可以分为陆路贸易、海陆贸易、空运贸易和邮购贸易。

1. 陆路贸易

陆路贸易（Trade by Roadway）是指通过陆地运输货物的贸易。陆地毗邻国家之间的贸易多采取陆路贸易，主要运输工具是火车和卡车。

2. 海陆贸易

海陆贸易（Trade by Seaway）是指货物通过海上运输的贸易。运输工具主要是各类船舶，这是国际贸易的最主要运输方式。

3. 空运贸易

空运贸易（Trade by Airway）是指通过航空运输的方式运送货物的贸易。为争取时效，单位价值较高或数量较少的货物为主，往往以航空货运方式装运，但空运相对海运成本较高。

4. 邮购贸易

邮购贸易（Trade by Mail Order）是指采取邮政包裹的方式寄送货物的贸易。通常而言，数量很少的交易可采用邮购方式。

三、国际贸易的作用

国际贸易促使国内外商品流通，将国内外市场紧密地联系起来，从而促进了国内外经济技术交流，对国民经济乃至社会的发展起着十分重要的作用。

首先，通过国际贸易，可以调节国内供需的不平衡，改进扩大再生产所需的实物结构，从而保证社会扩大再生产的顺利进行。

其次，利用国际贸易，可以引进国外的先进技术和管理经验，提高国内企业的技术和管理水平，促进生产力的发展。

最后，参与国际贸易，一方面，能补充国内市场商品的不足，满足人民物质和文化方面的需要；另一方面，还能增加国家财政和外汇收入，从而增强国力，以巩固国际上的政治和经济地位。

总之，一个国家要使经济有长足的发展，就必须参与国际市场和国际贸易。国际贸易已成为国家经济发展的基础。

小　结

1）对外贸易的产生需要具备两个条件：一是可供交换的剩余产品；二是在各自为政的社会实体之间存在交换行为。对外贸易产生于原始社会末期。

2）第二次产业革命后，欧洲、北美、日本、澳大利亚都先后完成了工业化进程，实现了农业自然经济向资本主义工业经济的转变，并通过贸易将资本主义生产方式在全世界范围扩展，资本输出的发展强化了已形成的以欧美国家为主的现代工业经济与其他国家以自然条件为基础的农业手工业传统经济组合而成的世界经济格局，使国际分工和国际贸易成为世界上多数国家经济生活中的必要组成部分，真正意义上的国际贸易或世界贸易产生了。

3）国际贸易相关概念：国际贸易与对外贸易，对外贸易额与对外贸易量，贸易差额，对外贸易商品结构与国际贸易商品结构，对外贸易地理方向与国际贸易地理方向，对外贸易依存度。并根据不同的标准对国际贸易进行了划分。

基础训练

一、单项选择题

1. 总贸易以货物通过国境作为统计标准，凡进入（　　）的商品一律列为进口，称为总进口。

A. 国境　　B. 关境　　C. 边境　　D. 保税区

2. 通过（　　）可以分析出一国国际贸易实际规模的变化情况和进出口商品价格指数的浮动状况及其贸易条件的好坏。

A. 贸易值　　B. 贸易值和贸易量　　C. 贸易额　　D. 贸易量

3. 一定时期内一国出口总额与进口总额之间的差额称（　　）。

A. 国际贸易额　　B. 对外贸易额　　C. 对外贸易量　　D. 贸易差额

4. 货物生产国与消费国通过第三国进行的贸易，对第三国而言是（　　）。

A. 过境贸易　　B. 转口贸易　　C. 直接贸易　　D. 多边贸易

二、多项选择题

1. 依照交易手段不同，国际贸易可以分为（　　）。

A. 现汇贸易　　B. 有纸贸易　　C. 易货贸易　　D. 无纸贸易

2. 应用EDI技术必须具备的基本要素有（　　）。

A. EDI软件和硬件　B. 通信网络技术　　C. 数据标准化　　D. 互联网

3. 以货物运送方式为标准，可将国际贸易分为（　　）。

A. 陆路贸易　　B. 空运贸易　　C. 海路贸易　　D. 邮购贸易

4. 国际贸易按国境和关境不同，可分为（　　）。

A. 总贸易　　B. 双边贸易　　C. 专门贸易　　D. 多边贸易

三、简答题

1. 为什么说地理大发现后贸易才具有“世界”的概念？

2. 什么是对外贸易量？它与对外贸易额是什么关系？

3. 转口贸易与过境贸易的区别是什么？

4. 什么是对外贸易依存度？它要说明什么问题？

四、案例分析

新中国成立60年进出口贸易增长的辉煌历程

新中国成立初期，中国主要从苏联和东欧社会主义国家引进了156项重点建设项目的成套设备和技术。1950年中国的进出口贸易总额只有11.35亿美元。改革开放后，中国参与国际市场的深度和广度不断加大，对外贸易实现了年均18.1%的增长。2008年，中国的贸易总额从1978年的206亿美元猛增到2.56万亿美元，相当于改革开放前30年总和的15倍，是1950年的2262倍。2008年，中国的贸易量仅次于美国和德国，位居世界第三；中国在世界贸易中所占的份额，也从1950年的0.9%提升到2008年的8%以上。20世纪50年代末，在浩瀚的海洋上还没有一艘中国自己的远洋运输船。2009年，中国远洋船队已经拥有23万艘货轮，载重量约6000万吨，居世界第四位；集装箱运输量和港口吞吐量均跃居世界前列。中国商船往来于世界150多个国家和地区的1200多个港口，向全世界输送着“中国制造”。

中国已经连续17年成为世界上引进外资最多的发展中国家。从1980年北京航空食品公司等首批合资企业诞生至2009年6月底，我国已累计批准设立外商投资企业67万家，全球最大的500家跨国公司中有480多家来华投资，吸收外资数额从20世纪50年代的19亿美元发展到累计实际使用外资8526亿美元。截至2008年年底，8500多家境内投资者设立的境外投资企业有1.2万家，资产总额超过1万亿美元。

分析：

我国对外贸易的发展历程可以分为哪几个阶段。

综合训练

正确认识国际贸易

1. 实训目的

通过技能训练，结合所学知识，学生能清楚地认识到对外贸易对一国经济的发展有着重要的促进作用，也是世界各国发展对外关系的纽带和手段。

2. 实训资料

鸦片战争之前，为了打击和限制猖獗的海上走私和海盗行为，抵御西方殖民者的侵略活动，清政府实行限制和禁止对外交往和贸易的“闭关锁国”政策。限定广州一口通商，外商来华贸易必须通过清政府特许的公行商人，活动限于指定范围，进口货征收高税额，出口货限制品种和数量。

3. 实训要求

学生分成正方、反方两组，就清政府的“闭关锁国”政策利大于弊还是弊大于利展开辩论。

4. 实训步骤

1）自由组合成小组，每组5人。

2）明确每个人的职责，并熟悉国际贸易的主要内容。

3）形成设计方案，全班共享。

5. 实训评价

教师对各组的设计方案做出综合评价。

学习情境二　国际贸易理论

【知识导图】

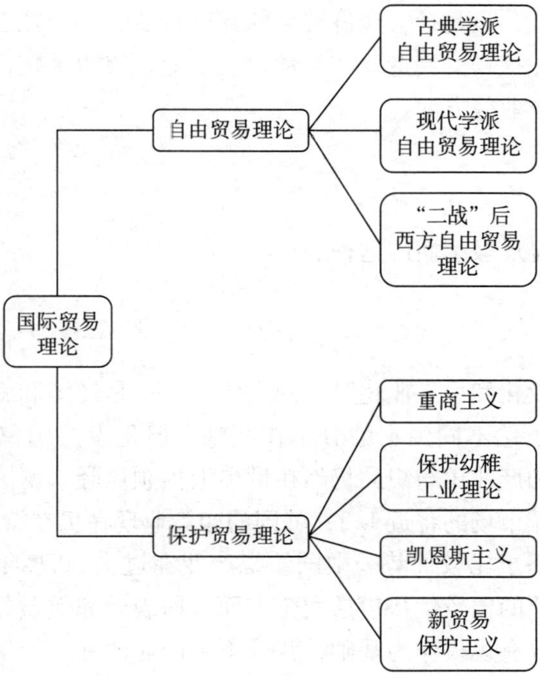

【知识目标】

1）了解国际贸易理论的主要流派；
2）掌握西方国际贸易理论的主要代表人物和理论内容；
3）理解各贸易理论的贡献和局限性。

【技能目标】

1）能利用绝对成本说和比较成本说分析问题；
2）能够理解重商主义、保护贸易理论的主要主张并加以运用；
3）能利用产品生命周期说、产业内贸易理论的主要内容分析现实问题。

任务一　自由贸易理论

【任务导入】

纺织工业是工业革命以后工业化初始阶段任何一个国家发展的主导产业，而且在这个阶段，它也是促进人民生活水平提高的一个领导行业。纺织工业应该说是信息化时代发展中国家的永续产业，也是社会经济转型的基础行业。可是社会上有一些声音，说信息化时代，像纺织工业这样的制造业在某种程度上应该被边缘化，中国应该把关注点放在高新技术、信息化产业等方面。

【思考问题】

请用比较优势学说反驳上面的这种观点。

【任务分析】

纺织工业也是工业化和后工业化时代的主流产业，是经济和就业的支柱产业。在经济全球化的背景下，虽然不同国家的分工在调整，但是发达国家并没有把纺织工业丢掉。美国的纤维产业和产业用纺织品仍然在世界上独领风骚；德国的纺织机械现在仍然占据了全世界纺织机械市场的将近 1/3；韩国的印染业现在仍在持续发展。

产业的发展必须基于比较优势。中国纺织产业在过去 30 多年中具有劳动要素成本的比较优势。纺织工业的比较优势包括两个方面，即规模和效益并举与可持续发展。规模和效益并举方面，没有规模作为基础，就谈不到产业的强，特别是面对现在如此之大的市场容量，必须以规模作为基础。在可持续发展方面，既有生产过程中的环境友好，节约能源，减少排放，同时也有在消费过程中如何形成对品牌的消费黏力和品牌忠诚度。

【知识链接】

国际贸易理论是经济学理论体系的重要组成内容，是对国际贸易实践的总结和提炼。在不同的历史发展阶段，针对各国所面临的国际贸易环境与国际市场特征，经济学家们提出了不同的理论观点，也逐渐形成了自由贸易理论和保护贸易理论两大理论体系。然而任何的国际贸易理论都是围绕两个问题：国家之间为什么要进行贸易；如何从事生产及进行贸易才能使各国利益最大化。

自由贸易理论是指国家放宽或是取消对进出口贸易的限制，对本国进口商品不给予特权或优惠，使商品能自由进口和出口，在国内外市场上自由竞争的理论。自由贸易理论的演变与发展大致可分为三个阶段：第一阶段是在 18 世纪 60 年代到 19 世纪 60 年代的资本主义自由竞争时期，第一次产业革命使得自由贸易理论开始出现，这一时期的自由贸易理论通常称为古典学派的自由贸易理论；第二阶段是在19世纪中叶到第二次世界大战结束，资本主义进入垄断时期，第二次产业革命的发生使自由贸易理论的发展出现了重大转折，这一时期的自由贸易理论可称为现代学派的自由贸易理论；第三阶段是指第二次世界大战以后的自由贸易理论，第三次产业革命的出现带来了自由贸易理论的创新和全面发展。

一、古典学派自由贸易理论

古典学派的自由贸易理论以亚当·斯密的绝对成本理论、大卫·李嘉图的比较成本理论和约翰·穆勒的相互需求原理为发展主线。

（一）绝对成本理论（Theory of Absolute Cost）

1. 代表人物及理论背景

亚当·斯密（Adam Smith，1723～1790），英国古典政治经济学的主要奠基人之一，也是国际分工和国际贸易理论的创始者。

18世纪60年代，随着产业革命的开展，英国的经济实力超过了其他西欧国家。新兴的资产阶级为了从海外市场获得更多的廉价原料并销售其产品，迫切要求扩大对外贸易，而重商主义的一系列贸易保护政策却严重束缚了对外贸易，阻碍了资本主义大工业的发展。古典学派提出了“自由放任”的口号，在理论上为资本主义的自由发展铺平道路，为新兴的资产阶级服务。

2. 理论内容

亚当·斯密在其经典巨著《国富论》中特别强调，由于自然与社会因素的差异，各国在生产同种商品时会有不同的劳动生产率，因而形成各自绝对生产成本的差异，也就是各自绝对优势的不同。这里所说的优势包括先天的自然优势和后天的获得优势。

亚当·斯密认为，一国在某种产品的生产上所花费的成本绝对地低于他国，就称为“绝对优势”。如果这种绝对优势是该国所固有的“自然优势”或已有的“获得优势”，它就应该充分利用这种优势，发展某种产品的生产，并且出口这种产品，以换回他国在生产上占有绝对优势的产品，这样对贸易双方都更加有利。斯密的这种国际贸易理论也被称作“绝对优势说”或“绝对成本论”。

小思考

请根据绝对成本学说的基本观点以及英国、葡萄牙生产呢绒和酒的绝对成本水平（见图2－1）来判断两国间的分工和贸易可能性。

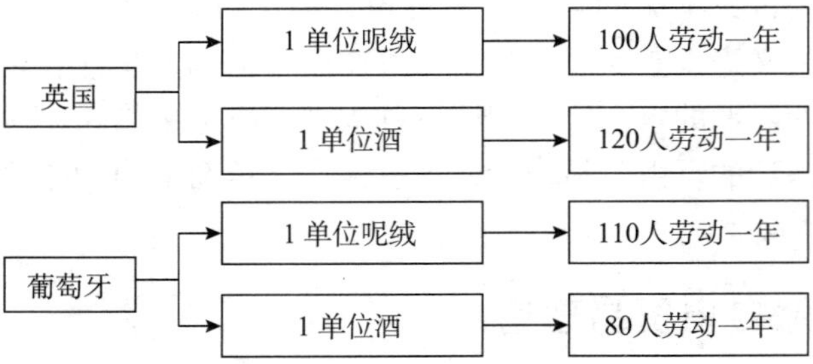

图2－1　英国和葡萄牙的绝对成本差异

3. 理论评价

亚当·斯密提出的以绝对成本理论为基础的自由贸易理论，在资本主义上升时期成为英国工业资产阶级反对封建残余、发展资本主义的有力武器，在历史上起过进步作用。他指出了分工对于提高劳动生产率的巨大意义，各国之间根据各自的优势进行分工，通过国际贸易各国都能得到利益，这也是十分正确的。

但是它只能说明在某些产品的生产中具有绝对优势地位的国家参加国际分工和国际贸易才能获得利益。现实中，世界上有很多国家在任何产品的生产中都不存在比别国具有绝对优势的地位，它们生产的所有产品效率都低，成本都高。那么，这类经济落后的国家是否应该参加国际分工和国际贸易？如果参加，它们是否能够从中获得利益？依据斯密的绝对成本论，对这种问题只能做出否定的回答。这就成为绝对成本理论的最主要的缺陷。

小链接

亚当·斯密与《国富论》

亚当·斯密（1723～1790）：英国资产阶级政治经济学的主要代表人物，以《国民财富的性质和原因的研究》（简称《国富论》，严复最早译为《原富》）一书蜚声于世。1723年生于苏格兰的柯科迪，1737年入格拉斯哥大学学习，1740年转赴牛津大学学习，1746年回故乡。1748～1750年冬在爱丁堡公开讲学，内容有修辞学、历史和经济学。1751年1月受聘为格拉斯哥大学逻辑学教授，次年改任伦理学教授。1759年出版《道德情操论》。任教期间，参加市长组织的、讨论贸易的俱乐部，在那里结识了一些大商人，接触到详细的贸易材料，为其日后写《国富论》奠定了基础。在其影响下，该市商人不久即赞成谷物的自由贸易。1763年受聘为布克莱希公爵的私人教师。次年，陪同公爵出游欧陆。在巴黎会晤重农学派的F. 魁奈和A. R. J. 杜尔哥。这对斯密的经济思想有一定影响。1766年回国。在1767年5月被选为皇家学会会员前，已返乡致力于《国富论》的写作。此书于1776年出版。出游欧陆期间，在日内瓦会晤启蒙运动思想家伏尔泰。在巴黎时，除魁奈、杜尔哥外，还晤及哲学家P. H. D. de 霍尔巴赫、银行家兼政治家J. 内克等人；而与A. 莫尔莱的深交，使之成为《国富论》的法文译者。斯密处于英国从工场手工业向工厂制转变的时期，国内还存在着相当多封建经济，贵族地主在政治上还处于支配地位，这就决定《国富论》在反对重商主义的同时，必须反对封建主义。因之，该书既攻击特许公司的垄断，也攻击地主阶级的不劳而获。斯密深知，不这样便无法为工业资产阶级开路。《国富论》出版不久，便对政府的经济政策产生影响。1778年和1780年英国先后开征房产税和麦芽税，似受它的启发；而最著名者则为1786年的英法商约。其互减关税的规定与重商主义的做法大相径庭，符合斯密的自由贸易主张。1784年对东印度公司建立政府监督的法案，则以其限制特许公司的权力而受到他的赞扬。1777年斯密被任命为苏格兰海关和盐税专员，移居爱丁堡。1787年被选为格拉斯哥大学校长。1790年逝世，享年67岁。

（二）比较成本理论（Theory of Comparative Cost）

1. 代表人物及理论背景

大卫·李嘉图（David Ricardo，1772～1823），英国资产阶级古典政治经济学的杰出代表和完成者。

比较成本理论是英国资产阶级在争取自由贸易的斗争中产生和发展起来的。1815年英国颁布了《谷物法》，引起粮价上涨，地租猛增，这对地主贵族有利，却严重损害了工业资产阶级的利益。围绕《谷物法》的存与废，双方展开论争。李嘉图代表工业资产阶级发表了《论谷物低价对资本利润的影响》一文，主张实行谷物自由贸易，从而提出了比较成本理论。

2. 理论内容

李嘉图全面继承了斯密的经济思想，也十分赞同斯密关于国际分工可以极大地提高生产力水平的观点，并对斯密关于一个国家应以自己具有“绝对优势”的产品进入国际分工体系的论点做了修正和完善，指出一个国家不仅能以具有“绝对优势”的产品进入国际分工体系，而且也能以具有“相对优势”的产品参加到国际分工体系中来，即“两优相权取其重，两劣相权取其轻”。

李嘉图在其代表作《政治经济学及赋税原理》中举了一个通俗的例子：“如果两个人都能制鞋和帽，其中一人在两种职业上都比另一个人强一些，不过制帽子时只强1/5或20%，而制鞋时则强1/3或33%，那么这个较强的人专门制鞋，而那个较差的人则专门制帽，岂不是对双方都有利吗?”

李嘉图认为，一国不仅可以在本国商品相对于别国同种商品处于绝对优势时出口该商品，在本国商品相对于别国同种商品处于绝对劣势时进口该商品，而且即使一个国家在生产上没有任何绝对优势，只要它与其他国家相比，生产各种商品的相对成本不同，那么，仍可以通过生产相对成本较低的产品并出口，来换取它自己生产中相对成本较高的产品，从而获得利益。这一学说当时被大部分经济学家所接受，时至今日仍被视作决定国际贸易格局的基本规律，是西方国际贸易理论的基础。

以英国和葡萄牙两国同时生产呢绒和酒为例来说明比较成本理论。由表2－1可知，分工之后，两种产品的总产量都增加了，劳动生产率明显提高。随着产量的增加，贸易的结果使两国的消费水平也有所上升。同时，分工还能节约双方的劳动时间。可见，按比较成本理论进行国际分工和国际贸易，使各参加国，无论是经济发展水平高的国家还是经济发展水平低的国家，都能从中受益。

表 2－1　分工前后产生的利益——李嘉图模型

产　品		英　国	葡萄牙	合　计
分工前	毛呢	100 人劳动一年 生产 1 单位	90 人劳动一年 生产 1 单位	2 单位
	葡萄酒	120 人劳动一年 生产 1 单位	80 人劳动一年 生产 1 单位	2 单位
分工后	毛呢	220 人劳动一年 生产 2. 2 单位	—	2. 2 单位
	葡萄酒	—	170 人劳动一年 生产 2. 125 单位	2. 125 单位

小 讨 论

比较优势还是绝对优势？

中国的彩电制造技术比越南强，中国在彩电制造上对越南有绝对优势。绝对优势和劣势是不是决定了人与人之间的分工关系或者国与国之间的贸易关系呢？乍一看这似乎是顺理成章的，中国比越南更善于生产彩电，当然是中国向越南出口彩电。请问这种说法正确吗？

3. 理论评价

李嘉图的比较成本理论比斯密的绝对成本理论更具有普遍意义。亚当·斯密理论只论证了一部分在生产上具有绝对优势的国家参加国际分工的必要性，却不能解释事实上存在的所有产品都处于绝对优势的经济发达国家和所有产品都处于绝对劣势的经济不发达国家之间的贸易现象。而李嘉图理论则论证了世界上所有的国家参加国际分工的必要性。然而根据国际价值规律，劳动生产率较高的国家中一天的劳动产品可以换回别国几天的劳动产品，经济发达国家生产率水平较高，在国际贸易中获利也就较多，而劳动生产率低下的发展中国家所获利益便相对较少。因此，从某种意义上讲，比较成本理论是发达国家的理论

小 案 例

迈克尔·乔丹是一名优秀的运动员，但他很可能在其他活动中也出类拔萃。这里假设乔丹修剪草坪的速度也非常快，他用两个小时能修剪完自己家的草坪，而在同样的两个小时里，他还可以拍一部运动鞋的电视商业广告赚到 1 万美元。与乔丹相比，住在他

家隔壁的小姑娘珍妮弗要用 4 个小时才能修剪完乔丹家的草坪，而在同样的 4 个小时，她可以在麦当劳工作并赚到 20 美元。

每个人都有擅长做的工作，也有不擅长做的工作，如乔丹在修剪草坪上有绝对优势，因为他可以用更少的时间干完这个活。但珍妮弗在修剪草坪上有比较优势，因为她的机会成本低。同理，各个国家都有擅长生产的产品，也有不擅长生产的产品，面对全球经济一体化的今天，各个国家应如何实行资源配置，从而实现利润最大化呢？

（三）相互需求理论（Theory of Reciprocal Demand）

1. 代表人物及理论背景

约翰·穆勒（John Stuart Mill，1806 ~ 1873），英国心理学家、哲学家和经济学家。阿弗里德·马歇尔（Alfred Marshall，1842 ~ 1924），英国经济学家。

约翰·穆勒对李嘉图的比较成本理论进行了重要的补充，提出了相互需求的理论，用以解释国际商品交换比率。他使用了比较利益的概念，解释贸易双方在利益分配中各占多少的问题。英国经济学家马歇尔在穆勒理论的基础上，提出了供应条件（或提供条件）曲线，用几何方法来证明供给和需求如何决定国际交易比率。穆勒和马歇尔的理论共同构成了相互需求论，论述了贸易条件，即国际贸易中两国产品交换形成的国际交换比率是如何决定和达到均衡的。

2. 理论内容

1848 年，穆勒提出从需求和交换比率方面论述国际分工和国际贸易的理论，他运用比较优势原理，说明实际贸易条件必定介于两国国内两种商品交换比例所确定的上下限之间，超出上限或下限时国际贸易不会发生。其次他得出结论，实际的贸易条件取决于贸易国各自对对方商品的相对需求强度。外国对本国商品的需求强度大于本国对外国商品的需求强度，实际贸易条件就接近于外国国内这两种商品的交换比例，这个实际的贸易条件对本国就有利。反之，如本国对外国商品的需求强度大于外国对本国商品的需求强度，则实际贸易条件就接近于本国国内这两种商品的交换比例，这个实际的贸易条件对外国就有利。

例如，以同一劳动量，英国可生产呢绒 10 码或亚麻布 15 码，德国可生产呢绒 10 码或亚麻布 20 码。在此情况下，英国可专门生产呢绒，德国可专门生产亚麻布，然后相互进行贸易，英国以 10 码呢绒换取德国的 17 码亚麻布，这样对两国都有利。但若英国对亚麻布的需求减少或德国对呢绒的需求增加，交换比率成为 10 码呢绒对 18 码亚麻布时，贸易条件对英国较有利；若交换比率成为 10 码呢绒对 16 码亚麻布时，贸易条件对德国较有利。这两种情况下，贸易都不易展开。只有在两国相互需求的商品价值相等时，贸易才能实现稳定的均衡。

3. 理论评价

相互需求理论是对比较成本说的补充，阐述了国际贸易中两国产品交换比例的确定过程，对后来的西方经济学家进行国际贸易理论的研究产生了较大的影响。但该理论不能从根本上说明国际商品交换是否是等价交换，贸易只能适用于经济规模相当、双方的需求对市场价格有显著影响的两个国家。

二、现代学派自由贸易理论

现代学派的自由贸易理论以赫克歇尔和俄林提出的生产要素禀赋学说以及其后提出的与生产要素禀赋说相背离的里昂惕夫之谜为发展主线。

（一）要素禀赋论（Factor Endowment Theory）

1. 代表人物及理论背景

伊·菲·赫克歇尔（Eli F. Heckscher，1879～1959），瑞典著名经济学家。贝蒂·俄林（Bertil Ohlin，1899～1979），赫克歇尔的学生，瑞典著名经济学家，现代国际贸易理论的创始人。

1919年，赫克歇尔提出了要素禀赋论的基本论点，1929～1933年，由于资本主义世界经历了严重的经济危机，贸易保护主义抬头，各国都力图加强对外倾销商品，同时提高进口关税，限制商品进口。对此，瑞典人民深感不安，因为瑞典国内市场狭小，一向对国外市场依赖很大。在此背景下，俄林继承其师赫克歇尔的论点，于1933年深入探讨了国际贸易产生的深层原因，创立了要素禀赋论。

2. 理论内容

要素禀赋论，又称赫克歇尔－俄林理论（赫－俄理论，H－O理论），是现代国际贸易理论的新开端，被誉为国际贸易理论的又一大柱石。赫－俄理论主要通过对相互依存的价格体系的分析，用生产要素的丰缺来解释国际贸易的产生和一国的进出口贸易类型。

1）要素禀赋（Factor Endowment）是指一国拥有各种生产要素的数量。俄林认为，同种商品在不同国家的相对价格差异是国际贸易的直接基础，价格差异是由各国生产要素价格不同决定的，而生产要素价格的差异又是由生产要素的多少决定的，所以要素禀赋不同是国际贸易产生的根本原因。

①国家间的商品相对价格差异是国际贸易产生的主要原因。在没有运输费用的假设前提下，从价格较低的国家输出商品到价格较高的国家是有利的。

②国家间的生产要素相对价格的差异决定商品相对价格的差异。在各国生产技术相同的条件下，各国要素相对价格的差异决定了各国商品相对价格存在差异。

③国家间的要素相对供给不同决定要素相对价格的差异。俄林认为，在要素的供求决定要素价格的关系中，要素供给是主要的。在各国要素需求一定的情况下，各国不同的要素禀赋对要素相对价格产生不同的影响：相对供给较充裕的要素的相对价格较低，而相对供给较稀缺的要素的相对价格较高。

因此，一国应出口密集使用该国相对充裕而便宜的生产要素生产的产品，而进口密集使用该国相对稀缺而昂贵的生产要素生产的产品。简言之，劳动丰富的国家出口劳动密集型商品，而进口资本密集型商品；相反，资本丰富的国家出口资本密集型商品，进口劳动密集型商品。

2）要素价格均等化定理是俄林研究国际贸易对要素价格的影响而得出的著名结论。俄林认为，在开放经济中，国际间因生产要素自然禀赋不同而引起的生产要素价格差异将通过两条途径而逐步缩小，即要素价格将趋于均等。第一条途径是生产要素的国际移动，它导致要素价格的直接均等化；第二条途径是商品的国际移动，它导致要素价格的间接均等化，国际贸易最终会使所有生产要素在所有地区都趋于相等。同时，俄林认为生产要素价格完全相同几乎是不可能的，这只是一种趋势。

3. 理论评价

要素禀赋论和要素价格均等化学说是在比较成本论的基础上的一大进步，有其合理的成分和可借鉴的意义。赫克歇尔、俄林在大卫·李嘉图及穆勒和马歇尔的分析基础上，研究更深入全面，认识到了生产要素及其组合在各国进出口贸易中居于重要地位，为以后新理论的形成奠定了基础。但是赫克歇尔、俄林的理论所依据的一系列假设条件都是静态的，忽略了国际国内经济因素的动态变化，使理论难免存在缺陷。

（二）里昂惕夫之谜

里昂惕夫（Wassily W. Leontief），俄裔美国经济学家，投入－产出经济学的创始人，第四届诺贝尔经济学奖获得者。

在早期，里昂惕夫对赫－俄理论确信不疑，按照这个理论，一国拥有较多的资本，就应生产和输出资本密集型产品，而输入较稀缺的劳动力要素生产的劳动密集型产品。基于以上认识，他利用投入－产出分析方法对1947年美国的200个行业进行分析（见表2－2），把生产要素分为资本和劳动两种，然后选出具有代表性的出口商品和进口替代商品的资本和劳动密集程度，其目的是对赫－俄理论进行验证。

表2－2　美国出口商品和进口替代商品对国内资本和劳动比率

项目	1947年		1951年	
	出口	进口替代	出口	进口替代
资本/美元	2550780	3091339	2256800	2303400
劳动密集度/(人/年)	182.313	170.004	173.91	167.81
人均年资本量/美元	13991	18184	12977	13726

通过计算发现，作为世界上资本最充裕的国家，美国出口的是劳动密集型产品，进口的是资本密集型产品，即要素充裕度差异不能有效地决定贸易方式。这一由里昂惕夫发现的赫－俄理论与贸易实践的巨大背离现象使美欧国际贸易学术界大为震惊，被人们称为里昂惕夫之谜或里昂惕夫悖论。

里昂惕夫之谜引发了西方经济学界大规模的辩论和验证，是西方国际贸易理论史上的一个重要转折点，它推动了第二次世界大战以后自由贸易理论的创新和发展。关于对里昂惕夫之谜的解释，实际上是从不同侧面对要素禀赋论假定前提的修正，并为以后一系列国际贸易新理论的产生奠定了基础。

三、第二次世界大战后西方自由贸易理论

小思考

第二次世界大战以后，特别是20世纪50年代以来，随着国际贸易的迅速发展、科学技术的进步、生产力的不断发展以及国际政治经济形势的相对稳定，国际贸易出现了许多新的倾向。传统国际贸易理论的一些诸多完全竞争、要素不能跨国转移等假设前提显然与现实情况不符，传统贸易的一些观点已经难以解释当代国际贸易中的某些状况。国际贸易该何去何从?

第二次世界大战后，世界经济发生了巨大的变化，各国之间经济贸易往来加强，使国际贸易理论进入了新的发展阶段。这是因为传统国际贸易理论都是假设市场处于完全自由竞争的状态，交易的产品都是不同质产品。而在第二次世界大战后，以部门内贸易主导化为特征的国际贸易大量出现，贸易格局从垂直贸易向水平贸易转变。同时，发达国家经济结构的趋同化和贸易的高度集中化，都对传统贸易理论提出了挑战，国际市场处于不完全竞争状态，交易产品以同质产品为主，新的理论必然应运而生。

（一）规模经济理论（Economies of Scale Theory）

规模经济理论是指在一特定时期内，企业产品绝对量增加时，其单位成本下降，即扩大经营规模可以降低平均成本，从而提高利润水平。规模经济理论认为，在现代社会生产中，许多产品的生产具有规模报酬递增的特点，由于大多数产品既具有相互替代性又有各自特征，使多数产品市场成为垄断竞争的市场。在此条件下，企业的长期平均成本随着产量增加而下降，规模经济的直接利益就是因产量增加而导致产品单位成本减低，从而在市场上竞争能力加强，取得比较优势，获得国际贸易利益。

假设第一个在天津数码广场开业的计算机销售公司只有一间铺面，每天出售一台计算机。设在天津开发区的计算机生产基地不得不专程开一辆车将计算机送到数码广场，收取100元，也就是每台计算机的运输成本为100元。但如果该公司增加了铺面，扩大了规模，每天可以售出10台计算机，此时计算机生产基地仍然用一辆车送10台计算机到数码广场，那么每台计算机的运输成本就是10元，由此产生的平均成本下降就是内部规模经济。另外，如果现有10家计算机公司聚集在数码广场，每家公司每天出售1台计算机，这些公司可以共同雇佣一辆车送计算机，每个公司为此支付10元运费，由此产生的成本的下降就是外部规模经济。

小讨论

1. 在下述例子中，主要显示的是外部规模经济还是内部规模经济?

（1）美国的大型家庭农场。

（2）天津的食品街。

（3）荷兰的郁金花市场。

（4）苹果公司。

（5）上海是中国的金融中心。

2. 在下述例子中，决定贸易模式的主要是比较优势还是规模经济？

（1）加拿大是主要的新闻纸出口国。

（2）东南亚大量出口运动服装。

（3）中国是主要的电视机出口国。

（4）美国和日本相互出口复印机。

（5）英特尔生产了世界上半数以上的 CPU。

（二）偏好相似论（Preference Similarity Theory）

偏好相似论是由著名的瑞典经济学家林德（S. B. Linder）1961 年提出的。他认为两国经济发展程度越相近，人均收入越接近，需求结构、需求偏好越相近，相互需求就越大，发生贸易的可能性也就越大。一旦产生贸易，则需求偏好相似的两国间的贸易量将大于需求偏好有较大差异的两国间的贸易量。

（三）产品生命周期论（Theory of Product Life Cycle）

产品生命周期理论是美国哈佛大学教授雷蒙德·费农（Raymond Vernon）1996 年在《产品周期中的国际投资与国际贸易》一文中首次提出的。

费农认为：产品生命是指市场上的营销生命，产品和人的生命一样，要经历形成、成长、成熟、衰退这样的周期。就产品而言，也就是要经历一个开发、引进、成长、成熟、衰退的阶段。而这个周期在不同技术水平的国家里，发生的时间和过程是不一样的，其间存在一个较大的差距和时差，正是这一时差，表现为不同国家在技术上的差距，它反映了同一产品在不同国家市场上的竞争地位的差异，从而决定了国际贸易和国际投资的变化。

费农将产品生命周期划分为四个阶段：第一阶段，创新国对某种新产品的出口垄断时期；第二阶段，其他发达国家开始生产这种产品时期；第三阶段，外国产品在出口市场上竞争的时期；第四阶段，外国产品在创新国市场上与创新国产品竞争时期。

由此，在产品生命周期中，由于技术的传递和扩散，各个国家在国际贸易中的地位也随之发生变化，新产品在生产国之间的进出口过程中一浪接一浪周期性地传递。

小案例

具有“中国式比萨”美誉的土家烧饼为何昙花一现

前些年，从湖北刮过来的一阵“土家掉渣烧饼”旋风，一下子“吹拂”了城市小吃市场。一时间，要吃这种两元一个的土烧饼得排长队，一家小小的烧饼店一天竟能卖掉三四千个。由于生意太火爆，不久“模仿秀”和加盟者应运而生。“武大郎烧饼”“怪味烧饼”“土老帽烧饼”“土家西施烧饼”等打着各种品牌旗号，在合肥、芜湖等城市街头巷尾如雨后春笋般地冒了出来。好景不长，春节过后，一些热闹非凡的土家烧饼店面恢复了平静。合肥芜湖路上的土家烧饼铺子的摘牌倒闭，似乎预示着土家烧饼的“退烧”。一位“武大郎烧饼”店主叹息：眼下，每天的销售额从最多的6000多元降到不足600元，除掉房租、水电、原料、税收等所剩无几，快支撑不下去了。

享有“中国式比萨”美誉的土家烧饼为何昙花一现？

任务二　保护贸易理论

【任务导入】

20世纪60年代至70年代初，日本政府主要通过通产省限制外国竞争者进入本国市场以及通过获得外国技术，谋求建立一个有竞争力的半导体产业。第二次世界大战后，日本拒绝所有设立外国独资子公司和外国厂商拥有多数所有权的合资企业的申请，也不允许外国人购买日本半导体厂商的股票。同时政府通过高关税、限制性配额等政策限制外国产品向本国市场渗透。通过排他性的定制程序、“购买日货”的政府采购要求和政府强制政策，外国产品进入日本市场也受到限制。美国厂商能在种种限制条件下进入日本市场的代价是必须允许日本企业颁发经营许可，还根据交易涉及的日本厂商是否愿意将自己的技术进展通过分许可协议扩散给其他日本厂商来决定是否允许某项交易。这些政策总的结果是先进技术有控制地扩散到整个日本半导体产业。

【思考问题】

日本是怎样运用保护贸易政策为半导体产业带来竞争优势的？

【任务分析】

这种封闭的市场产生了巨大的优势，使日本厂商可能在国内达到世界规模的生产能力，然后进军外国市场，而外国厂商则不能利用技术优势并将其转变为长期的市场力量。日本半导体产业建立后，政府通过为厂商提供低息长期贷款、减免税收、放松反托拉斯政策、引导国内消费市场需求等方式，促进半导体产业形成规模，动态发展成为具有国际竞争优势的产业。

【知识链接】

保护贸易政策是指国家采取各种限制进口的措施，以保护本国商品在本国市场上免受国外商品竞争，并对本国出口商品给予优惠和补贴，以鼓励商品出口，即奖出限入。一个国家选择哪种对外贸易政策，取决于该国的经济发展水平和其在国际经济中所处的地位。不同的国家在同一历史时期实行的贸易政策会不同，一个国家在不同的发展时期实行的贸易政策也不会相同。贸易保护主义的经济学理论的发展可以总结为四个基本阶段：重商主义阶段、保护幼稚工业阶段、凯恩斯主义阶段和新保护主义阶段。

一、重商主义

（一）代表人物及理论背景

重商主义（Mercantilism）产生于16世纪中叶，盛行于17～18世纪中叶，它是历史上第一种比较系统的经济思想。重商主义可以分为早晚两期。早期以“货币差额论”为中心，代表人物是英国的威廉·斯塔福（William Stafford，1554～1612）；晚期以“贸易差额论”为中心，代表人物是英国的托马斯·孟（Thomas Mun，1571～1641）。

15世纪末16世纪初，随着新大陆和新航线的发现，商业活动的范围空前扩大；西欧通过对美洲、非洲、亚洲的殖民掠夺积累了巨额的货币财富，导致了商品货币经济的蓬勃发展和封建自然经济的迅速瓦解。社会各阶级的经济生活对商业资本有很大的依赖，商品经济的发展对货币的需求量增加，当时充当交易媒介的货币主要是黄金和白银等金属货币，它们成为社会各界追逐的对象和社会财富的象征，拜金主义成为当时社会思潮的主旋律。社会经济的这种剧烈变化，必然反映到上层建筑中来，在经济思想和政策方面，就表现为重商主义的兴起，它是贸易保护的起点。

（二）理论内容

重商主义者认为，一个国家本土或殖民地如果没有金银矿可开采，就得寻找其他途径获取金银，这主要是靠对外贸易，因为国内贸易无法使国外金银流入，只有从事对外贸易，争取贸易的有利差额，国外金银才能源源而来。而要维持贸易盈余，就得奖励输出限制输入，前者采用发给出口补助金的办法，后者采用提高关税的办法。不论是货币差额论还是贸易差额论，它们都把货币和财富等同起来，认为一国拥有的黄金和白银越多，就越富有。总之，财富就是金银，金银是财富的唯一形态，是衡量国家富裕程度的唯一尺度。

小讨论

鸦片战争的发动与重商主义思想有什么联系？

（三）理论评价

重商主义的理论和政策在当时曾促进了资本主义的原始积累，推动了资本主义生产方式的发展。但它只局限于流通领域，不能发现资本主义社会经济关系的本质。重商主义把货币和财富等同起来是错误的，它忽略了生产领域。在资本主义社会，财富是交换价值，金银即货币只是财富的一种形态，而不是唯一形态。

小链接

古今重商主义的比较——正视外汇追求的代价

17世纪和18世纪欧洲国家的重商主义其本质是节衣缩食，其目的是富国强兵，但君主们眼中盯住的主要目标是黄金。通过出口，赚得国外的黄金。有了黄金，便可以招募和雇佣士兵，进行战争。不过，一味猎取黄金，即使在重金属货币时期，重商主义也具有极大风险。因为当黄金多了的时候，金价也会贬值。当西班牙把拉丁美洲的黄金大量输入欧洲时，黄金便大幅贬值。如果一个经济体在从事出口贸易的同时，相应地进口必需的商品和服务，那么出口对于任何经济体都是有益的。但如果出口仅仅是为了积储黄金或美元，那么这种追求就极其危险。

曾经中国的重商主义，在一定程度上也成了以美元为目标的重商主义。在20世纪80年代，创汇还是为了进口，但到了90年代后期，创汇更多地是为了抵御风险。西方金融“大鳄”制造的金融危机，给发展中国家带来了极其不利的影响。为了防范和抵御西方的金融狙击，发展中国家要额外地积储外汇，这在一定程度上造成了本国资源的输出和浪费，并且在一定程度上为西方大国的“进贡经济”做了贡献。

如此来看，古今重商主义存在的风险是一致的，那就是目标货币——黄金或美元的贬值。美元在今天是明显被高估的。一旦贬值，发展中国家所储存的美元财富部分将化为乌有。特别是今天的世界已经放弃了金本位制和重金属货币的使用，在这样一个汇率浮动的货币体系下实施重商主义，危险较大。所以传统重商主义的目标必须改变，那就是从紧盯黄金和美元变为重视实物进口，尽可能掌握实物财富，而非货币财富。重视进口的实质是有效利用外部资源，加快国内的经济建设。

二、保护幼稚工业理论

（一）代表人物及理论背景

弗里德里希·李斯特（Friedrich Liszt，1789～1846），德国著名的经济学家，历史学派的先驱者，保护贸易的倡导人。

18～19世纪，资本主义自由竞争时期，美国、德国等国家的工业处于刚刚起步的幼稚阶段，缺乏竞争力，没有力量与英国的工业品竞争。这些国家的政府代表工业资产阶级利益，为发展本国工业，实行保护贸易政策。保护的方法主要是建立严格的保护关税制度，通过高关税削弱外国商品的竞争能力；同时也采取一些鼓励出口的措施，提高国内商品的竞争力，以达到保护民族幼稚工业发展的目的，于是形成了与自由贸易理论相对立的保护贸易理论。弗里德里希·李斯特于1841年出版的《政治经济学的国民体系》提出了保护贸易理论。

（二）理论内容

幼稚工业保护理论最早是由18世纪美国当时的财政部长亚历山大·汉密尔顿提出的，后来由李斯特进行了系统地阐述。汉密尔顿明确提出了征收保护关税的重要性，目的是保护本国处在成长过程中的产业。在汉密尔顿看来，制造业对国民经济的发展具有特别重要的意义，它不仅能够使特定的生产部门发展起来，还会产生连带效应，使相关部门也得到发展，从而给一个国家带来生产力，或生产能力和生产技术水平的提高。但是保护不仅是有产业选择的，还有时间的限制。他认为，当某一特定的工业成长起来以后，就需要拆掉贸易保护的壁垒。

李斯特提出各国经济发展必须经历五个阶段：原始未开化时期、畜牧时期、农业时期、农工业时期、农工商业时期，不同时期应实行不同的对外贸易政策。他从德国当时所处的现状出发，认为德国正处于农工业时期，要想发展生产力，要过渡到农工商业时期，必须依靠国家实行高关税等保护贸易政策，保护的目的是促进生产力的发展，建立强大的工商业基础。经过比较，他认为使用动力和大规模机器的制造工业的生产力远远大于农业，所以特别重视保护和发展工业生产对于农业的保护，他认为，通过保护使工业发达以后，农业就会跟着兴起。李斯特认为一国保护贸易政策是指在特定阶段实施的政策，一旦幼稚工业成长起来就要放弃保护政策；而且他还认为一国并非对所有的幼稚工业都要实行保护，对那些经过一段时间保护仍然不能发展起来的产业就要放弃贸易保护。李斯特等人倡导的幼稚工业保护理论对经济比较落后并希望通过工业化实现经济起飞的国家提供了理论依据。总体看来，它给我们的启示有以下几点：

1）经济处于落后地位的国家不能简单地认为只要进行对外贸易就可以获得经济利益，从而获得经济发展的动力。对于经济落后的国家而言，发展生产力是最重要的，工业化是实现经济起飞的必由之路。

2）幼稚工业保护对象是要有选择的。一方面强调具体对象的选择，即工业选择标准问题；另一方面是时间阶段问题，即在经济发展的不同阶段应选择不同的工业部门进行保护。

3）任何超出本国资源优势的保护措施都是极端的选择，而在要素比较优势的基础上、着眼于推进本国经济的工业化就能够实现一种动态的贸易保护政策，或以推进工业化为目标的积极对外贸易政策。

4）幼稚工业保护不是绝对的排斥进口，要将对外贸易作为经济发展的外部动力，通过进口，尤其是技术的进口，提高工业发展水平。

5）随着一国经济的发展，当其具备与其他国家竞争的实力时，可以逐步走向 贸易自由化，扩大市场范围。

（三）理论评价

保护幼稚工业理论在德国工业资本主义的发展进程中起过积极的作用。保护关税政策对于当时的德国资产阶级是必要的，它使德国的大工业获得了巨大的发展，从而加强了资产阶级的力量，提高了他们在反对封建专制制度中的地位与作用；同时，李斯特的保护贸易理论对经济不发达国家是有重大参考价值。该理论的保护对象以将来有前途的幼稚工业为限，对国际分工和自由贸易的利益也予以承认。保护贸易为过渡时期，而以自由贸易为最后的目的。但是，李斯特的整个理论体系是错误的、不科学的，他把他的生产力理论同古典学派的价值论对立起来，片面强调国家对经济发展的决定作用，其保护幼稚工业理论是以资本市场发育不完全为前提假设。

三、凯恩斯主义

（一）代表人物及理论背景

约翰·梅纳德·凯恩斯（John Maynard Keynes，1883～1946），英国资产阶级经济学家，现代西方经济学最有影响的经济学家之一。

20 世纪 30 年代，资本主义经济以垄断代替了自由竞争，国际经济制度产生了巨大变化，尤其是 1929 ~ 1933 年，资本主义世界发生空前严重的经济危机，经济萧条、失业使市场问题进一步尖锐。在大危机后，各国相继放弃自由贸易政策，改变为奉行保护贸易政策，许多资本主义国家积极干预对外贸易，实行高关税外汇限制、数量限制、鼓励出口等措施改善国内的经济状况。在上述历史背景下，各国经济学者提出了各种支持超保护贸易政策的理论根据，其中有重大影响的是凯恩斯主义有关推崇重商主义学说的超保护贸易理论。

（二）理论内容

1936 年，凯恩斯出版了他的代表作《就业、利息和货币通论》，在书中他给出了对外贸易乘数原理。所谓对外贸易乘数，是指一国在既定的边际消费倾向作用下，由于对外贸易收入而增加的该部门消费会通过国民经济的产业链增加相关部门的收入和消费，最终对国民经济增长和国民收入产生倍加效果。凯恩斯及其追随者试图把对外贸易与就业理论联系起来，从增加就业、提高国民收入角度说明保护贸易的重要性。

他们认为现实社会存在大量的失业，应该仔细分析贸易顺差和逆差对国民收入和对就业的影响。贸易顺差可以为一国带来黄金，可以扩大支付手段、压低利率、刺激物价上涨、扩大投资、有利于缓和与扩大就业量；而贸易逆差会造成黄金外流，使物价下降，导致经济萧条和增加失业。凯恩斯主义把保护的对象由幼稚工业扩展到包括国内高度发展或出现衰落的垄断工业，保护的目的也由培养自由竞争能力转变为巩固和加强对国外市场的垄断，保护的战略由防御转向进攻。凯恩斯主义旨在垄断国内市场的基础上对国内外市场进行进攻性的扩张。

（三）理论评价

凯恩斯主义提出的对外贸易乘数，在一定程度上反映了对外贸易与国民经济发展之间的内在规律性，但过分夸大了他们的意义，忽略限制新投资，阻止对外贸易顺差的其他重要因素。凯恩斯主义理论是以自由贸易理论批评者的身份出现的，系统论述了国家干预经济的重要性，是对自由贸易理论的补充和发展。凯恩斯主义理论是资本主义世界生产过剩的产物，它将贸易保护的范围进一步扩大，将贸易盈余作为解决本国失业和促进经济增长的外部手段，不利于世界经济一体化的发展和国际分工的进一步深化。

四、新贸易保护主义

（一）理论背景

20 世纪 70 年代中期以后，世界性通货膨胀曾一度促进了各经济发达国家贸易自由化的发展，但 1974 ~ 1975 年的世界性经济危机和资本主义国家经历的经济膨胀使之趋于停顿。80 年代以来，主要工业国家经济处于低速发展，失业较高，对外贸易发展不平衡，美国货物贸易逆差急剧上升，成为新贸易保护主义的发源地。汇率长期失调影响了国际贸易的正常发展，带来巨大的贸易保护的压力，深厚的经济和政治原因使新贸易保护主义出现并不断加强。

（二）新贸易保护主义的特点

1. 被保护的商品不断增加

被保护的商品从传统产品、农产品转向高级工业品甚至劳务部门。1977 年欧洲经济共同体对钢铁进口实行限制；1978 年，美国对进口钢铁采取“启动价格”；1977～1979 年，美国、法国、意大利和英国限制彩电进口；进入 80 年代，美国对日本再次实行进口限制，迫使日本实行汽车的“自愿”出口限额等。虽然第二次世界大战后经济发达国家的关税大幅度的下降，但关税仍然是这些国家 限制某些商品进口的重要手段，它们对于某些“敏感性商品”继续维持较高的关税水平。

2. 贸易保护措施多样化

一是按照有效保护率设置阶梯关税，加强了征收“反补贴税”和“反倾销税”的活动。1980～1985 年，发达国家的“反倾销”案多达 283 起，涉及 44 个国家。世界贸易组织建立以后，关税、非关税措施受到严格的限制，各成员方越 来越多地使用反倾销、反补贴等 WTO 所允许的保护手段。20 世纪 90 年代中后期，全球范围内反倾销案件数量大幅度增加，反补贴税案件和保障措施也明显增加。

二是非关税措施中的技术和环境壁垒不断增高，苛刻的技术和环境标准限制了后工业化国家的出口贸易。

三是从贸易保护制度转向更系统化的管理贸易制度，把外贸政策法律化，给贸易保护主义披上法律的外衣。西方国家管理外贸的法律已由单行的法律发展成为以外贸法为中心的、与其他方面的国内法相配合的一个整体。

四是各国“奖出限入”措施的重点由限制进口转向鼓励出口。如在经济方面，各经济发达国家加强出口信贷、出口信贷国家担保制、出口补贴、外汇倾销等措施，向厂商提高支持以鼓励出口；在组织方面，发达国家广泛设立或改组各种促进出口的行政机构，协助本国出口厂商对外国市场的扩张；在精神奖励方面，许多经济发达的国家制定了各种评奖制度，对扩大出口成绩卓著的厂商给予奖励。

（三）理论评价

新保护贸易主义可以达到限制进口的目的，但它大大扭曲了对外贸易公平、公正、平等的原则。新保护贸易理论除了使用传统的关税作为保护的手段之外，更加强了对非关税壁垒的设置和使用，如苛刻的技术标准、环境标准等，使国际贸易自由化发展受挫。而且，广大的发展中国家受非关税壁垒的影响程度远远超过发达国家。由于出口减少，发展中国家债务负担加重。繁重的债务负担使广大的发展中国家进口萎缩，进而发达国家的出口遭到冲击。如此下去将形成恶性循环，最终贸易各方都无法获得对外贸易和国际分工的利益。并且，发达国家实行的贸易保护主义措施随着政府管理贸易而不断得到充实和调整，从贸易保护制度转向更系统化的管理贸易制度，把外贸政策法律化，给贸易保护主义披上合法的外衣。

小链接

绿色贸易壁垒

工业化进程的加快，人类日益面临的大气污染、温室效应、有毒废物排放、物种灭绝、资源枯竭等生态环境方面的问题，引发了世人的严重关注。一些工业发达国家以此为借口，凭借其经济和技术的垄断地位，制定了一系列严苛的环保措施和高于发展中国家技术水平的环境质量标准，并以此作为市场准入的条件，对本国市场和工业形成保护，构筑了一道“绿色屏障”，主要形式有以下几种。

1）绿色标志，又称绿标制度，或环境标志制度，是指国际上有资质的认证机构依据有关标准对商品进行认证并颁发标志和证书的一项制度。绿标图案多为天鹅、常绿树、天使、蒲公英等，富有绿色寓意，欧美等国家多以立法形式对此加以规定。凡没有取得绿标的进口商品将受到数量和价格上的限制，而加贴了绿标的商品则被认为是一种“环境质量信得过”的“绿色产品”。

2）绿色包装。各种与环境要求不符的包装能对环境造成严重的污染，许多发达国家纷纷通过立法对本国商品和进口商品的包装卫生和安全提出了强制性的要求。概括起来，有以下几方面的内容：①通过改进设计，减少包装材料的使用，以节约资源；②重复使用包装材料；③使用再生材料制作包装；④使用生物降解包装，使废弃包装在自然环境中快速腐烂。为此，一些发达国家通过产业重组和资源重新配置形成了新的产业链，满足了包装在环境保护上的要求，促进了经济的发展，而发展中国家因技术水平、价值观念和行政管理等方面的滞后，绿色包装成为其进入发达国家市场的“绿色屏障”。

3）环境成本。新贸易保护主义者认为任何产品都应将环境和资源费用计入成本，且应以国际环境标准进行计算。如果忽视环境质量或降低环境标准，其出口产品实际上就具有了不公平的比较优势或环境补贴，形成了对高环境标准生产产品的不公平竞争。发展中国家在出口贸易中未计算绿色成本，是在进行环境倾销。因而，应通过反倾销、反补贴措施来均衡不同环境标准下的成本差异。很明显，这是经过精心设计和构筑的绿色壁垒。

小　结

1）西方国际贸易理论有两大流派：一派是理论上居于主导地位的西方传统国际贸易理论，即自由贸易理论；另一派是西方传统国际贸易反对派，即保护贸易理论。

2）自由贸易理论主要包括绝对成本理论、比较成本理论、相互需求理论、要素禀赋论、规模经济理论等；保护贸易理论主要包括重商主义、保护幼稚工业理论、凯恩斯主义及新贸易保护主义。

基础训练

一、单项选择题

1. 亚当·斯密的代表著作是（　　）。

A.《国富论》　B.《政治经济学及赋税原理》

C.《域际和国际贸易》　D.《国际贸易》

2. 按“两优相权取其重，两劣相权取其轻”的原则进行分工的思想是由（　　）提出的。

A. 亚当·斯密　B. 大卫·李嘉图　C. 俄林　D. 以上都不是

3. 要素禀赋论继承和发展了（　　）。

A. 绝对成本理论　B. 比较成本理论　C. 相互需求理论　D. 以上都不是

4.“把货币和财富等同起来，认为一国拥有的黄金和白银越多，就越富有”的观点属于下列哪个理论（　　）。

A. 新贸易保护主义　B. 保护幼稚工业理论　C. 凯恩斯主义　D. 重商主义

二、多项选择题

1. 下列属于保护贸易理论的有（　　）。

A. 新贸易保护主义　B. 保护幼稚工业理论　C. 凯恩斯主义　D. 重商主义

2.（　　）都属于第二次世界大战后西方自由贸易新论。

A. 要素禀赋论　B. 产品生命周期　C. 规模经济理论　D. 偏好相似理论

3. 产品生命周期理论将产品的生命周期划分为（　　）。

A. 形成期　B. 成长期　C. 成熟期　D. 衰退期

4. 现代学派自由贸易理论有（　　）。

A. 里昂惕夫之谜　B. 保护幼稚工业理论

C. 相互需求理论　D. 要素禀赋论

三、简答题

1. 比较亚当·斯密和大卫·李嘉图的贸易理论的异同。

2. 要素禀赋理论的主要内容是什么？

3. 什么是规模经济理论？它如何成为现代贸易理论的基础？

4. 简述新贸易保护主义的特点。

四、案例分析

日本人惊呼：中国成为“世界的工厂”

2000年日本通产省发表的白皮书，第一次将中国称为“世界的工厂”。因为彩电、洗衣机、冰箱、空调、微波炉、摩托车等产品中，中国制造的已占世界市场份额的第一名。1999年世界彩电市场销售了11787万台，其中4成是中国生产的。世界上顶尖的彩电大企业中的松下电器、东芝、三洋电机、三菱电机四个公司，都已将彩电生产的主要基地移师中国。世界市场上的复印机，中国生产的占6成。

除彩电以外，录像机主要由东芝在中国的工厂生产；CD、单放机等主要由三洋电机和夏普公司在中国的工厂生产；DVD主要由三洋电机在中国的工厂生产，据说在日本市场上很难看到DVD，若有也会很贵，故很多日本人从中国买了带回日本去，颇像20世纪80年代中国人出国回来带大件。还有微波炉，主要由松下电器、三洋电机在中国的工厂生产；空调主要由夏普公司中国的工厂生产；复印机由夏普和美能达在中国的工厂生产；手机主要由松下通信工业公司在中国的工厂生产。

除家用电器外，日本公司的各种纺织面料，包括加工成服装、领带、袜子等也在中国大量生产。日本的一大面料公司与中国60多个服装加工厂都有合约。这不仅由于中国的人工费用仅为日本的1/20，成本低，更重要的是使用中国的原料。

由于利用的是外国的专利技术及经营管理，甚至关键部件还要用洋品牌，所以中国制造出口的商品，绝大多数是冠以洋品牌的。像“海尔”那样用中国人自己的品牌能在美国市场占领一块阵地，甚至将日本名牌挤出市场者，微乎其微。如此看来，要使世界的工厂生产出走向世界的中国名牌，仍然任重而道远。

分析：

1）分析比较成本论在中日贸易中的运用。

2）中国成为“世界工厂”的优势与劣势。

综合训练

正确认识和应对贸易保护主义

1. 实训目的

通过技能训练，结合所学知识，能正确分析贸易保护主义的危害，制定应对措施。

2. 实训资料

金融危机以来，伴随着全球贸易的急剧萎缩，贸易保护主义也风起云涌，特别是美国等一些西方国家纷纷出台针对中国的贸易保护措施，对我国经济发展造成了不利影响，成为我国经济发展的一个制约因素。面对日益严重的贸易保护主义，政府、企业应采取积极的应对措施，建立健全贸易救济系统，充分利用WTO争端解决机制，实现对外贸易保护前置化并鼓励创立自主品牌，以突破美国对华贸易保护的藩篱。

3. 实训要求

请以外贸企业的身份，阐述对贸易保护主义的认识，以及应如何应对美国贸易保护主义的挑战。

4. 实训步骤

1）自由组合成小组，每组5人。

2）明确每个人的职责，并熟悉贸易保护主义的主要内容。

3）形成设计方案，全班共享。

5. 实训评价

教师对各组的设计方案做出综合评价。

学习情境三　国际分工与世界市场

【知识导图】

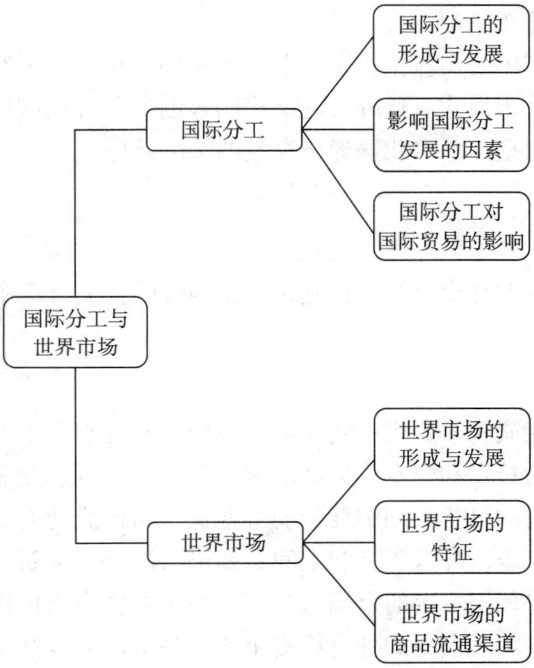

【知识目标】

1）了解国际分工的形成与发展，掌握影响国际分工发展的因素；
2）掌握国际分工对国际贸易的影响；
3）掌握国际市场价格的含义、特点、种类及影响因素；
4）掌握国际市场价格与国际价值之间的关系；
5）熟悉国际贸易中不等价交换及其产生的原因。

【技能目标】

1）能对影响国际分工的各种因素进行分析；
2）能运用掌握的基本理论分析国际分工与贸易实践中出现的新变化；
3）能够结合理论分析我国在国际市场中的地位。

任务一 国际分工

【任务导入】

根据目前外向型经济较为发达的我国沿海地区的情况来看，民营中小企业与跨国企业二者在产业分布、企业规模及生产管理水平之间存在着较大差距，形成了二元结构，即民营中小企业产业分布集中在轻纺工业，企业规模偏小，采用传统家族作坊式的内部管理方式；而近年来跨国公司直接投资产业分布集中于机械电子行业，企业规模效益明显，多采用现代工业管理模式。这种二元结构明显制约了外向型经济对我国经济整体的拉动作用，制约了外向型经济对我国经济存量的激活效应。

【思考问题】

对此，我们应该采取什么对策和措施来改善两者的分工与合作呢？

【任务分析】

我国中小企业管理架构多为家族式企业，专业化和标准化生产水平较低，缺乏现代管理人才，难以适应为技术和资本含量高的跨国公司提供配套服务的合作方式。本地中小型企业在与跨国公司的订货谈判中处于弱势地位，跨国企业有时对供应商压价，以致供应商之间出现恶性竞争，降低了利润空间。如果跨国公司撤资，本地供应商便会失去订货来源，中小企业将承担一定的市场风险。中小企业主要面向国内市场生产，而外商投资企业，尤其是从事加工贸易的外商投资企业，基本面向国际市场，国内市场同国际市场在产业高度上存在的差距将造成中小企业难以进入国际市场，只能为跨国企业提供配套产品。因此，我们需要了解国际分工和世界市场。

【知识链接】

国际分工、世界市场与国际贸易有着密切的联系。国际分工是国际贸易和世界市场产生和发展的基础，国际分工的发展又有力地促进了国际贸易的发展。

一、国际分工的形成与发展

（一）国际分工的概念和作用

国际分工（International Division of Labor）是指世界上各国之间的劳动分工和生产的国际专业化，是社会分工发展到一定阶段后，国民经济内部的分工超越国家界限的必然结果。

国际分工是各国对外贸易的基础，各国参与国际分工的形式和格局决定了该国对外贸易的结构、对外贸易地理方向和贸易利益等。同时，各国对外贸易又是国际分工利益实现的途径和枢纽，各国对外贸易的模式与措施影响着国际分工的发展。由此，国际分工与国际贸易两者相辅相成，互为因果关系。

国际分工作为一般社会分工在世界范围内扩大和加深的结果，对生产力的促进作用更加明显，从而对世界经贸的发展起巨大的推动作用，具体表现在：第一，国际分工意味着激烈的国际竞争，对各国企业来说，是一种巨大的外部压力，迫使他们提高技术，改进经营管理，以提高生产率，降低成本，改善产品质量，不断推出新产品；第二，国际分工有可能使各国在其具有相对优势的部门或产品上扩大生产规模，形成规模经济，取得规模效益；第三，国际分工、国际贸易、国际市场要求在世界范围内和世界规模上实行生产要素的流动，包括资金、技术、劳动力、人才、原材料、能源、信息、知识等的流动，这也意味着资源有可能在流动中接近最有效的配置方式，从而有利于生产效率的提高、资源的节约和生产力的发展。

（二）国际分工的产生和发展阶段

1. 地理大发现促进了近代国际分工的萌芽

在资本主义以前时期，由于社会生产力水平较低，自然经济占主导地位，商品生产很不发达。虽然当时也存在着一些国际贸易，但总的来说不存在现代意义的国际分工。

15 世纪末至 16 世纪上半叶的地理大发现，促使欧洲一些国家的手工业生产向工场手工业生产过渡，同时也为近代国际分工提供了地理条件、准备了国际市场。当时的欧洲殖民主义者用暴力手段在他们所能到达的美洲、非洲和亚洲进行掠夺和贸易，在殖民地发展了以奴隶劳动为基础的面对国外市场的专业化生产，建立种植棉花、烟草、甘蔗等农作物的庄园，开发矿山，生产金银，并把生产出来的农作物和金银运回本国，出现了宗主国与殖民地之间的最初的分工形式。

2. 18 世纪产业革命使近代国际分工形成

18 世纪后半叶从英国开始的产业革命，使人类的生产力获得空前的发展。蒸汽机、纺纱机、织布机等的发明和应用，使工场手工业发展到了机器大工业，于是以小生产为基础的自然经济开始崩溃。机器大工业使社会生产的规模不断扩大，原先自然经济条件下的民族孤立性开始消失，各国开始被纳入到国际分工的轨道。

该阶段的国际分工具有以下特点：第一，大机器工业的建立为国际分工的发展奠定了物质基础。首先，大机器生产使得生产力大幅提高，促使国内市场趋于饱和，生产的急剧扩张引起了原材料供应的紧张；其次，大机器工业生产出来的物美价廉的商品，高效率的新的运输工具和方法，成为资产阶级征服外国市场的有力武器，打破了一切落后国家闭关锁国的企图，打开了一个又一个新的国外销售市场，建立了一个又一个新的国外原料来源地。第二，英国成为国际分工的中心。由于英国最早完成了产业革命，生产力水平的大幅提高促使其在国际经济中占据绝对的优势地位。英国资产阶级放弃了重商主义政策而转为自由贸易政策，利用强大的经济力量和贸易实力主导了国际分工和国际市场，垄断了国际贸易。马克思认为，当时的英国是“农业世界伟大的中心，是工业‘太阳’，日益增多的生产谷物和棉花的‘卫星’都围着它运转”。第三，随着国际分工的发展，世界市场上交换的商品种类发生了变化，地方贵族阶级和商人阶级需要的奢侈品已被国际贸易中的小麦、棉花、羊毛、咖啡、铜、木材等大宗商品所代替。

小链接

"世界五分之一是我们的自愿的进贡者；北美大平原和俄国是我们的谷物种植园；芝加哥和敖德萨是我们的谷仓；加拿大和波罗的海诸国是我们的森林；我们的羊群的牧场在澳洲；我们的牛群在美洲；秘鲁把它的白银提供给我们；加利福尼亚和澳洲把自己的黄金提供给我们；中国人为我们种茶；而从印度把咖啡、茶叶和香料运到我们的海岸；法国和西班牙是我们的葡萄园；地中海是我们的果园；我们从北美合众国以及其他国家获得棉花。"

——英国历史学家丹莱·杰温斯

当时英国与殖民地之间的国际分工是最具代表性的。原来在一国范围内的城市与农村的分工、工业部门与农业部门之间的分工，现在逐渐变成世界城市与世界农村的分离与对立，这是一种世界城市和世界农村对立下的"垂直式"的国际分工。当时的英国作为"世界的工厂"，它所生产的钢铁、煤炭、机器、纺织品均在世界上占有极大的比重；它的商船队几乎垄断了当时世界的航运；它的工业产品畅销全球。而其殖民地、附属国则成为英国工业品的销售市场和专门向它提供原料、农产品的基地。这是一种资本主义宗主国对殖民地半殖民地国家与地区进行侵略、掠夺、剥削结合在一起的不平等的国际分工。

3. 19 世纪末的垄断资本主义使国际分工进一步发展

从 19 世纪末至 20 世纪初，自由竞争的资本主义开始过渡到垄断资本主义，即开始进入帝国主义时期。在英国产业革命的带动下，西欧、北美的一系列国家在 19 世纪中期也纷纷开始了产业革命。德国、法国等欧洲大陆国家在 19 世纪中期开始在工业生产中推广应用蒸汽机，并开始掀起修筑铁路的高潮。轮船在海上开始逐渐取代帆船，电报的运用极大地便利了贸易。于是，交通、通信工具的发展，运输费用的下降，使越来越多的地区卷入到现代国际分工体系中来。可以说，正是铁路、轮船、电报等的发展，才有可能使各国的国内市场汇合成为一个世界市场。新的工业技术革命，使这些资本主义强国的经济进一步得到加强。化学工业、电力工业、精密仪器等一系列新的工业部门产生了。各个资本主义强国分别在一个或几个工业部门形成了自己的优势。这个时期的国际分工进一步得到发展。

小讨论

如果说发达资本主义国家与殖民地半殖民地之间是"垂直式"的国际分工，那么，在这一时期，各个发达国家在某些工业部门的发展上各自显示出自己的优势，它们出口自己具有优势的工业产品，形成一种彼此依赖的国际分工格局。在这些工业化的资本主义国家之间是否开始发展成了“水平式”的国际分工？

4. 第二次世界大战之后国际分工的新变化

第二次世界大战以后，世界的政治、经济形势发生了巨大的变化。新科技革命使生产力有了巨大的增长，而战后的国际经济秩序又比较有利于国际分工和国际贸易的发展。因此，世界经济获得了前所未有的发展。国际分工在这种形势下显示出一些新的特点。

首先，发达国家之间的国际分工发展迅速，并在现代国际分工中居主导地位。在战前的国际分工中，发达国家与发展中国家的垂直分工居主导地位，发达国家之间的水平分工居次要地位。在战后发达国家之间的国际分工已成为国际分工的主流，重要的原因是战后新的科学技术革命。

其次，战后发达国家之间除了工业部门之间的分工，还发展了工业部门内部的分工。技术的发展，使得一个工业部门的内部分工变得更为精细，因而发达国家的某一工业部门的生产也须通过国际分工来进行。某国生产的工业品，如汽车、船舶、机械等装上外国生产的零部件是十分普遍的现象。部门内的分工还表现在一个国家既进口又出口某些同类产品，如一个国家可能既出口汽车、电器、服装，又进口这些产品。这是因为技术的发展使产品的差异化得到发展。

最后，发达国家与发展中国家的分工也有了变化。战后大批殖民地国家独立，他们要求在经济上摆脱对单一经济的依赖，发展民族工业，因此，传统的垂直分工开始削弱。发展中国家开始发展自己的民族制造业，逐步完成本国的工业化过程，最终使本国与发达国家在国际分工中取得平等的地位。

小思考

金字塔形的国际分工

图 3－1 是金字塔形的国际分工，它包括以下几层。

第一层次是美国，垄断了全球的资讯行业，处于国际分工金字塔顶端，是它创造了新经济，并把人类带进了信息社会。

第二层次是英国，提供新金融服务。如果说美国在当今的国际分工中主要从事知识与信息产品的生产，那么英国在当今的国际分工中主要提供新的金融服务。

第三层次是德国，提供高附加值资本密集产品。直接把科学技术与工业生产组合成为先进的生产力等因素确定了德国在国际分工的这个层次上长期占据垄断的地位。

第四层次是日本，提供高附加值最终消费品，主要从事资本要素密集、技术含量与附加值均比较高的最终消费品的生产。

第五层次是中国，提供简单的直接消耗有形物与最直接资源的消费品 。

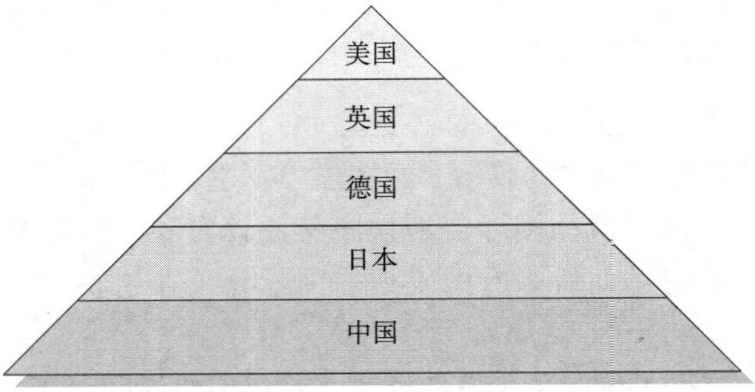

图 3－1　金字塔形的国际分工

21 世纪初，第五次国际产业（技术）结构大调整、大转移刚刚开始，十年后，亚太地区产业结构会发生什么变化，我们将拭目以待。

思考：中国在国际分工的地位如何？

（三）国际分工的类型

国际分工的类型是指各国在参加国际分工时，根据本国经济发展水平所形成的不同类型的分工关系，它在一定程度上反映了不同国家在国际分工体系中所处的不同地位。

1. 垂直型国际分工

垂直型国际分工是指经济技术发展水平相差悬殊的国家（如发达国家与发展中国家）之间的国际分工。垂直分工分为两种：一种是指部分国家供给初级原料，而另一部分国家供给制成品的分工形态，如发展中国家主产初级产品，发达国家生产工业制成品，这是不同国家在不同产业间的垂直分工。一种产品从原料到制成品，须经多次加工。经济越发达，分工越细密，产品越复杂，工业化程度越高，产品加工的次序就越多。初级产品与制成品这两类产业的生产过程构成垂直联系，彼此互为市场。另一种是指同一产业内技术密集程度较高的产品与技术密集程度较低的产品之间的国际分工，或同一产品的生产过程中技术密集程度较高的工序与技术密集程度较低的工序之间的国际分工，这是相同产业内部因技术差距所引起的国际分工。

2. 水平型国际分工

水平型国际分工是指经济发展水平相同或接近的国家（如发达国家以及一部分新兴工业化国家）之间在工业制成品生产上的国际分工。当代发达国家的相互贸易主要是建立在水平型国际分工的基础上的。水平型分工可分为产业内与产业间水平分工。前者又称为“差异产品分工”，是指同一产业内不同厂商生产的产品虽有相同或相近的技术程度，但其外观设计、内在质量、规格、品种、商标、牌号或价格有所差异，从而产生了国际分工和相互交换，它反映了垄断企业的竞争和消费者偏好的多样化。后者则是指不同产业所生产的制成品之间的国际分工和贸易。各国以其重点工业部门的产品去换取非重点工业部门的产品，工业制成品生产之间的分工不断向纵深发展，由此形成水平型国际分工。

3. 混合型国际分工

混合型国际分工是把垂直型和水平型结合起来的国际分工方式。德国是混合型的典型代表。它对第三世界是垂直型的，向发展中国家进口原料、出口工业品，而对发达国家则是水平型的，主要进口机器设备和零配件。其对外投资主要集中在西欧发达的资本主义国家。

二、影响国际分工发展的因素

影响国际分工发展的因素是多方面的，既有社会经济方面的条件，包括各国的科学技术水平、生产力的发展水平、国内市场的大小；也有国际政治方面的条件，各国政府、国际经济秩序的情况以及各国的自然条件的差异，包括气候、土地、资源、国土面积、人口、地理条件等。

（一）社会生产力是国际分工形成和发展的决定性因素

生产力的高低决定商品生产的成本。商品生产成本的高低决定了该商品在世界市场上的竞争力。取得竞争优势的出口国，可以在较长一段时期内形成生产该商品的固定分工格局。没有取得竞争优势的国家，或者竞争优势略差一些的国家，完全可以通过提高该商品生产中的生产力、降低成本，逐步建立自己在该商品生产与出口中的优势，改变国际分工的格局。相反，已经在某种商品的生产与出口中取得竞争优势的出口国，如果生产力提高较慢，被其他国家赶上来，会逐步失去优势，成本会逐渐地高于其他国家，最终失去出口机会，这也会改变已有的国际分工格局。

（二）自然条件是国际分工产生和发展的基础

任何社会的经济活动都是建立在一定的自然条件之上的。人类的经济活动总是在一定的自然条件下进行的，没有自然条件，进行任何经济活动都是困难的。从整个世界经济发展趋势来看，自然条件在国际分工中的作用在下降。因为自然条件主要影响农矿等初级产品的生产，而现代经济的发展产生了大量合成的替代品。比如，合成橡胶的发明与生产就使许多国家减少了对天然橡胶的进口。而且现代的经济增长越来越依靠技术进步而不是原材料的增加投入。人们不断发明更加节能的生产方式，对产品更强调高科技的含量和高附加值，因此自然条件在现代国际分工中的影响是不断下降的。

（三）人口、劳动规模和市场制约着国际分工的发展

1. 人口分布的不均衡，会使分工和贸易成为一种需要

世界人口在各国分布是很不平衡的。有的国家人口众多、密度很大，劳动力比较丰富，在生产劳动密集型产品方面具有比较优势；有的国家人口密度低，劳动力比较稀缺，在生产其他生产要素密集的产品方面具有优势。而且，人口的教育水平的高低也会影响国际分工。教育事业发达、劳动力素质高的国家可以发展高科技产品的生产和出口，反之，只能生产一般的劳动密集型产品。

2. 劳动规模或生产规模，也制约和影响着国际分工

现代大规模的生产，使分工成为必要的条件，这种分工跨越了国界，就产生了国际分工。随着劳动规模越来越大，分工就越来越细，任何一个国家都不可能包揽所有的生

产，必须参与国际分工。生产规模的经济性也会影响国际分工。现代工业要求大规模生产以便获得规模经济的好处。

3. 国际分工的实现还要受制于国际商品市场的规模

国际分工的发展史是同国际商品交换的发展史齐头并进的。生产力发展较快、分工比较细密的国家，总是国际商品市场的中心。国际商品交换市场的规模取决于投入交换的商品数量、有支付能力的人口密度和交换距离。

小讨论

目前，在世界市场上，天然橡胶国际价值的确定主要以印度尼西亚、马来西亚和斯里兰卡的社会必要劳动时间为依据；茶叶的国际价值主要由印度和中国的社会必要劳动时间来确定；汽车的国际价值主要根据美国、日本、德国和英国的社会必要劳动时间确定。这种情况说明了什么？

（四）资本国际化是国际分工深入发展的重要条件

资本国际化促进了国际分工的迅速发展。自 19 世纪末以来，资本输出就成为资本主义国家重要的经济现象。第二次世界大战以后，跨国公司的迅猛发展和在国际经济中地位的提高，发展中国家对外资政策的变化，都大大加速了资本的国际化进程，对国际分工的深入发展起着重要的作用。

（五）国际生产关系决定了国际分工的性质

国际分工是生产力发展的结果，它反映了生产力发展的水平，同时它与生产关系也有着密切的联系。既然国际分工是社会分工超出国家界限的结果，因此，社会生产关系也会超出国界而形成国际生产关系。

国际生产关系主要包括生产资料所有制形式，各国在国际分工中的地位以及它们在国际分配、国际交换和消费中的各种关系。现代的国际生产关系是复杂的，既包括资本主义生产关系，也包括社会主义生产关系，还有一些其他的形式，但总的看来，在当代国际分工中，资本主义的生产关系居支配地位。

（六）上层建筑可以推进和延缓国际分工的形成和发展

上层建筑一般指建立在经济基础之上的政治法律制度和社会意识形态。其对国际分工的促进作用主要表现为：建立超国家的经济组织，调节相互间的经济贸易政策，促进国际分工的深化和发展；制定自由贸易的政策和法令，推行自由贸易，加快国际分工的步伐；通过殖民统治，强迫殖民地或半殖民地建立符合国际分工的经济结构；发动商业战争，迫使战败国签订不平等条约，接受自由贸易政策；宣扬比较利益学说，抹杀国际分工的生产关系。上层建筑对国际分工也会起延缓作用，如制定各种保护贸易政策和实行贸易壁垒，都会阻碍国际分工的发展。另外，建立关税同盟或共同市场等固然有加强一体化组织内部分工的一面，但在某种程度上又会延缓世界性国际分工的发展。

三、国际分工对国际贸易的影响

在国际经济领域中，国际贸易与经济增长之间的关系体现为国际贸易与国际分工之间相互影响的关系。国际分工是国际贸易的基础，它对国际贸易发展有着重要的影响。

（一）国际分工对国际贸易发展速度的影响

国际分工促进国际贸易的发展，是国际贸易发展的基础。从国际贸易发展来看，在国际分工发展快的时期，国际贸易也迅速发展；相反，在国际分工缓慢发展时期，国际贸易也发展较慢或处于停滞状态。因此，国际分工是当代国际贸易发展的主动力。生产的国际专业化分工不仅提高劳动生产率，增加世界范围内的商品数量，而且增加了国际交换的必要性，从而促进国际贸易的迅速增长。

（二）国际分工对国际贸易地区分布的影响

国际贸易地区分布是指一国或地区的对外贸易额在世界国际贸易额中所占的比重，由此确定一国或地区在国际贸易中所处的地位。国际分工对于国际贸易地区分布有直接的影响。国际分工发展的过程表明，在国际分工处于中心地位的国家，在国际贸易中也占据主要地位。例如，从 18 世纪到 19 世纪末，英国一直处于国际分工中心国家的地位，它在资本主义世界对外贸易中一直独占鳌头。

（三）国际分工对国际贸易地理方向的影响

国际分工对国际贸易的地理分布也产生重要影响。世界各国的对外贸易地理分布是与它们的经济发展及其在国际分工中所处的地位分不开的。各国对外贸易的地理方向与各国相互分工的程度成正方向变化。19 世纪国际分工的主要形式是宗主国同殖民地等落后国家之间的分工，即前者出口工业品，后者出口农矿产品，我们叫它垂直型分工。这种分工形式决定了当时国际贸易主要在殖民地同宗主国这两类国家间进行。

第二次世界大战后，国际分工发生了变化，从出口制成品、进口原料为主变为工业部门生产专业化协作为主了，即从垂直型分工变为水平型分工。国际贸易的地理方向也随之发生了变化，变为以发达国家间的贸易居主导地位，发达国家同发展中国家间的贸易变为次要。

（四）国际分工对国际贸易的商品结构的影响

国际分工对国际贸易的商品结构产生重要影响。国际分工的深度和广度不仅决定国际贸易发展的规模和速度，而且还决定国际贸易的结构和内容随着国际分工的发展，使国际商品结构与各国的进出口商品结构不断发生变化。第二次世界大战后，这种变化表现在这几方面：①工业制成品所占比重增加；②发展中国家出口中的工业制成品增长；③中间性机械产品的比重提高；④服务贸易发展迅速。

（五）国际分工对国际贸易利益的影响

国际分工可以扩大整个国际社会劳动的范围，发展社会劳动的种类，使贸易参加国可以扬长避短，发挥优势，有利于世界资源的合理配置；可以节约全世界的劳动时间，从而提高国际社会的生产力。因此，国际分工的发展是一个进步的过程。但是由于国际分工的产生与发展是在资本主义生产方式下进行的，它代表了生产力发展的进步过程，同时也体现了资本主义社会的生产关系，因此国际分工也成为旧的不平等的国际经济贸易秩序的重要组成部分。

（六）国际分工对对外贸易依存度的影响

国际分工的发展使各国对外贸易依存度不断提高。第二次世界大战后，国际分工的深化发展，使整个世界贸易依存度都在不断地提高，国际分工已成为各国国民经济运转的一个必需条件，贸易方式向着多样化发展。

（七）国际分工对国际贸易政策的影响

国际分工状况如何，是各个国家制定对外贸易政策的依据。第一次科技革命后，英国工业力量雄厚，其产品竞争能力强，同时它又需要以工业制品的出口换取原料和粮食的进口，所以，当时英国实行了自由贸易政策。而美国和西欧的一些国家工业发展水平落后于英国，它们为了保护本国的幼稚工业，便采取了保护贸易的政策。第二次科技革命，资本主义从自由竞争阶段过渡到垄断阶段，国际分工进一步深化，国际市场竞争更加剧烈，在对外贸易政策上，便采取了资本主义超保护贸易政策。19 世纪 70 年代中期以前，以贸易自由化政策为主导倾向；19 世纪 70 年代中期以后贸易保护主义又重新抬头。西方国家贸易政策的这种演变，是和世界国际分工深入发展分不开的，也与各国在国际分工中所处地位的变化密切相关。

任务二　世界市场

【任务导入】

对美国通用汽车公司生产的庞蒂克莱曼牌汽车，美国劳工部部长赖克曾在《国家的任务》一书中作了如下描述：当一个美国人用 1 万美元买下这样一辆车时，有 3000 美元是付给韩国装配工人的，1750 美元是付给日本制造先进零件厂商的，700 美元是付给德国设计师的，400 美元用来购买中国台湾、新加坡的各式零件，250 美元付给了美国的广告与行销服务，余下的近 4000 美元才是给底特律和纽约的银行家、保险公司的。波音 747 飞机由 450 万个零件装配而成，这些零件的生产厂家遍及包括美国在内的 6 个国家、1500 家大企业与 15000 个小企业。多国产品或全球产品即生产全球化的出现，与越来越发达的国际分工和世界市场密切相关。国际分工与世界市场是目前世界上绝大多数国家和地区不可避免的话题。

【思考问题】

赖克的这段话反映了当今经济发展的一个怎样的重要趋势？

【任务分析】

国际分工、国际贸易和世界市场，是各国和地区经济向世界范围发展的同一过程的不同表现。从逻辑和历史相结合的角度看，国际分工是国际贸易和世界市场产生和发展的基础；而世界市场是国际分工日益深化和国际贸易广泛发展的结果与表现，是国际贸易活动的场所，也是国际分工的重要实现手段。

【知识链接】

一、世界市场的形成与发展

（一）世界市场的概念

世界市场（World Market）是世界各国之间进行产品、服务、技术交换的场所，是世界范围内通过国际分工和贸易联系起来的各国间市场和各国国内市场的综合组成。它不是一个地理概念，而是一个经济概念。从世界市场的结构来看，它包括订约人、商品经销渠道和调节机制；从内容上讲，包括商品、货币、航运、保险等，商品是主体，其余都是为商品服务的。

（二）世界市场的形成与发展

世界市场的形成与发展是受社会分工和商品生产制约的，它是国际贸易从欧洲扩大到美洲、亚洲和非洲的历史，它是与资本主义生产方式密切联系在一起的，它与国际分工的形成与发展同步（见表3－1）。

表3－1　世界市场的形成与发展

形成阶段	时间	状况	方式	地区
萌芽阶段 （新航路开辟）	15世纪中后期	资本原始积累 商品经济发展 商业资本	远洋探险 殖民扩张 武力掠夺	欧、亚、非、美
发展阶段 （殖民扩张）	16世纪初至 18世纪中期	资本原始积累 商品经济发展 商业资本	殖民掠夺和屠戮殖民扩张、战争、黑奴贸易、不平等贸易、武力商品	欧、亚、非、美
基本形成 （第一次产业革命）	18世纪中期至 19世纪中 后期	工业革命 产业资本	扩大市场 商品贸易 商品－资本控制	欧、亚、非、美、大洋洲
最终形成 （第二次工业革命）	19世纪中 后期	产业革命 垄断资本	资本输出 垄断组织 商品－资本控制	欧、亚、非、美、大洋洲 （全球）
整体化趋势 （世界经济一体化）	19世纪末至 20世纪初	科技进步 垄断资本	军事侵略 垄断组织 瓜分世界 贸易规则	全球

1. 萌芽阶段

国际贸易早在公元前就产生，但由于生产力低下、商品经济落后、交通不发达，因而不存在世界市场，直到15世纪末至16世纪初的地理大发现，促进了西欧各国的经济发展，也为世界市场的产生准备了地理条件。欧洲各国的商业资本通过暴力，把美洲、亚洲、非洲联结起来，开始形成国际分工。在这个基础上，不仅使国内市场统一，而且逐渐产生了世界市场。

2. 发展阶段

第一次产业革命产生了机器大工业生产，资本主义生产方式得以确立，产业资本开始在世界范围占支配地位。大工业的发展推动了世界人口的移动，使人口向城市集中，促进了运输、通信事业的发展。同时，大工业生产带来了一个不断扩大的市场，使销售市场和原料来源都卷入世界市场，世界市场进入迅速发展时期。

3. 形成阶段

第二次产业革命使资本主义生产力得到空前发展，资本输出成为夺取世界市场的手段，垄断代替了竞争。在这一时期，多边贸易支付体系开始形成；国家金融市场建立了金本位制度，世界货币形成；资本主义的价值规律、经济规律制约着国际市场的发展；整个市场形成了比较固定的销售渠道，这一切标志着世界市场的形成。

二、世界市场的特征

随着世界经济的发展，当代世界市场体现出新的基本特征。

（一）世界市场的规模逐渐扩大

所有发达国家与发展中国家为了争夺市场都参与了全球范围内的角逐，进入世界市场的各类国家增多。社会化大生产的发展，已冲破一个国家和一个地区的局限，要求在世界范围内寻求生产要素的最佳配置，开拓更广阔的销售市场。随着科技革命的发展，国际分工进一步向纵深发展，使世界市场迅速扩大，主要表现在世界市场的地理范围在不断扩大；国际贸易额不断上升；贸易的商品种类和内容也在不断变化。

（二）国际贸易的商品结构发生了重大变化

由于“二战”后国际分工格局的变化，国际贸易商品结构也发生了相应的变化。在工业制成品中，机械产品、电子产品等与新技术有关的产品比重在加大。造成这种情况的根本原因是，科技革命带来国际分工的深化。部门内分工的发展使国际贸易中的中间产品大大增加。大量的合成材料代替了原先的初级产品原料。发达资本主义国家的新技术使它们的农产品自给率提高，同时在产品价值含量提高的同时使所消耗的物质量减少。

（三）国际服务贸易发展迅速

“二战”后的科技革命和经济高速增长，在加深国际分工的同时，也使各种生产要素在国家间流动加强，于是国际服务贸易迅速发展起来，不但传统的服务贸易项目，如银行、保险、运输等随着国际贸易发展而发展，其他的服务项目，如国际租赁、提供国际咨询和管理服务、技术贸易、国际旅游等也在战后得到快速发展，服务贸易的增长速度大于同期商品贸易的增长速度。目前，世界服务贸易总额已相当于世界商品贸易额的四分之一。

（四）区域经济一体化和跨国公司给世界市场以巨大影响

战后，随着区域经济贸易集团的形成，世界市场趋于区域化，区域性世界市场内部趋向一体化。同时，大国结束了对立状态，建立起比较密切的经贸合作关系。通过缔结协议，国际组织对世界市场进行着统一的协调管理。

跨国公司的大发展也给世界市场以巨大影响。跨国公司利用其雄厚的资本和科学技术上的优势，通过对外直接投资，绕过别国的关税和非关税壁垒，进入别国市场。它们采用多种组织形式和策略，垄断着世界的销售市场和原料产地，从而垄断了世界市场上很大一部分贸易。

（五）电子商务使世界经贸活动向新的方向发展

20 世纪 70 年代以后，西方工业发达国家的科技研究转向以微电子为核心的高新科技。力争以先进的通信技术缩短各国之间的经济距离。经过十几年的努力，互联网时代已经来临，电子商务正以难以想象的速度在全球发展。电子商务时代的到来有效地克服了纸面贸易给贸易发展带来的障碍，使全世界经贸活动连成一片。高速度地传递商业文件，高效率地处理商业事务的功能使电子商务日益显示其强大的生命力，它使世界市场在贸易活动中形成一体成为可能，并揭开新世纪国际贸易的新篇章。

小讨论

1. 巴西人对全球化可能带来的不利影响也进行了讨论。有观点认为，全球化、市场化与实行私有化，使那些拥有巨大潜力参与世界经济发展的国家处于“二等公民”的地位，“全球化从来不是为了弱者的发展”。

——张宝宇《巴西的全球化意识》

2. 阿尔及利亚总统布特佛利卡曾说，“经济全球化的列车已经开动，不管你是否坐在车上”。

3. 美国总统克林顿说：“我们的父辈和祖父辈所经历的那个世界上的壁垒、障碍和边界正在被打破。哪一个国家不向美国和西方开放市场，同时接纳美国的信息、思想、文化、观念、生活方式，哪一个国家就会被时代所抛弃。”

你怎样看待当今世界市场的全球化？

三、世界市场的商品流通渠道

商品流通渠道是指商品由生产国家的领域，进入消费国家领域过程中所采取的购销形式。这种购销形式一般有两种。

（一）有固定组织形式的世界市场

有固定组织形式的世界商品市场是指在固定的场所，按照事先规定好的原则、规章和程序进行商品交易活动的市场。这种市场主要有以下几种。

1. 商品交易所

商品交易所是世界市场上进行大宗商品交易的一种典型的具有固定组织形式的市场，其经营活动是根据交易所法和交易所规定的条例进行的。

交易所一般有以下特点。

1）必须在规定的时间和地点进行交易（一般是上、下午各营业一次）。

2）必须通过交易所内特定的交易人员直接进行交易。

3）通常是根据商品的品级标准或样品进行交易。成交后，无需交割实物，卖方只是把代表商品所有权的凭证转让给买方。

交易所交易的商品一般具有同质性，即特征一样、质量相同，主要是大宗初级产品，如谷物、棉花、食糖、橡胶、羊毛、可可、咖啡、有色金属等。国际上有 50 多种农产品和原料是在交易所进行交易的，其成交额占世界出口贸易额的 15% ~20%。

小 链 接

世界上最早的交易所是1531 年在比利时的安特卫普建立的，世界上最大的交易所设在美国的纽约和英国的伦敦。目前，随着生产专业化的提高，交易所也日趋专业化，每类主要商品都有自己专门的交易中心。

咖啡：纽约、伦敦、利物浦、鹿特丹、汉堡、阿姆斯特丹。

有色金属：纽约、伦敦、新加坡。

天然橡胶：新加坡、伦敦、纽约、吉隆坡。

食糖：伦敦、纽约。

棉花：纽约、新奥尔良、芝加哥、利物浦、亚历山大、圣保罗、孟买。

棉籽油：纽约、伦敦、阿姆斯特丹。

黄麻：加尔各答、卡拉奇、伦敦。

羊毛：纽约、伦敦、安特卫普、墨尔本。

大米：米兰、阿姆斯特丹、鹿特丹。

生丝：横滨、神户。

豆油及葵花子油：伦敦。

在商品交易所进行的商品买卖，基本上可以分为实物和期货交易两种。

实物交易可以是现货交易，也可以是未来交货。其特点是进行实际商品的买卖活动，合同执行是以卖方交货、买方付款来体现的。

期货交易是指对商品进行远期交割的一种方式，按期货合同达成交易后，合同的执行可以是交付实物，但更多的是一种“买空卖空”业务（没有实物交付，只是签订“纸合同”，通过两次交易中的价格差额牟利）或套期保值业务（通过在期货市场上抛出或购进期货合同，以临时替代实际货物的交易，转移现货 市场的价格风险）。目前，商品交易所进行的交易中约80%是期货交易。

小讨论

有一个养牛农民，买进1岁小牛100头，需养育5个月才能出售，经计算，平均每磅牛肉的成本为0.68美元，牛肉产量为5万磅，总成本为3.4万美元。但5个月后价格行情难测，于是他通知经纪人以每磅0.75美元卖出一笔期货合同。5个月以后，农民通过经纪人把合同买回来。如果价格是每磅0.65美元，则农民每磅赚0.10美元，共赚5000美元。同时将牛肉买到加工厂，亏0.03美元，共亏1500美元，两者合计，农民净赚3500美元。

农民是否实现了套期保值？期货市场上亏的人多还是赚的人多？

期货交易有如下特点：

1）交易标准。在交易所中商品只按交易所规定的标准进行交易，这种标准在交易所被称为基本品级。例如，在美国芝加哥谷物交易所中，小麦期货共有“2号软红小麦”“2号硬冬小麦”等7个基本品级，在进行期货交易时，无须对其品质规格反复磋商，只要选择其中一个品级成交即可。

2）交付品级。期货成交须按交易所已经规定的基本品级进行，但交货时却可交出其他质量规定的商品，当交货商品符合基本品级时，合同价格不变；若交货商品不符合基本品级，则要按与基本品级的质量差别来加价或减价。芝加哥谷物交易所除规定有7个基本品级外，另有7个高于基本品级、6个低于基本品级的可交付品级，按这13个品级交货时，货价要做相应的调整。

3）交易数量。交易所规定了每个期货交易合同的交易数量（交易单位）。成交的数量只能是交易单位的倍数，如芝加哥谷物交易所的小麦每份期货合同的交易单位为5000蒲式耳，伦敦金属交易所铜的期货合同的交易单位为25吨。

4）交易日期。交易所每种商品都规定有一年内的若干个交货月份，多数商品只能在每年的特定月份交货，如芝加哥谷物交易所的小麦交货月份为3月、5月、7月、9月、12月，其余时间不办理交货。

5）交纳保证金。一旦成交，买卖双方需交纳保证金，以防毁约（一般为合同金额的5%～10%）。

6）标准合同制。交易所大多制定有标准合同，合同对于商品、交货品级、交易单位、保证金都做了统一规定。交易时买卖双方只需洽商好价格、交货月份、合同批数，即可成交。

7）交货。在实际中，绝大多数期货交易并不实际交货，只是在到期日前采用“对冲”的方法履行合同；极少数需要实际交货的，交货时卖方只需交付货物所有权证件，如账单及品质证明文件，买方凭证件去指定仓库提取货物即可。

小案例

投机的力量

1 美元可兑换 5 泰铢，借入 5000 亿泰铢一个月，支付月利息 100 亿泰铢，将这 5000 亿泰铢在外汇市场上抛售，买入美元，可得 1000 亿美元。如果泰国政府没有足够的外汇储备购入市场上所有抛售的泰铢，那么泰铢当前的汇价就不能维持（由供求原理知）。若泰铢在一个月后贬值为 1 美元兑换 8 泰铢，该如何操作实现盈利？盈利多少？

解： 8000 亿 − 5000 亿 − 100 亿 = 2900 亿

用手中的 1000 亿美元购回 8000 亿泰铢，归还到期借入的 5000 亿泰铢，并支付一个月利息 100 亿泰铢，可赚到 2900 亿泰铢。

在 1997 年东南亚金融危机时，对冲基金通过金融衍生产品市场大行其道。以索罗斯量子基金为首的游资全力打压泰国货币泰铢，促其贬值，当天，泰铢兑换美元的汇率下降了 17%，同时在货币的远期、期货和期权市场上对泰铢大规模卖空。泰国政府干预失败后，只能任由泰铢贬值，使处于空头位置的对冲基金获利而去。这次危机致使东南亚几十年所积累的财富被对冲基金席卷一空，东盟诸国损失达数千亿美元，印度尼西亚经济甚至倒退了 30 年，菲律宾的国民财富也减少近一半。

2. 国际商品拍卖

国际商品拍卖是指经过专营拍卖业务的拍卖行专门组织的、在一定地点定期举行、由专业人员主持的拍卖活动。拍卖一般具有以下特点：

1）买卖双方并不直接洽谈，都通过拍卖行进行。

2）拍卖交易的商品卖给出价最高的买主。

3）拍卖是一种单批、实物的现货交易，当场公开竞购、一次确定成交。

4）拍卖物须事先运至拍卖地，并由参加竞买者验看，拍卖后卖方或拍卖举办人一般对货物品质不负责任，因此，买方应事先对货物的有关情况进行调研，做到胸中有数。

5）拍卖所需费用一般较其他交易高。

国际拍卖的主要产品有毛皮、原毛、茶叶、烟草、蔬菜、花卉、观赏鱼类等。例如，通过国际拍卖出售的毛皮占美国和加拿大总出售毛皮的 70%，占丹麦的 90%，占瑞典、挪威的 95%；通过国际拍卖出售的茶叶占印度总出售量的 80%，锡兰的 95%。

每类主要商品都有自己专门的国际拍卖贸易中心。

水貂皮：纽约、蒙特利尔、伦敦、哥本哈根、奥斯陆、斯德哥尔摩、彼得格勒。

羊皮：伦敦、利物浦、开普敦、墨尔本。

原毛：目前原毛拍卖中心已从伦敦转移到生产地。

烟草：纽约、阿姆斯特丹、不来梅、卢萨卡。

花卉：阿姆斯特丹。

蔬菜水果：安特卫普、阿姆斯特丹。

马匹：多维尔、伦敦、莫斯科。

小链接

拍卖交易的过程如图 3－2 所示。

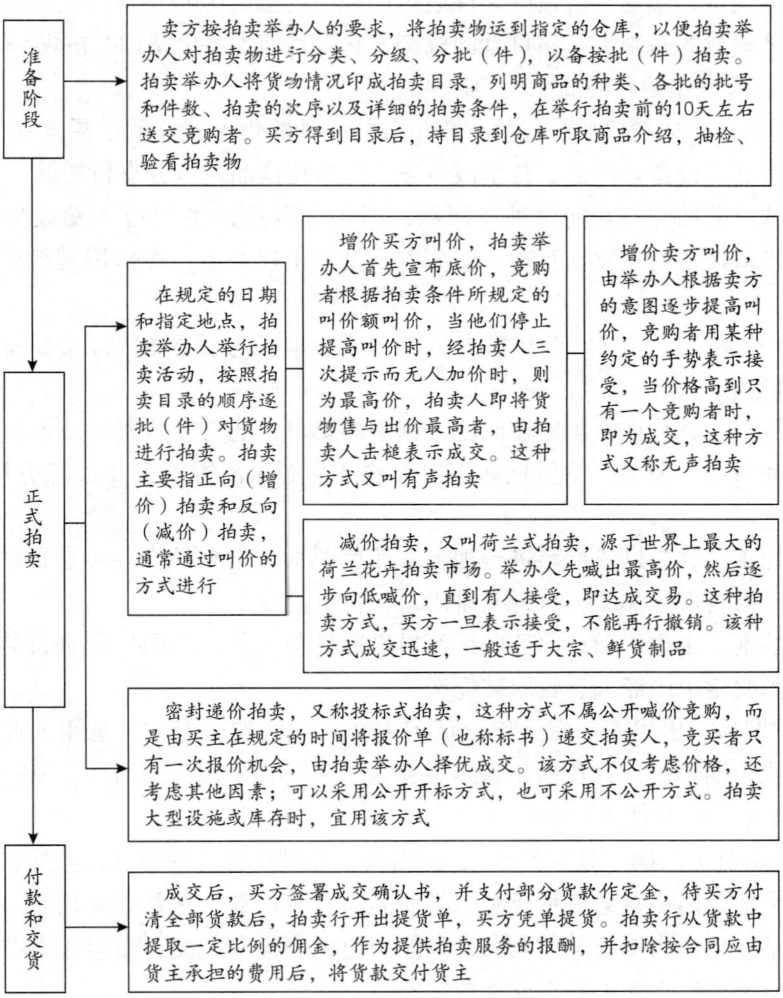

图 3－2　拍卖交易的过程

3. 国际博览会、展览会

博览会是在一年中的一定时候，聚集在同一地点举行的市场。举行博览会是为了展示自己的产品，向消费者介绍产品的新技术和新成就，以便签订贸易合同。

工商展览会是不定期举行的交易场所，它的目的和博览会相同，展示该领域的新产品，以促进贸易达成。

（二）没有固定组织形式的世界市场

没有固定组织形式的世界商品市场是指买卖双方不通过固定的市场进行商品交易，是目前世界上较通行的购销方式。

1. 单纯的商品购销形式

它是指交易双方不通过固定市场进行的商品买卖活动，由买卖双方自由选择交易对象，对商品的规格、质量、价格等条件通过面谈、电话、电报等方式进行直接谈判，在达成相互意见一致的基础上，签订合同成交。它是目前世界上最通行的购销形式。

2. 与其他因素相结合的商品购销形式

1）补偿贸易。补偿贸易是与信贷相结合的一种购销形式，就是买方在信贷基础上，从卖方进口机器、设备、产品、技术或劳务，然后用商品或劳务支付贷款。

支付贷款，分回购与互购两种。回购，即买方以进口的设备开发或生产出来的产品，去偿还进口设备的贷款。互购，即买方不是用上述产品，而是用其他产品或劳务去偿还贷款。

2）加工贸易。这是把加工与扩大出口，或收取劳务报酬相结合的一种购销方式。有以下三种形式。

①来料加工。就是甲方国家按照乙方国家的要求，把乙方国家（或乙方厂商）所提供的原料和辅料进行加工，然后把加工出来的产品交给乙方国家（或乙方厂商），收取加工费。

②进料加工。就是进口原料进行加工，然后把加工出来的产品，自行销往国外。也即自进原料，自行安排加工，自行安排出口，自负盈亏。

③来件装配。由甲国商人向乙国厂商提供零件与元件，乙国厂商进行装配，然后把装配好的产品交给甲国商人，收取装配费。

3）租赁贸易。出租人把商品租给承租人在一定时期内专用，承租人要付与出租人一笔费用。依租期长短，分长期租赁（一般是 3 ~ 8 年或 15 ~ 20 年）、中期租赁（1 ~ 2 年）、短期租赁（几小时到 1 年）。

4）包销。包销也称“独家经销”，由出口人通过签订包销协议，给外国包销人在一定时期、一定地区内经营某一种或某一类商品的专营权利。这种专营权利是指出口人在某一时期和某一地区内销售某种商品，只能向包销人报盘成交；而包销人在此时期和在此地区内，也不得向其他人购买此种包销商品。

5）经销。经销与包销的不同在于经销人不享有商品的专营权利，它是出口人在把商品分配给经销人时，同时给予经销人在价格、支付条件、折扣等方面的优待。因此，经销含有代为分配商品和代为销售的意思。

6）代理。在国际贸易中的代理，是指委托人授权代理人代表他向第三者办理交易有关事宜。代理人根据这种委托的代理权，并以委托人的名义进行活动。委托人则根据委托协议承担责任。委托人和代理人的关系是委托代理关系，而不是买卖关系。但是，代理人有积极推销商品的义务，并有收取佣金的权利。

7）寄售。它是指寄售人，即出口人先将货物运交国外的代售人，而由代售人根据寄售协议的条件代为出售货物。货款由代售人出售货物后，扣除佣金和其他费用外，通过银行寄交寄售人。

寄售的特点是先出运，后成交。成交前货物的所有权仍属寄售人。代售人除受寄售人的委托照料货物和凭寄售人的指示处置货物外，不承担货物在寄售过程中可能发生的任何货损和支付的一切费用。

8）展销。展销是展览与销售相结合的贸易方式的习惯称呼，凡是通过举行国际博览会、商品展览会，都可以叫作展销。

9）招标和投标。它是一种贸易方式的两个方面。这种交易方法是一种严格按照招标人规定的条件进行的交易。它先由招标人以公告或寄发招标单的形式，邀请投标人在指定的期限内寄出实盘。投标人则在期限内填制标单，进行投标。最后，由招标人按规定日期开标，选择其中最有利者成交。

小　结

1）主要介绍了国际分工的类型和含义，产生和发展的过程及影响因素，然后讨论了国际分工和国际贸易的关系；包括国际分工对国际贸易发展的影响。

2）世界市场是世界各国或地区进行商品、服务、科技交易的场所。它是由各个贸易参加国或地区的市场，通过国际分工联系在一起的市场综合所组成。世界市场的形成大致经历了三个阶段：萌芽期、迅速发展期和最终形成期。当代世界市场规模不断扩大，市场格局也呈现出不同于传统市场的特征及商品流通渠道。

基础训练

一、单项选择题

1. 国际分工形成与发展的决定性因素是（　　）。

A. 自然条件　　B. 社会生产力　　C. 国际生产关系　　D. 上层建筑

2. 加工贸易包括来料加工、进料加工和（　　）。

A. 补偿贸易　　B. 招标和投标　　C. 来件装配　　D. 租赁贸易

3. （　　）是国际分工产生和发展的基础。

A. 自然条件　　B. 国际生产关系　　C. 资本国际化　　D. 社会生产力

4. （　　）交易的商品一般具有同质性，即特征一样、质量相同，主要是大宗初级产品。

A. 国际展览会　　B. 国际商品拍卖　　C. 国际博览会　　D. 商品交易所

二、多项选择题

1. 下列属于世界市场的特征的是（　　）。

A. 世界市场的规模逐渐扩大，国际服务贸易发展迅速

B. 国际贸易的商品结构发生了亘大变化

C. 电子商务使世界经贸活动向新的方向发展

D. 区域经济一体化和跨国公司给世界市场以巨大影响

2. 国际分工的类型包括（　　）。

A. 垂直型国际分工　　B. 水平型国际分工

C. 混合型国际分工　　D. 贸易性国际分工

3. 世界市场的形成与发展包括（　　）。

A. 垄断阶段　　B. 萌芽阶段　　C. 发展阶段　　D. 形成阶段

4. 影响国际分工发展的因素很多，属于影响因素的有（　　）。

A. 自然条件　　B. 社会生产力　　C. 国际生产关系　　D. 上层建筑

三、简答题

1. 什么是国际分工？

2. 影响国际分工发展的因素有哪些？

3. 简述当代世界市场的发展呈现出哪些基本特征。

4. 没有固定组织形式的世界市场商品购销形式有哪些？

四、案例分析

进口汽车贵在哪？

大家都知道国外汽车价格便宜，像普通桑塔纳这样的轿车一般只要几千美元，1 万美元能买到一辆相当不错的车，然而这些车进口到中国以后却要贵上一两倍甚至更多，是什么原因导致进口车价格翻番呢？很多消费者一定会说是关税，其实，除了关税还有很多其他因素。进口汽车的销售价格包括基本价格、关税、其他税、销售费和利润等几部分。例如：一辆进口车到岸价为 20 万元，加 5% 消费税是 21 万元，加 70% 关税就是 35.7 万元，再加 17% 增值税就达到了 41.77 万元，再算上运杂费、经营管理费、选装件、销售利润等，价格就涨到了 48 万元，相当于到岸价的 2.4 倍。其中关税 14.7 万元，占售价的 30.6%；价外税费 13.3 万元，占销售价格的 27.7%。然而这 48 万元还不是最终价格，消费者买车后还要再交 10% 的车辆购置税，总计 52.8 万元，其中各种税费已累计达到 32.8 万元，等于买车款的 60% 左右交税了。另外再加上养路费、保险、牌照费等累计达到了 55 万元左右。也就是说，中国消费者通过正当渠道买一辆 20 万元的进口车需要花 55 万元，相当于到岸价的 2.75 倍，其中包括 14.7 万元的关税和 20.3 万元的价外税费。

分析：

1）我国进口汽车的价格构成有何特点？

2）“入世”后我国进口汽车价格发生了什么变化？

综合训练

正确认识国际分工和世界市场

1. 实训目的

通过技能训练，结合所学知识，能正确分析国际分工的形态，制定应对措施。

2. 实训资料

福特汽车公司的汽车底盘和车身在法国生产，发动机在英国生产，轮胎和汽车用玻璃在荷兰生产，车锁、方向盘、油箱及前轮在德国生产，输油管在挪威生产，传动皮带在丹麦生产，散热器和供暖系统在奥地利生产，车轴和挡风玻璃在日本生产，车速里程表在瑞士生产，一般汽车用玻璃和汽缸在意大利生产，空气滤清器、电池和后视镜在西班牙生产，汽车音响系统在加拿大生产，美国自己只生产后轮和雨刷，最后在英国的哈利伍德组装。

3. 实训要求

谈一谈在新一轮国际分工的浪潮中，发展中国家应如何摆脱“国际分工的陷阱”。

4. 实训步骤

1）自由组合成小组，每组 5 人。

2）明确每个人的职责，并熟悉国际分工和世界市场的主要内容。

3）形成设计方案，全班共享。

5. 实训评价

教师对各组的设计方案做出综合评价。

学习情境四　区域经济一体化

【知识导图】

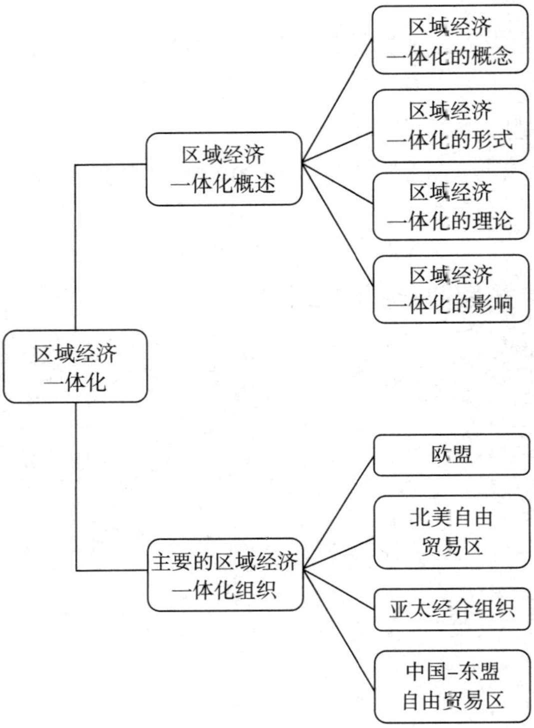

【知识目标】

1）了解主要区域经济一体化组织的发展；
2）掌握区域经济一体化的概念、形式和相关理论；
3）熟悉区域经济一体化对国际贸易的影响。

【技能目标】

1）能够结合实际指出国际经济一体化的各种形式并分析；
2）能对国际经济一体化的实践及现有的经济一体化组织的差异有所理解。

任务一　区域经济一体化概述

【任务导入】

钢铁行业是东亚地区的重要支柱产业。以中、日、韩三国为代表的东亚钢铁工业在世界上占有举足轻重的地位。预计2020年前，东亚仍将是全球钢铁业成长最快的地区之一。

东亚各国和地区的钢铁产业在以各自的特色发展的同时，相互之间也一直保持着密切的合作。一是在钢铁贸易方面，中、日、韩等国之间的贸易依存度相对较高；二是在企业合作方面，东亚地区的主要钢铁企业也纷纷在战略、技术、市场、新产品研发等各个方面积极寻求合作，以提高自己的竞争力；三是在获得资源方面，通过区域内国家联合采购等方式，降低采购成本；四是环境保护方面，整个区域的国家联合起来，共同制定环境保护标准及管理程序，从根本上解决环境污染问题；五是在区域内国家之间合作方面，积极促进相互间的贸易流通，共同应对区域外国家的贸易摩擦。

【思考问题】

由此可见，区域经济一体化对于成员国具有哪些优势呢？

【任务分析】

区域经济一体化将有利于发挥区域经济的优势，避免区域内国家由于贸易摩擦而造成的损耗，缓和国家和地区间的政治气氛，共同解决环境保护等共同面对的问题，促进行业的可持续发展。对于区域内的企业来说，将进一步促使其取长补短、互利互惠。通过技术、生产、市场的全面合作，来分享经济增长带来的利益。

【知识链接】

进入21世纪，区域经济一体化已成为全球经济发展的重要特征。世界各地遍布各种类型的经济贸易集团组织，对世界政治经济格局的影响也是全方位、多层次的。区域经济一体化已成为当今世界贸易发展的重要趋势之一。

一、区域经济一体化的概念

经济一体化的定义最早是由首届诺贝尔经济学奖获得者、荷兰经济学家简·丁伯根（Jan Tinbergen）在1954年提出的。他认为：“经济一体化就是将有关阻碍经济最有效运行的人为因素加以消除，通过相互协调与统一，创造最适宜的国际经济结构。”最具代表性的定义是1961年由美国经济学家贝拉·巴拉萨（Bela Balassa）提出的：“我们建议把经济一体化定义为既是一个过程，又是一种状态。就过程而言，它包括旨在消除各国经济单位之间差别待遇的种种举措；就状态而言，则表现为各国间各种形式的差别待遇的消失。”

区域经济一体化（Regional Economic Integration）是指某一地理区域内或区域之间，某些国家或政治实体为实现彼此之间在货物、服务和生产要素的自由流动，实现经济发展中各种要素的合理配置，促进相互间的经济与发展而达成的取消有关关税和非关税壁垒，进而协调产业、财政和货币政策，并相应建立起超国家的组织机构的过程。

区域经济一体化覆盖大多数国家和地区。据世界银行统计，全球只有 12 个岛国和公国没有参与任何区域贸易协议（RTA）。174 个国家和地区至少参加了一个（最多达 29 个）区域贸易协议，平均每个国家或地区参加了 5 个。当然，各地区之间的差别很大，发展程度也不相同。世界贸易组织全体成员同时又是各区域经济组织成员，有的具有多重区域经济一体化组织成员的身份。全世界近 150 个国家和地区拥有多边贸易体制和区域经济一体化的“双重成员资格”。北方国家签署的区域贸易协议最多，平均每个国家为 13 个。相当数量的发展中国家已与北方国家签署了双边优惠贸易协议。多数协议发生在东欧、北非和拉美，东亚各国签署的协议少一些，而南亚各国至今尚无与北方国家签署协议的先例。

小讨论

经济全球化是大势所趋，国际经济一体化给我国经济发展带来了哪些机遇和挑战？中国应如何应对挑战？分小组讨论你的理解和看法。

二、区域经济一体化的形式

各参加国根据各自的具体情况和条件以及各自的目标和要求组成了不同形式的区域经济一体化组织。根据不同的标准，其组织形式可以有多种分类方式。

（一）按照贸易壁垒取消的程度划分

1. 优惠贸易安排

优惠贸易安排（Preferential Trade Arrangement），这是一体化程度最低级、组织最松散的一种形式。在优惠贸易安排成员之间，通过贸易协定或其他形式，对全部商品或一部分商品规定特别的关税优惠，对来自非成员国的进口商品，各成员国按自己的关税政策实行进口限制。如 1932 年英国与英帝国的成员方建立的英帝国特惠制及第二次世界大战后的东南亚国家联盟等就属于此种类型的经济一体化。

2. 自由贸易区

自由贸易区（Free Trade Area）指由签订有自由贸易协定的两个或两个以上的国家或地区通过达成协议，相互取消关税和与关税具有同等效力的其他措施而形成的国际经济一体化组织。自由贸易区内商品可以自由流动，取消关税与数量限制的政策，真正实现了商品的自由贸易，但每个成员方仍保持原有的独立的对区域外国家的关税结构和其他贸易保护措施。这是区域经济一体化组织中主体结构较松散、一体化程度较低的一种形式，如欧洲自由贸易联盟（EFTA）、拉丁美洲自由贸易协会（LAFTA）等。

3. 关税同盟

关税同盟（Customs Union）指两个或两个以上的国家通过签订条约或协定，取消区域内关税或其他进口限制，并对非成员方实行统一的关税壁垒而缔结的同盟。同自由贸易区相比，关税同盟的一体化程度较高。它不仅包括自由贸易区的基本内容，而且对外统一了关税税率，组成了共同的对外关境。结盟的目的在于使成员方的商品在统一关税的保护下，在内部市场上排除非成员方商品的竞争。它开始带有超国家的性质，是实现全面经济一体化的基础。如东非共同市场（EAEC）、中美洲共同市场（CACM）、安第斯条约等。

4. 共同市场

共同市场（Common Market）指各成员国之间不仅实行区内商品自由贸易和统一对外的共同贸易政策，而且实行服务、资本和劳动力等生产要素的自由流动。这无疑给资金的合理流向、资源的配置、市场的扩大等带来好处。区域内贸易自由化程度大大高于关税同盟。20世纪70年代初期的欧洲经济共同体（EEC）已基本达到这一发展阶段。目前，除欧盟以外，世界其他地区还没有建立起成功的共同市场。

5. 经济同盟

经济同盟（Economic Union）指在成员国之间除了实现商品与生产要素完全自由流动、对非成员国建立共同关税壁垒外，还要求成员国之间制定和执行某些共同的经济政策和社会政策，逐步废除政策方面的差异，使一体化的程度从商品交换扩展到了生产、分配乃至整个资源配置，形成庞大的经济实体。到目前为止，世界上也只有欧盟达到了这一阶段。

6. 完全经济一体化

完全经济一体化（Complete Economic Integration），这是经济一体化的最高级阶段。在此阶段，区域内各成员国在完全消除商品、资本、劳动力等自由流通的人为障碍的基础上，实现了区域内各国在经济、金融、财政等政策方面的完全统一化，经济联盟扩展到政治联盟。目前，只有欧盟正为实现这一目标前进。

各种经济一体化组织形式的比较如表4-1所示。

表4-1 经济一体化组织形式的比较

特点形式	减少彼此间的贸易壁垒	取消彼此间的贸易壁垒	共同的对外贸易壁垒	生产要素的自由流动	宏观经济政策的协调	由中心机构决定共同的货币、财政政策
优惠贸易安排	有	无	无	无	无	无
自由贸易区	有	有	无	无	无	无
关税同盟	有	有	有	无	无	无
共同市场	有	有	有	有	无	无
经济联盟	有	有	有	有	有	无
完全经济一体化	有	有	有	有	有	有

小思考

上述六种形式的区域经济一体化组织是由低级到高级排列的，高一级形式的一体化组织包含低一级形式的一体化组织。那么，区域经济一体化组织形式的分级排列是否意味着一个区域性组织在向一体化深度发展时一定是由低级向高级逐级发展？从区域经济一体化的实践来看，一体化的起点一定是优惠贸易安排吗？某个区域经济一体化组织有可能兼有两种组织形式的某些特点吗？

（二）按照按区域经济一体化的范围划分

1. 部门经济一体化

部门经济一体化（Sectoral Economic Integration）指区域内各成员方的一个部门或几个部门（或商品）因达成共同的经济联合协定而产生的区域经济一体化组织，如欧洲煤钢联营（European Coal and Steel Community，ECSC）、欧洲原子能联营（European Atomic Energy Community，EAEC）。

2. 综合经济一体化

综合经济一体化（Overall Economic Integration）就是将区域内各成员方的所有经济部门加以一体化的形态。欧洲经济共同体和解体的经济互助委员会就属此类。

（三）按参加国的经济发展水平划分

1. 水平经济一体体化

水平经济一体化（Horizontal Economic Integration）又称横向经济一体化。它是由经济发展阶段相同或接近的国家形成的经济一体化形式。目前世界上大多数现有的区域经济一体化组织都属此类，如欧盟、东盟、阿拉伯国家共同市场等。

2. 垂直经济一体化

垂直经济一体化（Vertical Economic Integration）又称纵向经济一体化，它是由经济发展阶段不同的国家所形成的区域经济一体化，如北美自由贸易区、亚太经合组织等。

三、区域经济一体化的理论

许多经济学家对区域经济一体化的产生和发展进行了深入的研究和探讨，形成了一些理论。最具代表性的有关税同盟理论、大市场理论和协议分工理论等。

（一）关税同盟理论

关税同盟是经济一体化中一种比较成熟和稳定的形式，它比较集中地反映了国际经济一体化组织的建立对成员国和非成员国经济福利的影响。关税同盟的重要特点是“对内自由、对外保护”，它的建立既会产生静态的经济效应也会产生动态的经济效应。

1. 关税同盟的静态效果

（1）贸易创造效应

贸易创造效应是指关税同盟内部取消关税、实行自由贸易后，产品从成本较高的国内生产转往成本较低的成员国生产，从而创造出过去没有的新贸易。以图 4－1 加以说明，假定有 A、B 两国，各自生产钢铁的单位成本分别是 250 美元、150 美元。A 国的钢铁进口关税为 200%，则 A、B 两国不可能发生贸易。当 A、B 两国建立关税同盟后，相互取消关税，实行统一的对外关税为 200%，则 A 国将放弃钢铁生产，而从 B 国进口钢铁，国内成本高的钢铁生产被成员国成本低的钢铁生产所替代，从而在 A、B 两国之间出现了新的贸易。

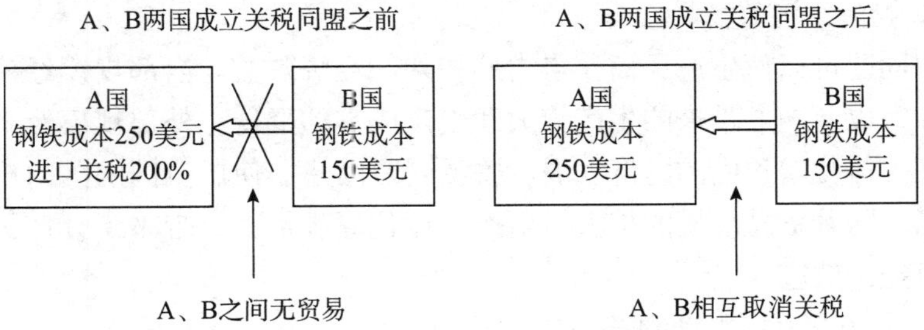

图 4－1　关税同盟的贸易创造效应

由于 A 国国内商品生产成本高于 A 国从 B 国进口的商品生产成本，关税同盟的形成使得 A 国放弃了该商品的国内生产，改为由 B 国生产这部分商品。从世界范围来看，这种生产转换提高了资源配置效率，因此，贸易创造效应通常被视为一种正效应。

（2）贸易转移效应

贸易转移效应是指由于关税同盟对内取消关税、对外实行统一的保护关税，成员国把原来从同盟外非成员国低成本生产的产品进口转为从同盟内成员国高成本生产的产品进口，从而使贸易方向发生了转变。以图 4－2 加以说明，假设 A、B、C 三国各自生产钢铁的单位成本分别是 250 美元、150 美元、100 美元。A 国的钢铁进口关税为 100%，则 A、B 不会发生贸易，A 国从 C 国进口钢铁。当 A、B 两国建立关税同盟后，相互取消关税，实行统一的对外关税为 100%，则 A 国将放弃从 C 国进口钢铁，转而改从 B 国进口钢铁。结果，钢铁生产从生产成本低的 C 国转移至生产成本高的 B 国。这就是贸易转移。

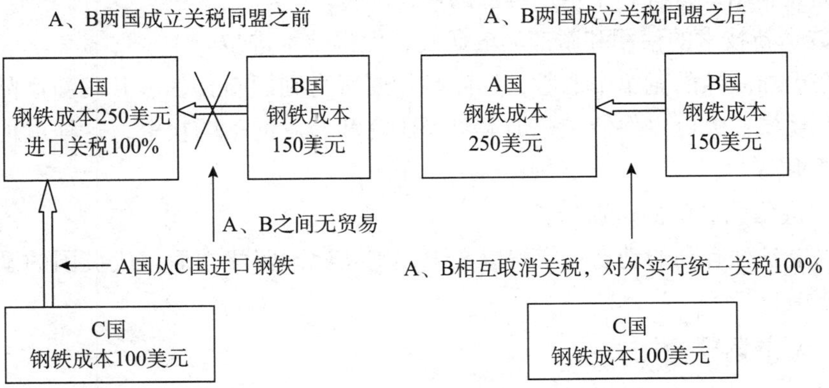

图 4－2　关税同盟的贸易转移效应

由于A国从C国进口的商品生产成本低于A国从B国进口的商品生产成本，贸易转移导致不得不放弃低成本的商品生产，而高成本的商品生产得以扩大。从世界范围来看，这种生产转换降低了资源配置效率，因此，贸易转移效应通常被视为一种负效应。

2. 关税同盟的动态效果

关税同盟的动态效果主要是分析关税同盟对成员国就业、国民收入、国际收入和物价水平的影响，又称为次级效果，表现为如下几个方面。

（1）获取规模经济效益

建立关税同盟可以使生产厂商获得内部和外部经济效益。内部规模经济主要来自对外贸易的增加，以及随之带来的生产扩大和生产成本的降低。外部规模经济则来源于整个国民经济在一体化增长内的经济发展。关税同盟的建立使成员国的国内市场联结成统一的区域市场，随着贸易规模的扩大，生产专业化逐步扩大，带来累计产量增加，从而实现动态规模经济效应。

（2）加强市场竞争，推动利益增长

关税同盟建立后，区内取消了内部关税，生产要素也实现了自由转移，从而强化了内部的市场竞争。通过关税同盟引入国际竞争机制，提高了经济运行的效率和透明度，优化了资源配置。关税同盟打破了垄断，加剧了激烈竞争，刺激公司改组和产业合理化，推动先进技术的广泛应用，扩大生产规模，从而提高各国的福利水平。

（3）刺激投资效应

通过多国协定的约束，区域经济一体化促使市场竞争更加激烈。为了改善竞争地位，各国厂商以多种形式增加投资来扩大生产规模，改进产品质量，研制新产品，以提高自己的竞争力。自由贸易区消除了成员国之间的投资障碍，实现了投资自由化，这促使双方投资量增加有效地避免区域内的资金外流，使双方获得投资增长效应。

（4）促进生产要素的自由流动

成立关税同盟后，生产要素的流动性提高了，市场趋于统一，劳动力和资本从边际生产力低的地区流向边际生产力高的地区，自然资源的流动也促使物尽其用。此外，关税同盟还能促使企业家精神在成员国之间传播和发扬。这些都将使生产要素配置更加合理，从而提高利用率，有利于生产资源的最佳配置。

（5）鼓励新技术的使用和新产品的研发，促进技术进步

为了在更加激烈的竞争中取胜，厂商必然要努力利用新技术、开发新产品。而投资增加、生产规模扩大可以促使企业加大对于研究和开发活动的投资，这样就促进了技术水平的不断提高。

（6）促进国民经济的迅速增长

如果以上各种有利的动态效应得以发生，则关税同盟建立后，成员国的国民经济必可获得迅速增长。

（二）大市场理论

大市场理论是分析共同市场成立获取规模经济与利润的理论。共同市场与关税同盟有所不同，它比关税同盟又进了一步。共同市场的目的就是把那些被保护主义分割的小

市场统一起来，结成大市场。通过大市场内的激烈竞争，实现大批量生产等方面的利益。大市场理论的代表人物是德纽和希托夫斯基。

德纽对大市场理论作了如下表述："大市场化导致机器的充分利用、大量生产、专业化、最新技术的应用、竞争的恢复，所有这些因素都会使生产成本和销售价格下降；再加上取消关税商品的数量增加之后，又可能使这种消费和投资进 一步增加。""这样一来，经济就会开始其滚雪球式的扩张。消费的扩大引起投资的增加，增加的投资又导致价格下降、工资提高、购买全面增加……只有市场规模迅速增大，才能促进和刺激经济扩张。"

希托夫斯基则以另一种方式论述欧洲共同市场产生和发展的原因，即西欧有一个"小市场与保守的企业家态度的恶性循环。"他认为，西欧与美国相比，陷入了高利润率、低资本周转率、高价格的矛盾。打破这种恶性循环的办法就是共同市场或贸易自由化条件下的激烈竞争。如果竞争激化，价格下降，就会迫使企业家把过去小规模的生产停滞下来，转向大规模生产。同时，随着消费者实际收入的增加，过去只供高收入阶层消费的高档商品将被多数人消费。其结果是产生大市场—生产成本下降—大众消费增加（市场扩大）—竞争进一步激化，最终出现一种积极扩张的良性循环。

大市场理论的核心是：①其目的是通过扩大市场才有可能获得规模经济，从而实现技术利益；②依靠因市场扩大化而竞争激烈化的经济条件，实现上述目的。两者的关系是目的与实现目的的手段之间的关系。

大市场的理论，对于共同市场提供了有利的理论基础，但是仍然不十分完善。其主要原因有两个。第一，大市场理论所强调的扩大市场后出现的累积的动态过程，不一定要通过共同市场的形态才能完成。只要企业家的经营方式从保守的消极状态转变为积极进取的态度，引进先进技术、扩大生产规模，同样可以实现。第二，即使不组成共同市场，只要有世界性的自由贸易，也可以取得大规模市场的各种利益；而且就市场规模的大小而言，世界性的自由贸易，远远大于区域性的共同市场。

（三）协议性国际分工理论

协议性国际分工理论是由日本教授小岛清提出的。他认为在经济一体化组织内部不能完全依靠传统的国际分工理论进行分工，因为传统的国际分工理论是以成本差异和递增为基础的，没有考虑成本相同和递减的情况。如果完全依靠这一原理，不可能完全获得规模经济的好处，反而有可能导致各国企业的集中和垄断，影响经济一体化组织内部分工的和谐发展和贸易的稳定。因此，小岛清认为有必要推行一种与传统的理论不同的国际分工原理，即协议性国际分工原理。

协议性国际分工的基本内容是，在成本递减的条件下，两国达成相互提供市场的协议，共同分享规模经济效益。这种协议性国际分工不能通过价格机制自动地实现，而必须通过当事国之间的某种协议来实现，即通过经济一体化的制度把协议性国际分工组织化。如拉美中部共同市场统一产业政策，由国家间的计划决定的分工，就是典型的协议性国际分工。

四、区域经济一体化的影响

区域经济一体化的影响主要包括对区域内部和区域外部贸易的影响（见表4－2）。

表4－2　区域经济一体化对区域内部、外部贸易的影响

区域经济一体化	影　响
区域内部	促进了区域内部的贸易自由化，推动了区域内贸易量的迅速增长
	促进了区域内部规模经济的发展，推动了区域内部国际分工和国际技术合作
	促进了区域内成员方的产业结构调整
	加强了企业的融合与竞争。区域经济一体化使经贸集团内部的市场进一步统一，从而给企业提供了更多的商机
区域外部	促使世界范围内的贸易摩擦和贸易竞争的加剧
	促进各国加快技术革新，在竞争中大规模夺取技术制高点
	减少了区域外部国家的贸易机会

任务二　主要的区域经济一体化组织

【任务导入】

2010年的第一天，世界最大的自由贸易区——中国－东盟自由贸易区正式启动。“这是区域经济一体化进程中具有里程碑意义的一件大事，标志着双方经贸关系站在一个新的起点上。”对于自由贸易区建设的重大意义，时任中国国务院副总理的李克强在第六届中国－东盟商务与投资峰会上如此表述。时任东盟副秘书长的普斯巴那丹则表示，自由贸易区建成后，东盟和中国的贸易占到世界贸易的13%。

【思考问题】

作为中国对外建立的第一个自贸区，这个涵盖11个国家、19亿人口、GDP达6万亿美元的巨大经济体，将会带给我们怎样的期待和挑战？

【任务分析】

中国－东盟自贸区建成后，中国与东盟各国贸易投资增长、经济融合加深，企业和人民都广泛受益，实现了互利共赢、共同发展的目标。中国和东盟双边贸易总量快速增长。目前，中国已成为东盟第一大贸易伙伴，东盟成为中国第三大贸易伙伴。

【知识链接】

目前，世界经济中已有数十个各种类型的区域经济一体化组织。不仅发达国家无一例外地卷进了组建区域经济一体化的浪潮中，广大发展中国家出于发展本国经济和对抗

发达国家经济剥削的需要，也纷纷组建和发展自身的区域经济合作组织。目前，世界上主要的区域经济一体化组织有以下几个。

一、欧盟

欧洲联盟（European Union，EU）简称欧盟，是在欧洲共同体基础上发展而来的。欧洲共同体包括欧洲煤钢共同体、欧洲原子能共同体和欧洲经济共同体，其中以欧洲经济共同体最为重要。1951 年 4 月 18 日，法国、联邦德国、意大利、荷兰、比利时和卢森堡在巴黎签订了建立欧洲煤钢共同体条约，1952 年 7 月 25 日生效。1957 年 3 月 25 日，六国又在罗马签订了建立欧洲经济共同体条约和欧洲原子能共同体条约，统称《罗马条约》，1958 年 1 月 1 日条约生效，上述两个共同体正式成立。1965 年 4 月 8 日，六国签订《布鲁塞尔条约》，决定将三个共同体的机构合并，统称欧洲共同体，但三个组织仍各自存在，以独立的名义活动。《布鲁塞尔条约》于 1967 年 7 月 1 日生效。1986 年 2 月 17 日，欧共体各成员国政府首脑在卢森堡签署了旨在建立欧洲统一大市场的《欧洲单一文件》。1991 年 12 月，欧共体政府间会议在荷兰的马斯特里赫特签订了旨在使欧洲一体化向纵深发展和成立政治及经济货币联盟的《欧洲联盟条约》，也称《马斯特里赫特条约》。1993 年 11 月 1 日，该条约获得所有成员国批准并生效，欧洲联盟正式成立。

目前欧盟有 27 个成员国，包括法国、德国、意大利、荷兰、比利时、卢森堡、丹麦、爱尔兰、希腊、西班牙、葡萄牙、奥地利、芬兰、瑞典、波兰、匈牙利、捷克、斯洛伐克、斯洛文尼亚、爱沙尼亚、拉脱维亚、立陶宛、塞浦路斯、马耳他、罗马尼亚、保加利亚和克罗地亚。

小链接

欧盟“扩张”史

“总有一天，到那时，所有的欧洲国家，无须丢掉你们各自的特点和闪光的个性，都将紧紧地融合在一个高一级的整体里；到那时，你们将构筑欧洲的友爱关系……”

——维克多·雨果

欧盟自成立以来，先后经历了 7 次扩员，而且有进一步扩大的趋势（见表 4－3）。成员国从最初的 6 国发展到目前的 27 国，人口超过 4.8 亿，成为目前世界上最大的区域经济一体化组织，是世界上最大的经济体。

表 4－3　欧盟扩员过程

时间	成员国
1958 年 1 月 1 日	欧洲经济共同体正式成立，成员国有法国、联邦德国、意大利、荷兰、比利时和卢森堡 6 国
1973 年	英国、丹麦和爱尔兰加入欧共体
1981 年 1 月 1 日	希腊加入欧共体，成为欧共体第 10 个成员国

续表

时间	成员国
1986 年 1 月 1 日	葡萄牙和西班牙加入欧共体，使欧共体成员国增至 12 个
1993 年 11 月 1 日	“欧共体”更名为“欧盟”
1995 年 1 月 1 日	奥地利、瑞典和芬兰月年加入，使欧盟成员国扩大到 15 个
2004 年 5 月 1 日	塞浦路斯、匈牙利、捷克、爱沙尼亚、拉脱维亚、立陶宛、马耳他、波兰、斯洛伐克和斯洛文尼亚 10 个中东欧国家正式成为欧盟的成员国。这是欧盟历史上的第 5 次扩大，也是规模最大的一次扩大。此次扩大后的欧盟经济实力与美国不相上下，欧盟的整体实力有所增强
2007 年 1 月 1 日	罗马尼亚和保加利亚正式成为欧盟成员国，这是欧盟历史上的第 6 次扩大
2013 年 7 月 1 日	克罗地亚正式成为欧盟第 28 个成员国
2016 年 6 月 23 日	英国就是否留在欧盟举行全民公投。投票结果显示支持“脱欧”的票数以微弱优势战胜“留欧”票数，英国不再是欧盟成员国

二、北美自由贸易区

北美自由贸易区（North American Free Trade Area，NAFTA），前身是由美国和加拿大两国建立的美加自由贸易区。美国和加拿大为了加强北美地区的竞争能力和各自经济发展的需要，从 1986 年开始谈判签订“自由贸易协定”，作为建立北美自由贸易区的第一步。经过漫长的谈判历程，1988 年 1 月 2 日，美、加两国正式签订美加自由贸易协定，建立美加自由贸易区，1989 年 1 月 1 日正式生效。

1994 年 1 月 1 日，由美国、加拿大、墨西哥 3 国共同签署的北美自由贸易协定正式生效，北美自由贸易区宣告诞生。北美自由贸易区是加拿大、墨西哥和加勒比海诸国在内的北美共同市场，是世界上第一个由发达国家和发展中国家联合组成的贸易集团，成员国之间经济上既有较大互补性和相互依存性，又有明显的不对称性。

成立至今，北美自由贸易区取得了丰硕成果：促进了地区贸易增长，增加了直接投资，发达国家保持经济强势地位，发展中国家收益明显，合作范围不断扩大。它对北美、拉美，以致对冷战结束后新的世界经济格局的形成，都产生了重大而深远的影响。

三、亚太经济合作组织

亚太经济合作组织（Asia－Pacific Economic Cooperation，APEC）是亚太地区最具影响的经济合作官方论坛。

APEC 诞生于全球冷战结束的年代。20 世纪 80 年代末，随着冷战的结束，国际形势日趋缓和，经济全球化、贸易投资自由化和区域集团化的趋势渐渐成为潮流。同时，亚洲地区在世界经济中的比重也明显上升。在此背景下，1989 年 1 月，澳大利亚总理霍克访问韩国时建议召开部长级会议，讨论加强亚太经济合作问题。1989 年 11 月 5～7 日，澳大利亚、美国、加拿大、日本、韩国、新西兰和东南亚国家联盟 6 国在澳大利亚首都堪培拉举行亚太经济合作会议首届部长级会议，这标志着亚太经济合作会议的成立。

1993 年 6 月改名为亚太经济合作组织。1991 年，中国以主权国家身份、中国台湾和中国香港以区域经济体名义正式加入亚太经济合作组织。

APEC 成立之初是一个区域性经济论坛和磋商机构，经过十几年的发展，已逐渐演变为亚太地区重要的经济合作论坛，也是亚太地区最高级别的政府间经济合作机制。它在推动区域贸易投资自由化，加强成员间经济技术合作等方面发挥了不可替代的作用。

目前亚太经合组织已有 21 个成员，包括中国大陆、中国香港、中国台湾、泰国、日本、韩国、澳大利亚、文莱、加拿大、智利、印度尼西亚、马来西亚、墨西哥、新西兰、巴布亚新几内亚、秘鲁、菲律宾、俄罗斯、新加坡、美国和越南。

四、中国－东盟自由贸易区

东南亚国家联盟，简称东盟（Association of Southeast Asian Nations，ASEAN），正式成立于 1967 年 8 月，是一个在政治、经济和安全问题上协调合作的区域性组织，由文莱、柬埔寨、印度尼西亚、老挝、马来西亚、缅甸、菲律宾、新加坡、泰国和越南 10 国组成。

中国－东盟自由贸易区指在中国与东盟 10 国之间构建的自由贸易区，即“10＋1”。中国－东盟自由贸易区是中国对外商谈的第一个自由贸易区，也是东盟作为整体对外商谈的第一个自由贸易区，建成后的自由贸易区将覆盖 1300 万平方千米，惠及 19 亿人口，是目前世界人口最多的自贸区，也是发展中国家间最大的自贸区。

中国与东盟国家山水相连，双方资源禀赋各具优势，产业结构各具特点，互补性强，合作潜力巨大。长期以来，双方在政治、经济、社会文化等领域的合作不断深化和拓展，在国际事务中相互支持、密切配合，呈现出政治互信与经济融合良性互动的积极态势；2015 年双边贸易额达到 4720 亿美元，中国持续成为东盟第一大贸易伙伴。近年来中国与东盟之间的关系持续稳定发展，区域合作取得新成效，经济融合进一步加深，成为区域经济合作发展的新亮点。

小　结

1）介绍了区域经济一体化的概念、类型以及各类区域经济一体化的形式，区域经济一体化的相关理论及对国际贸易的影响。

2）介绍了目前国际上影响力较大的几个区域经济一体化组织。

基础训练

一、单项选择题

1. 据统计，目前有（　　）个国家和地区至少参加了一个（最多达 29 个）区域贸易协议，平均每个国家或地区参加了 5 个。

A. 12　　B. 174　　C. 13　　D. 29

2. APEC 是（　　）的缩写。

A. 欧盟　　B. 北美自由贸易区

C. 中国－东盟自由贸易区　　D. 亚太经合组织

3. 下列哪一项不是区域经济一体化对区域外部贸易的影响（　　）。

A. 促进了区域内成员方的产业结构调整。

B. 促使世界范围内的贸易摩擦和贸易竞争的加剧。

C. 促进各国加快技术革新，在竞争中大规模夺取技术制高点。

D. 减少了区域外部国家的贸易机会。

4. 中国－东盟自由贸易区由（　　）组成。

A. 21 个成员国　　B. “10 国 +1 国”

C. 27 个成员国　　D. 3 个成员国

二、多项选择题

1. 区域经济一体化的形式按贸易壁垒取消程度可以分为（　　）。

A. 优惠贸易安排　　B. 自由贸易区

C. 关税同盟　　D. 共同市场

2. 区域经济一体化的相关理论有（　　）。

A. 关税同盟理论　　B. 大市场理论

C. 贸易转移效果　　D. 协议性国际分工理论

3. 主要的地区经济一体化组织包括（　　）。

A. 北美自由贸易区　　B. 亚太经合组织

C. 中国－东盟自由贸易区　　D. 欧盟

三、简答题

1. 什么是区域经济一体化，有哪些形式？

2. 简述欧盟的一体化发展进程。

3. 分析中国－东盟自由贸易区的建立对我国经济的影响。

四、案例分析

2005 年 7 月 11 日，来自摩洛哥的一支由十余名边防武装卫兵组成的小型“登陆部队”，轻而易举地登上西班牙的飞地（有争议的领地）裴蕾希尔岛，以最快的速度把摩洛哥国旗插上制高点，随即在那里安营扎寨。这是“二战”以来从未有过的，由一个非洲小国采取海上秘密行动入侵西欧领土的事件。摩洛哥此举在西方世界引起一片哗然。7 月 15 日，欧盟委员会主席普罗迪警告摩洛哥政府说，如果摩洛哥还不把部队撤走的话，欧盟将对摩洛哥实行全面制裁。制裁的步骤可能是先由西班牙取消 1991 年两国签署的《睦邻友好合作条约》，以观后效。如摩洛哥依然我行我素的话，欧盟再施以制裁措施，一旦欧盟重要成员国法、德、意等西欧国家加入西班牙的制裁行列，摩洛哥经济会受到重创，因为这些国家都是它的重要贸易伙伴，其中西班牙占摩洛哥出口贸易总额的 9% 和进口贸易的 12%。从这个意义上讲，西班牙还是要借助欧盟的集体力量来解决这个本属于两国争端的问题。

分析：

通过本案例，全面分析地区经济一体化组织对地区经济产生的影响。这种影响是通过什么方式发挥作用的？

综合训练

正确认识区域经济一体化

1. 实训目的

通过技能训练，结合所学知识，学生能清楚地认识到区域经济一体化对一国经济的发展有着重要的促进作用，也是世界各国发展的纽带和手段。

2. 实训资料

2015 年 10 月 5 日，美国等 12 个国家宣布达成跨太平洋伙伴协议（Trans - Pacific Partnership，TPP）。这一所谓的“面向 21 世纪的综合性高标准”协定，由于排除中国的参与，将已然推行若干年的亚洲经济一体化带入了前所未有的复杂局面。

3. 实训要求

请联系中国参与亚洲经济一体化的实际情况分析中国的国际贸易政策特点。

4. 实训步骤

1）自由组合成小组，每组 5 人。

2）明确每个人的职责，并熟悉区域经济一体化的主要内容。

3）形成设计方案，全班共享。

5. 实训评价

教师对各组的设计方案做出综合评价。

学习情境五　国际资本移动与跨国公司

【知识导图】

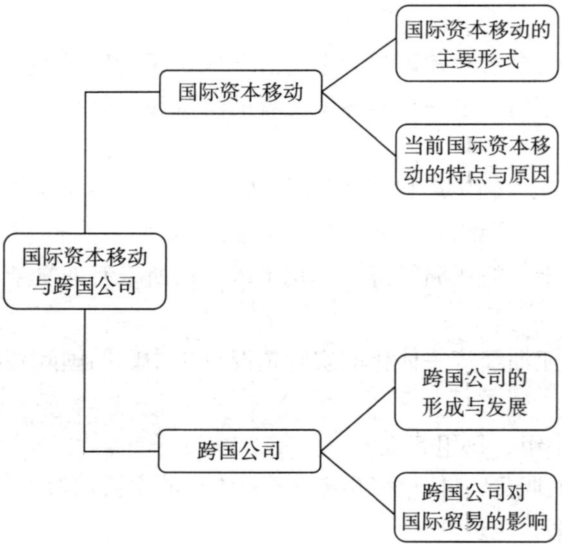

【知识目标】

1）了解国际资本移动的方式及类型；
2）了解跨国公司的形成与发展；
3）掌握跨国公司经营行为和竞争的特点；
4）理解跨国公司对国际贸易的影响。

【技能目标】

1）能结合企业实例分析资本移动的方式和类型；
2）能运用掌握的基本理论分析跨国公司的类型特征；
3）能够结合理论分析我国的大型跨国公司经营特点。

任务一　国际资本移动

【任务导入】

富士康科技集团是专业从事计算机、通信、消费电子、数码内容、汽车零部件等6C产业的高新科技企业。凭借扎根科技、专业制造和前瞻决策，自1974年在台湾肇基，特别是1988年在深圳地区建厂以来，富士康迅速发展壮大，拥有100余万名员工及全球顶尖IT客户群，为全球最大的电子产业专业制造商。连续9年雄居大陆出口200强榜首；2011年跃居《财富》全球企业500强第60位。富士康在中国、日本、东南亚及美洲、欧洲等地拥有上百家子公司和派驻机构，全球布局策略为“两地研发、三区设计制造、全球组装交货”。

【思考问题】

请分析富士康的迅速发展属于国际资本移动的哪种形式。

【任务分析】

国际资本移动既可以指货币形态资金的转移，也可以指生产要素（或实物资本如设备、技术、劳动力等）的国际转移，统计上一般将实物资本折成货币价值来计量。同时，国际直接投资迅速发展并占据主导地位，投资规模迅速扩大。国际资本移动的地理方向也发生变化，资本移动的方向从传统的单向型（从发达国家向发展中国家流动），向双向型或对流型（在发达国家之间，或发展中国家之间互相流动），甚至向倒流型（从发展中国家流向发达国家）。

【知识链接】

国际资本移动指资本从一个国家或地区向其他国家或地区转移，进行金融与生产方面的投资活动，它是资本在世界范围内的增值和积累过程，它和国际商品交换一样，从经济上把世界各国联系起来。

一、国际资本移动的主要形式

（一）按投资方式分类

国际资本移动按投资方式可分为直接投资和间接投资。

1. 对外直接投资

对外直接投资是指一个国家的投资者输出生产资本直接到另一个国家的厂矿企业进行投资，并直接进行该厂矿企业的经营管理，以获取利润为目的的一种投资形式。对外直接投资包括表5－1中的几种类型。

表 5－1　对外直接投资的具体分类

分类方法	种类	含义
按投资者对投资企业拥有的股权比例分类	独资企业	指投入企业的资本完全由一国投资者提供，投资者对投资企业的股权拥有的比例在 95% 以上的企业
	合资企业	指两国或两国以上的投资者在一国境内根据投资所在国的法律，通过签订合同，按一定比例或股份共同投资建立、共同管理、分享利润、分担亏损和风险的股权式企业
按投资者投资组建方式分类	收购方式	指一个企业通过购买另一现有企业股权而接管该企业的方式。
	创建方式	指建立新企业，特别是新工厂，或对其他实际资产进行投资
	合作经营	指国外投资者根据投资所在国法律，与所在国企业通过协商签订合作经营合同而设立的契约式企业
按投资者的投资动向分类	资源导向型	它是指为了开发油田、矿产等自然资源以及林业、水产资源，在当地投资建立企业
	市场导向型	它是指以扩大商品销售，占领市场为目的而建立的企业
	生产要素导向型	它是指在生产要素中，劳动力的流动受到限制，土地等自然资源则没有流动性，为利用这些资源就必须到拥有这些资源的国家去投资
	地缘导向型	它是指以地理位置、空间距离来决定投资，建立企业
	宗主导向型	它是指殖民国家为了控制殖民地或附属国的政治经济，对殖民地附属国投资，建立企业
	全球战略导向型	它是指企业为了实现其全球发展战略，取得最佳的经营效果进行投资建立企业
按投资者投资的部门结构关系分类	垂直型	它是指一国投资者为了在生产的不同阶段实行专业化生产而将生产资本直接输出到另一国进行设厂或建立企业的投资活动；另一种是把劳动密集型产品的某些生产阶段安排在劳动成本较低的国家或地区进行
	横向型	它是指一国的公司企业作为投资者直接将生产资本输出到另一国，在那设立子公司，从事某种产品设计、规划、生产和销售等全部经营活动

小案例

美国通用电气公司（GE）是美国、也是世界上最大的电气和电子设备制造公司，它的产值占美国电工行业全部产值的 1/4 左右。早在 1906 年，GE 就开始发展同中国的贸易，通过在中国投资具有竞争力的行业，GE 在中国迅速发展。

针对中国国内一些行业硬件生产能力过大，甚至超过需求量的情况，GE 对这些领域不再投资建企业，而是向那些在制造方面有竞争力、领导有国际观念的中国企业进行采购，把它们的产品纳入到 GE 的全球经营网络中。GE 十分重视合作和分工，积极寻找产品能够配套的中国企业进行合作，很少投资那些中国自己能够生产的产品，而是让中国当地企业生产，GE 来采购。

GE 在中国的投资特点表现在以下方面。①地理位置集中。上海是 GE 的首选目标，其 45% 的项目都集中在上海；广东是 GE 投资的另一个重点地区，那里共有 4 个项目。GE 目前在中国 90% 的投资主要集中在长江三角洲、广东和北京。②投资领域广泛。GE 已经投资 4 亿美元，在华设立了 20 个独资和合资企业，涉及照明、医疗设备、家电、工程塑料等多个行业。③金融服务业投资是重点。像 GE 这样对金融服务领域进行大规模投资的外国公司还不多见，目前在华共投资了 5 个项目，涉及租赁、电力供应、建筑设备、融资等领域。GE 对服务业的投资还包括医疗系统、飞机和集装箱租赁、电站和基础设施投资等。

除了业务投资，GE 还致力于做好企业公民，积极参与各种公益活动，如在中国的教育机构设立奖学金。另外，GE 员工的志愿者组织也在北京、上海、广州、大连和香港成立了分会，积极开展社区服务、保护环境等志愿活动。

分析 GE 在中国采用了怎样的投资方式？GE 的投资特点又体现了国际资本移动的哪些特点呢？

2. 对外间接投资

对外间接投资包括证券投资和借贷资本输出，其特点是投资者不直接参与这些资本企业的经营和管理。

（1）证券投资

证券投资是指投资者在国际证券市场上购买外国和政府的中长期债券，或在股票市场上购买上市的外国企业股票的一种投资活动。

（2）借贷资本输出

借贷资本输出是指以贷款或出口信贷的形式把资本借给外国政府和企业。一 般有以下几种形式。

1）政府援助贷款：是各国政府或政府机构之间的借贷活动。

2）国际金融机构贷款。

3）国际金融市场贷款：分为货币市场和资本市场。

4）出口信贷：指一个国家为了鼓励商品出口，加强商品的竞争能力，通过银行对本国出口厂商或国外进口厂商或进口方的银行所提供的贷款。

（二）按资本持有者的性质分类

按资本持有者的性质可分为私人资本移动和国家资本移动两大类。

1. 私人投资

私人投资是指一国的个人或经济单位、法人以私人为主对其他国家或地区进行的投资活动。

2. 公共（国家）投资

公共投资是指一国政府或国际组织用于对社会公共利益的投资，带有一定的国际经济援助的性质。

（三）按投资期限的长短分类

按投资期限的长短可分为短期资本移动和长期资本移动。

1. 短期投资

期限在一年以下的投资为短期投资。

2. 中长期投资

期限在一年以上的投资为中长期投资。

小思考

1）新一轮投资热潮正向东湖国家自主创新示范区——光谷袭来。从武汉市工商行政管理局东湖新技术开发区分局获悉，一季度的开发区新增注册资本为11.5亿元，创近十多年来的历史新高。

2）2005年5月1日，联想正式宣布完成收购IBM全球PC业务，合并后的新联想将以130亿美元的年销售额一跃成为全球第三大PC制造商。

请问：以上两个案例属于资本移动的哪种投资？

二、当前国际资本移动的特点与原因

（一）当前国际资本移动的特点

20世纪90年代以来，世界经济形势发生了很大的变化，主要有以美国为首的西方国家摆脱了经济衰退，经济开始复苏，保持低的通货膨胀率，国际金融市场利率较低；苏联解体，东欧各国面临经济体制的转轨，这种转制是艰难而又漫长的过程，资金短缺异常突出；国际债务危机在经过十年的努力后有所减缓，但仍存隐忧；石油输出国由于石油价格持续疲软的情况下，收入锐减，贸易出现逆差，资本流入减少、流出增加。在这种经济形势下，国际资本移动出现了以下的新特点。

1. 国际资金流量增长迅速，不依赖于实物经济而独立增长

20世纪90年代以来，世界经济发展迅速，国际资本移动的增长速度没有受世界经济周期波动的影响，保持了持续高增长的势头。一大批在国际资本移动中居于突出地位的离岸金融中心都出现在经济和贸易不太发达的国家和地区，诸如巴哈马、巴林、开曼群岛、新加坡、阿联酋等，表明国际资本移动已经摆脱了对实物经济的依赖。

2. 发达国家在国际资本移动中仍占主导地位，发展中国家比重逐步增加

在国际资本市场上，发达国家扮演着双重角色，既是最大资本输出国，又是最大资本输入国，对外大量投资与大规模吸收外资往往结合于一身。有迹象表明，发展中国家通过国际资本移动参与世界经济的程度普遍加大。流向发展中国家的资本主要集中在发展水平较高、能带来较高收益且法律制度比较健全的国家。在资本流向上，体现了各个国家传统的关系和利益所在。

3. 跨国公司在国际直接投资中作用举足轻重，跨国公司并购日趋活跃

跨国公司为获得国外新市场和进入生产要素市场而对外大量投资，并将对外直接投资视为增强竞争力的重要手段。同时各国政府也认识到吸引跨国公司投资对经济发展的促进效应，尤其是发达国家推行自由化的对外直接投资政策，为外国直接投资提供了更多便利。这一有利的宏观投资环境，使得跨国公司对外投资大大增加。

4. 国际资本移动的部门结构向服务业、高新技术产业转移

国际资本移动投向的最重要的部分是高科技产业和服务业。在英国，国际资本投入的新项目中，软件、电子、汽车部件、化学和 IT 网络服务等高科技行业占了 30%；在美国，持续近九年的经济景气，最大的发展动力就是高科技行业的飞速发展。在全球金融动荡期间，高科技股带动着美国股市节节攀高，吸引了国际避险资金涌入美国，并进一步推动了美国经济的发展。

5. 国际资本证券化，资本移动高速化

国际资本证券化是当前国际资本移动的一个重要趋势，它是指银行贷款迅速被各种债券（固定利率的普通债券、浮动利率债券、以债券形式出现并可以在市场上随时转让的存款单等）所取代。它主要表现为：国际债券的实际规模和活动水平出现长期扩张的趋势；国际债券取代国际银行贷款，成为国际资本市场占统治地位的融资方式；国际债券具有同化国际贷款的客观趋势。

6. 国际资本移动中官方融资比重显著下降，外国私人资本重要性日趋增加

按世界银行的划分标准，国际资本移动分为官方发展融资和外国私人资本两种形式。官方发展融资是 20 世纪 90 年代以来国际资本移动构成中绝对额唯一持续下降的项目，其主要原因，是由于大多数工业国家财政预算的削减，使资金供给来源受到限制。而与官方发展融资相反，由外国商业银行借款与发行国际债券、外国直接投资和国际股权证券投资构成的流入发展中国家的国际私人资本移动则取得长足发展。

7. 国际资本移动中金融衍生工具取得巨大发展

这一点可以从三方面来看：首先，国际资本移动既可以表现为资金在不同国家或地区之间的移动，也可表现为资金在外汇市场、信贷市场、证券市场以及衍生工具市场之间的移动；其次，从国际资本移动的传统方式与衍生工具的比较来看，衍生工具产生的国际资本移动数量已经处于绝对优势地位，而且衍生交易的增长速度非常迅速；最后，从衍生工具交易的内部组成看，场外交易市场衍生工具交易的增长更迅速，基本上在国际衍生工具交易中处于主导地位。

（二）国际资本移动新特点形成的原因

1. 世界经济一体化趋势加强

现代生产由于国际分工和合作在广度和深度上的发展，已经在一定意义上形成了国际性生产。同时，跨国公司建立起了有效的组织结构一体化，围绕着总体战略目标而有机进行。可见，世界经济一体化是当代国际经济关系日益密切的反映，既是跨国公司在全球范围内进行大规模国际直接投资、组织跨越国界的生产经营活动的结果，又为其更大规模的国际直接投资的展开提供了畅通的渠道。

2. 国际范围内与实际生产相脱离的巨额金融资产的积累

这些资金来源于各国，特别是主要的可兑换货币发行国的长期通货膨胀、产油国大幅度提高油价，而形成的巨额石油美元以及世界货币发行国通过巨额的国际收支逆差而流到国际上的大量美元资金。金融市场及金融中介机构的发展又派生了不少金融资产，使越来越多的社会资产与实际生产相脱离而成为金融资产。

3. 产业结构的国际调整和国际分工的深化

发达国家产业结构进一步“软化”，知识和技术密集部门迅速膨胀，信息产业迅速发展；新兴工业化国家和地区以及工业化迅速并已具备相当工业基础的国家，资本和技术密集型产业比重在增加。这样，不同层次产业的跨国界转移，既是有必要的，又是可能的。而发展中国家则利用发达国家经济转型造成的部分“市场空缺”，发挥自身优势，进入发达国家市场，以获取先进技术和管理经验。从世界范围看，由不同生产要素和产业结构层次形成的各国经济上的互补性大大增强，国际分工在深化，一体化的国际生产格局逐渐形成。

4. 投资方式与投资工具的不断创新

随着区域经济一体化和各国相继放松资本管制，企业间的跨国兼并和收购成为全球对外直接投资的主要形式。国际投资的另一新方式以及股权和非股权形式的跨国联合投资体——国际战略联盟也日趋增多。此外，国际金融领域的金融创新浪潮不断，加强了融资证券化、注重资产负债表外业务以及金融市场一体化的趋向。这些因素促成了国际资本移动规模的扩大，并且使国际资本移动更加灵活和方便。

5. 各国对国际资金移动管制的放松

第二次世界大战后的相当长的一段时间内，各国对国际资本移动进行了非常严厉的管制。但随着各国经济的复苏与发展，20 世纪 70 年代以来，各国兴起了放松外汇管制、资本管制乃至金融管制的浪潮，逐步对外开放本国的银行信贷市场与证券市场，允许外国金融机构进入本国金融市场，允许非居民到本国金融市场筹资，放松对金融机构的控制。至于成熟市场，到 1992 年，绝大多数发达国家都放开了对国际资金流动的管制。同时，新兴市场的资本管制放松也非常显著。

6. 发展中国家国内政策的调整、市场运作效率的提高和外资政策的开放

国际私人资本流动是通过市场来配置资源的一种方式，必须遵循市场经济的基本规律。私人外国直接投资者在更大程度上依赖市场的力量，由于市场力量决定投资者数量和地区分布，在全球范围内寻找最有利的投资市场，有效合理地配置其资金、技术、管理等各种资源。20 世纪 90 年代以来，发展中国家深化市场导向的经济体制改革和经济结构调整，不同程度地减少了政府对市场的干预，对一些国有部门实行私有化或民营化，减少了市场扭曲和市场失败，顺应了生产要素国际流动的要求，成功地吸引了外国直接投资。

任务二　跨国公司

【任务导入】

海尔集团是全球领先的整套家电解决方案提供商和虚实融合通路商。公司1984年创立于青岛。创业以来，海尔坚持以用户需求为中心的创新体系驱动企业持续健康发展，从一家资不抵债、濒临倒闭的集体小厂发展成为全球最大的家用电器制造商之一。根据世界权威市场调查机构欧睿国际（Euromonitor）发布2015年全球大型家用电器品牌零售量数据显示：海尔大型家用电器2015年品牌零售量居全球第一，这是自2009年以来海尔第7次蝉联全球第一。同时，冰箱、洗衣机、酒柜、冷柜也分别以大幅度领先第二名的品牌零售量继续蝉联全球第一。海尔在全球有5大研发中心、21个工业园、66个贸易公司、143330个销售网点，用户遍布全球100多个国家和地区。

海尔集团的成功，缘于其成功的产品线拓展战略。20世纪80年代末90年代初，以彩电、电冰箱、洗衣机、空调器为代表的家用电器成为一段时期内居民家庭的消费热点，海尔正是瞄准了这一市场需求，以电冰箱为主导，以“海尔”品牌为核心，广泛实行产品线拓展战略，为公司的成长和开拓海外市场奠定了坚实的基础。

纵观世界知名企业，没有一个只注重国内市场的，海尔集团也不例外。海尔提出了市场国际化“三个1/3”战略，即国内生产国内销售1/3，国内生产国外销售1/3，国外生产国外销售1/3。在出口及国际化方面，海尔一反常规，先在发达国家创出名牌，将自己置身于强手的竞争之中。为了实现1/3产品的直接出口，海尔十分注重国际营销体系的建立。本着先难后易的原则，先在欧美等发达国家目标市场积极开发海尔专营商，将海尔产品打入国际市场。海尔实施1/3国外生产国外销售战略，则是为了有效克服高关税壁垒和区域经济贸易保护而采取的一种开拓国际市场的策略。

此外，海尔产品还积极参与在德国科隆举行的两年一届的国际家电博览会，为海尔产品打入国际市场开拓空间。2015年1月27日，“Brand Z最具价值中国品牌100强”发布，海尔集团位居家电行业榜首。

【思考问题】

请分析“海尔”采取了几种进入国际市场的战略？他们采用的这些战略方式有什么特点？

【任务分析】

跨国公司通常具有实现全球战略目标，实行全球一体化经营，采用灵活多样的经营策略，增强技术创新能力和具有较大经营风险等特征。

【知识链接】

跨国公司是指以本国为基地，通过对外直接投资，在两个或两个以上的国家设立分支机构或子公司，从事生产或营销活动的公司。

一、跨国公司的形成与发展

（一）跨国公司的定义

对跨国公司进行科学规范的概念界定一直是西方学者有关跨国公司研究的重要内容。长期以来，学术界对跨国公司的理解存在分歧，主要是由于对跨国公司定义的标准不同，大体上可以概括为以下三种标准。

1. 结构标准

结构标准（Structural Criterion），是指以企业从事生产经营活动跨越的地理和企业资产所有权作为划分跨国经营的标准与尺度。从企业所有权来看，一个企业只有拥有国外企业的股份所有权才能构成跨国公司。对于拥有国外企业股权的标准，目前普遍使用的权威性标准是国际货币基金组织提出的，跨国公司控制境外企业所有权的合理标准不得低于25%。

2. 经营业绩标准

经营业绩标准（Performance Characteristics Criterion），是指企业在海外的资产、利润、销售额、产值和雇员人数等必须在整个企业业务中达到一定百分比以上才能称为"跨国公司"。对于其中常用的销售额指标，一种观点是美国的代表人物雷蒙德·弗农（Raymond Vernon）认为"销售额低于1亿美元的这类公司不值得引起注意"；另一种观点是联合国贸发会议1993年的一份文件认为，年销售额在10亿美元以上的才能称作跨国公司。

3. 行为特征标准

行为特征标准（Behavioral Characteristics Criterion），是指跨国公司应实行全球化经营战略，公司最高决策从公司整体利益出发，以全球范围内利润最大化为目标，而不是局限于某地区市场的盈亏得失。

综上所述，跨国公司作为一种复杂的经济形态，由于对其界定标准不同，跨国公司的定义也多种多样。为了进一步澄清跨国公司的基本内涵，联合国跨国公司中心在1983年的研究报告中明确指出跨国公司应包括三个基本要素：第一，包括设在两个或两个以上国家的实体，不管这些实体的法律形式和领域如何；第二，在一个决策体系内经营，能通过一个或几个决策中心采取一致对策和共同战略；第三，各个实体通过股权或其他方式联系起来，其中一个或多个实体有可能对别的实体施加重大影响，特别是同其他实体分享资源和分担责任。20世纪80年代后，国际社会对于联合国提出的跨国公司定义的三大要素已基本达成共识。

小讨论

你知道哪些知名的跨国公司？分组收集资料，向大家介绍一个你感兴趣的跨国公司。

（二）跨国公司的类型、特征

1. 跨国公司的类型

按照不同的分析角度和划分标准，跨国公司可以有表 5－2 中的不同类型。

表 5－2　跨国公司的类型

分类方法	种类	含义
按经营项目分类	资源开发型跨国公司	以获得母国所短缺的各种资源和原材料为目的，对外直接投资主要涉及种植业、采矿业、石油业和铁路等领域
	加工制造型跨国公司	主要从事机器设备制造和零配件中间产品的加工业务，以巩固和扩大市场份额为主要目的
	服务提供型跨国公司	主要是向国际市场提供技术、管理、信息、咨询、法律服务以及营销技能等无形产品的公司。这类公司包括跨国银行、保险公司、咨询公司、律师事务所以及注册会计师事务所等
按产品种类和经营结构分类	横向型跨国公司	指母公司和各分支机构从事同一种产品的生产和经营活动的公司
	垂直型跨国公司	指母公司和各分支机构之间实行纵向一体化专业分工的公司
	混合型跨国公司	指母公司和各分支机构生产和经营互不关联产品的公司
按决策行为分类	民族中心型跨国公司	是以本民族为中心，其决策行为主要体现母国与母公司的利益。公司的管理决策高度集中于母公司，对海外子公司采取集权式管理体制
	多元中心型跨国公司	是多元与多中心，其决策行为倾向于体现众多东道国与海外子公司的利益，母公司允许子公司根据自己所在国的具体情况独立地确定经营目标与长期发展战略
	全球中心型跨国公司	指既不以母公司也不以分公司为中心，其决策哲学是公司的全球利益最大化

2. 跨国公司的特征

（1）具有全球战略目标

跨国公司总部根据自己的全球战略目标，在全球范围内进行合理的分工，组织生产和销售，而遍及全球的各个子公司与分支机构都围绕着全球战略目标从事生产和经营。跨国公司的重大经营决策都以实现全球战略目标为出发点，着眼于全球利益的最大化。

（2）实行全球一体化经营战略

跨国公司采取集中与分散相结合的管理方式和全球战略，在国际范围内从事生产经营活动。为实现全球战略目标，跨国公司实行全球一体化经营，对全球范围内各子公司与分支机构的生产安排、投资活动、资金调遣以及人事管理等重大活动拥有绝对的控制权，按照全球利益最大化的原则进行统一安排。

(3) 灵活多样的经营策略

在实行全球一体化经营的同时，跨国公司也会根据国际政治经济形势、东道国的具体情况及其对跨国公司的政策法规、自身的实力以及在竞争中的地位，采取灵活多样的经营策略安排，以更好地满足东道国当地的实际情况，获得良好的经营效益，也有利于与东道国政府建立融洽的关系。

(4) 强大的技术创新能力

大型跨国公司是当代技术创新与技术进步的主导力量，其实力主要体现在它们拥有雄厚的技术优势和强大的开发能力。跨国公司要在国际竞争中保持领先，就必须不断地投入巨额资金，加强技术研究与开发，保持自己的技术优势；技术领先地位带来的丰厚市场回报，又激励着跨国公司不断进行技术创新，推动技术进步。

(5) 具有较大的经营风险

跨国公司与国内企业最大的区别在于面临着更为错综复杂的国际经营环境，复杂的经营环境在给跨国公司创造出更多的发展机会和空间的同时，也使它具有较大的经营风险。除了正常的商业风险外，跨国公司还看面临着国际经营所特有的政治风险和财务风险等。

小案例

耐克（Nike）公司成立于 1964 年，由一位会计师菲尔·奈特和一位运动教练比尔·鲍尔曼共同创立，现已成为领导性的世界级品牌。当年奈特先生仅仅花了 35 美元请一位学生设计了耐克的标志，如今那个著名的弯钩标志价值已超过 100 亿美元。50 多年的发展，耐克已成为一个商业传奇，它的成功之道人所共知，就是虚拟生产的商业模式。耐克为此强化了地区运营中心，新设立了五个核心产品运营中心，地区运营中心是：美国、欧洲、亚太、中东及非洲，五个核心产品运营中心是：跑步运动、足球、篮球、男士训练、女士健康。这是一个矩阵式的管理，目标是把企业的资源向关键区域、核心产品集中，去抓住企业最大的市场机会。与传统的矩阵管理不同，关键是要实现跨地区、跨部门的协同。实际上，耐克公司已经有成功的经验，正是采用这种协同矩阵的管理方式，耐克公司组建了一支专门的队伍，将公司足球用品市场的经营额从 1994 年的 4000 万美元扩大到今天的 15 亿美元。耐克以优良的产品设计和卓越的营销手法控制市场，保持持续的、出类拔萃的创新能力，经过其营销组织的不断变革，使耐克成为世界顶级的运动品牌。

耐克公司运用了怎样的经营策略成为世界顶级的运动品牌？

（三）跨国公司的形成与发展

跨国公司的历史至少可以追溯到 19 世纪 60 年代，当时西欧和美国的一些大企业开始在海外设立生产性分支机构，从事制造业跨国经营活动，已初具跨国公司的雏形。第二次世界大战后，特别是 20 世纪 50 年代后，随着西方发达国家垄断资本的大规模对外扩张和生产的进一步国际化，对外直接投资迅猛增加，跨国公司得到了迅速发展。

1. 跨国公司的形成

跨国公司是垄断资本主义发展的产物。19 世纪 60 年代，资本主义从自由竞争逐渐向垄断阶段过渡，“过剩资本”的大量形成直接成为资本国际流动的动力和源泉，西方国家的一些大企业开始向海外投资，资本输出成为这一阶段的重要特征。垄断组织通过资本输出把资本主义生产方式扩大到殖民地与半殖民地国家，使得传统的垂直分工体系进一步深化。与此同时，资本输出实现了世界范围的生产国际化和社会化，加强了世界各国的相互依赖及各国对国际分工的依赖。这时的资本输出主要是英、法、德、美等资本主义强国向海外进行以证券投资为主的间接对外投资。至于对外直接投资，其数额和比重都很小，并且主要是投资到殖民地和附属国的资源开发项目（如采煤、采油、开矿）以及农业种植园等，只有极少数企业在海外从事制造业生产性投资。

小链接

美国的第一家跨国公司是胜家缝纫机公司（Singer），它于 1867 年首先在英国的格拉斯哥建立了一家缝纫机装配厂，其产品供应欧洲和其他地区，1880 年又在伦敦和汉堡设立负责欧、亚、非业务的销售机构。在欧洲，德国的拜耳化学公司（Bayer）于 1865 年在美国纽约州的奥尔班尼开设了一家苯胺制造厂；瑞典的诺贝尔公司（Nobel）于 1866 年在德国汉堡设立了生产炸药的分厂。上述三家公司在海外设立生产性分支机构，从事跨国经营活动，已初具跨国公司的雏形，因此它们通常被看作早期跨国公司的代表。

后来，欧美不少大企业通过对外直接投资，在海外设厂从事跨国经营，如美国的国际收割机公司、国际收银机公司、西方联合电机公司以及英国的尤尼来弗公司和瑞士的雀巢公司等都先后到海外投资设厂，它们成为现代意义的跨国公司的先驱。据估计，到第一次世界大战之前，美国在海外拥有的制造业子公司已达 122 家，欧洲大陆国家为 167 家，英国有 60 家。

2. 两次世界大战期间跨国公司的发展

两次世界大战期间，发达国家对外直接投资增长缓慢，处于停滞状态。这主要是由于以下几方面原因：第一，战争造成的损失和巨额战后重建费用使欧洲大陆由债权国变为债务国，难以筹措资金进行对外直接投资；第二，1929～1933 年爆发的经济危机使资本主义世界受到重创，生产力遭到严重破坏，而且主要发达国家纷纷实行贸易保护政策，对外资进行限制与歧视；第三，世界性经济危机后国际货币秩序混乱，资本主义各国从自身利益出发，纷纷组成货币集团，实行外汇管制，限制国际资金自由流通，直接影响了对外直接投资。因此，两次世界大战期间，对外直接投资发展缓慢，虽有所增加，但主要集中在资源开发性行业，且具有明显的地域局限性。

3. 第二次世界大战后跨国公司的迅速发展

第二次世界大战以后，尤其是 20 世纪 50 年代以来，全球范围内直接投资迅猛增长，跨国公司得到空前发展。这一时期跨国公司的发展分为三个阶段（见表5－3）。

表5－3　第二次世界大战后跨国公司迅速发展的各阶段特征

发展阶段	显著特征
第一阶段战后初期至20世纪60年代末	跨国公司对外直接投资在战后初期具有恢复性质，后得到迅速发展，美国跨国公司在其中居主导地位
第二阶段自70年代初开始至80年代末	国际直接投资规模继续扩大，西欧和日本的经济实力增强，跨国公司迅速崛起；美国跨国公司的地位相对受到削弱，国际直接投资格局逐步由美国占绝对优势向多极化方向发展
第三阶段自90年代初期至今	对外直接投资持续大幅度增长，跨国公司数目空前增加，在全球经济一体化时代获得长足发展

二、跨国公司对国际贸易的影响

（一）跨国公司影响国际贸易的作用机理

随着经济全球化的发展，跨国公司已成为国际贸易中最活跃、最具影响的力量，是当代国际贸易的主要推动器。它对国际贸易的影响主要是通过市场机制的作用来实现的(见表5－4)。

表5－4　跨国公司影响国际贸易的作用机理

市场机制	跨国公司对国际贸易的影响
价格机制	价格机制是指价格形成和变化的机制，它是市场机制的核心。跨国公司就是通过价格机制来协调国际贸易中产品比例的大体平衡
竞争机制	通过跨国公司的不断技术创新，开发新产品，占领和开拓市场，影响了国际贸易的格局；通过跨国公司的不断制度创新，影响了国际贸易秩序
信用制度	信用机制是市场机制的重要组成部分，跨国公司恪守商业信用，讲究维护本企业的良好形象，并把它看成是企业价值和企业竞争力的重要标志。建立信用机制，在国际贸易中，有利于加强各行为主体之间的有效合作，减少交易成本，降低贸易风险，促进国际贸易建康有序的发展

（二）跨国公司对国际贸易的影响

1. 跨国公司对国际贸易的积极影响

（1）促进了国际贸易和世界经济的增长

跨国公司的海外投资在世界经济中发挥着比国际贸易更大的作用。事实上，跨国公司已成为当代国际经济、科学技术和国际贸易中最活跃最有影响力的力量。截至2000年年底，全球海外直接投资额的1/3掌握在排名前100名的跨国企业手中。由此可见，这种力量随着跨国公司投资总体的呈上升趋势还会得到增强。

（2）推动发达国家对外贸易的发展

跨国公司的发展对战后发达国家的对外贸易起了极大的推动作用。这些作用表现在：使发达国家的产品能够通过对外直接投资的方式在东道国生产并销售，从而绕过了贸易壁垒，提高了其产品的竞争力；从原材料、能量的角度看，减少了发达国家对发展中国家的依赖；也使得发达国家的产品较顺利地进入和利用东道国的对外贸易渠道并易于获得商业情报信息。

（3）促进了发展中国家对外贸易的发展

首先，跨国公司对外直接投资和私人信贷，补充了发展中国家进口资金的短缺。其次，发展中国家引进外国公司资本、技术和管理经验，大力发展出口加工工业，使某些工业部门实现了技术跳跃，促进了对外贸易商品结构的改变和国民经济的发展。最后，跨国公司的资本流入，促进了发展中国家工业化模式和与其相适应的贸易模式的形成和发展。

（4）控制了许多重要的制成品和原料贸易

目前，跨国公司控制了许多重要的制成品和原料的贸易。跨国公司 40% 以上的销售总额和 49% 的国外销售集中在化学工业、机器制造、电子工业和运输设备四个部门。

（5）控制了国际技术贸易

目前，跨国公司掌握了世界上 80% 左右的专利权，基本上垄断了国际技术贸易。在发达国家，大约有 90% 的生产技术和 75% 的技术贸易被这些国家最大的 500 家跨国公司所控制。许多专家学者认为：跨国公司是当代新技术的主要源泉，技术贸易的主要组织者和推动者。可见，在世界科技开发和技术贸易领域，跨国公司发挥着举足轻重的作用。

2. 跨国公司对国际贸易的消极影响

任何事物都具有双重效应，跨国公司在促进国际贸易发展的同时，在一定程度上也制造了国际贸易中的一些负面影响。这主要体现在以下几个方面。

（1）跨国公司的发展对国际贸易秩序的负面影响

国际贸易秩序是指国际贸易发展过程中所呈现出的一种有规律、可预见、和谐稳定的状态以及维持这种稳定状态的国际制度。在这种情况下，跨国公司在东道国的子公司不受东道国政策的约束，因而在跨国公司母公司的指导下，可能采取不利于东道国的贸易安排。这样，不仅损害了别国的利益，更造成了国际贸易秩序的混乱。

（2）跨国公司对东道国的不利影响

首先，转移生态环境污染。部分跨国公司以外商投资的名义，将在其本国被禁止或者限制的可能对环境造成污染或者污染危险的相关产业转移到环保监管较松的国家（主要是发展中国家），导致这些国家环境污染和生态破坏严重，影响了它们的可持续发展。

其次，向东道国家转嫁经济危机。接受跨国公司并购和投资规模大的国家，将导致其经济结构和主要产业具有很强的依附性和从属性。一旦跨国公司母国发生经济危机，这些国家特别是发展中国家就面临更大的风险和困难。

最后，对东道国贸易收入的负面影响。在避税方面，跨国公司集团利用自己全球经营的优势，通过转移定价，在不同国家关联企业之间分配业务收入和费用开支，将其所得尽可能从高税国企业转移到税率相对较低的东道国关联企业，减少应税所得。在逃避外汇管制上，东道国对本国的外资企业向国外投资者汇出股利实行一定的限制，为了能及时从东道国子公司取得股息、红利，母公司从货价款、劳务费、特许权使用费等的支付中变相取得股利，从而绕开东道国对汇出利润的外汇管制。因此，跨国公司就是采取这些手段，逃避东道国的税收和外汇管制，减少东道国的贸易收入。

（3）造成发达国家和发展中国家之间的贫富差距扩大

发达国家的跨国公司往往依靠自己的强大实力，轻易地获取发展中国家的各种资源和广大的市场，资本积累迅速膨胀。而发展中国家则被迫地廉价出卖资源和劳动力，导致更加贫穷。特别是有些发达国家和地区的跨国公司对发展中国家在投资、技术转让、资金信贷上附加很多苛刻条件，造成这些国家债务包袱沉重，这就进一步扩大了国家间的贫富差距。

（三）跨国公司的内部贸易

1. 跨国公司内部贸易的含义和特征

跨国公司内部贸易是指跨国公司内部的产品、原材料、技术与服务在国际间流动，这主要表现为跨国公司的母公司与国外子公司之间以及国外子公司之间在产品、技术、服务方面的交易活动。

内部交易的特征是内部商品调拨，这也是转移定价发挥作用的基本前提。在内部交易中，商品所有权只是在企业内部各系统之间移动。从企业整体角度看，商品的价格并不重要。由于转移定价在一定程度上不受市场供求的影响，而是根据子公司所在国的具体情况和母公司在全球的战略目标和经营管理需要而人为制定的。所以，转移定价就不仅成为企业内部交易和偿付的方法，而且成为企业调节内部经济关系，避开公开市场缺陷，扩大企业总体利益，追求利润最大化的手段。内部交易和转移定价为跨国公司克服贸易障碍，减轻税收负担，降低交易风险，提高经济效益提供了合法的有效手段，使跨国公司在市场中获得竞争优势。

2. 跨国公司内部贸易的形成原因

跨国公司内部交易在交易方式和交易动机上，与正常的国际贸易交换大相径庭。公司内部交易的利益原则，即获利动机并不一定是以一次性交易为基础，而往往以综合交易为基础。交易价格不是由国际市场供需关系所决定的，而是由公司内部自定的。从这个意义上讲，跨国公司内部交易是公司内部经营管理的一种形式，是把世界市场通过企业跨国化的组织机构内部化了，可以说公司内部市场是一种理想的真正的国际一体化市场。

（1）内部贸易是跨国公司对外直接投资的必然结果

跨国公司是19世纪六七十年代产生的一种以全球市场为经营目标的企业形态，近几十年来跨国经营活动在数量和规模上取得了前所未有的飞速发展，它们在国际贸易中的作用也在日益加强。

（2）内部贸易是技术进步和国际分工进一步发展的结果

技术进步和国际分工的发展使传统的公司间分工相当大的部分转化为公司内部分工，在公司的内部分工中，传统的水平分工也逐步让位于垂直分工，其结果必然使公司内部的贸易量大大增长。

（3）内部贸易是跨国公司追求利润最大化的结果

公司内部贸易可以大大降低各种经营不确定性，实行合理计划，科学地安排经营活动，大幅度减少通过外部市场交易所付的费用，节约交易成本，增加利润。此外内部贸易可以充分利用转移定价攫取高额利润。

（4）内部贸易是解决跨国公司内部各利益中心之间矛盾的产物

跨国公司的母公司与子公司之间关系一般由完全控股、大份额控股和小份额控股的股权份额决定。在跨国公司的内部交换过程中，不能以利益的完全一致性为基础进行无偿调拨，而必须采取贸易的形式，通过内部市场机制满足各方的经济利益，以解决内部经济利益的矛盾。

3. 内部贸易在跨国公司的作用（见表 5－5）

表 5－5　内部贸易在跨国公司的作用

内部贸易	作用
正面效应	1）在结构调整方面，内部贸易促进了国际分工和技术进步
	2）在要素配制方面，内部贸易可以充分利用转移定价攫取高额利润和规避风险
	3）在无形资本运作方面，内部贸易可保持公司的技术优势
	4）在人力资本管理方面，内部贸易解决跨国公司内部相对利益中心之间交换的矛盾，有利于公司高层人才的稳定
	5）在追求风险最小化方面，内部贸易降低了外部市场造成的经营不确定风险，有利于跨国公司实行计划管理
负面效应	1）转移价格的定价机制改变了价格作为市场信号的贸易秩序
	2）转移价格往往损害了东道国的利益
	3）内部贸易降低了东道国引进外资的关联效应
	4）跨国公司的内部贸易使国际关系复杂化

可见，跨国公司的内部贸易是国际贸易发展的一把“双刃剑”。拥有大量对外直接投资的发达国家都已制定出专门法规，限制跨国公司转移价格的作用。发展中国家与跨国公司打交道的时间短，缺乏经验，要管制转移价格就比较困难。目前发展中国家可从完善法令、法规入手，加强对外资企业财务报表的审核，并及时了解国际市场价格的变动情况及有关国家的税率差别，了解国际市场同行业利率水平，及时发现问题，以对跨国公司转移价格进行限制。

小　结

1）跨国公司的国际直接投资活动已成为当今各国经济和世界经济中的重要推动力量，世界各国都在研究、制定和实施国家层次上的外资政策，以加强对国际直接投资活动的宏观调控与管理，同时，国际社会也制定了有关规则与协议。本情境主要介绍了国际资本移动的形式，战后国际资本移动的特点、趋势及原因。

2）国际资本移动和跨国公司是资本主义发展到垄断阶段后的重要经济现象，在当代世界经济中占有十分重要的地位。情境中介绍了跨国公司的定义与特征，跨国公司的产生与发展，跨国公司的竞争特点及其对国际贸易的影响。

基础训练

一、单项选择题

1. 对外间接投资包括证券投资和（　　）。

A. 合作经营　B. 短期投资　C. 私人投资　D. 借贷资本输出

2. 下面哪种类型不属于按照跨国公司的产品种类和经营结构分类（　　）。

A. 横向型跨国公司　B. 垂直型跨国公司

C. 加工制造型跨国公司　D. 混合型跨国公司

3. 期限在一年以上的投资为（　　）。

A. 出口信贷　B. 中长期投资　C. 公共投资　D. 短期投资

4. 以下哪种类型不属于按照跨国公司的决策行为分类（　　）。

A. 混合型跨国公司　B. 多元中心型公司

C. 全球中心型公司　D. 民族中心型公司

二、多项选择题

1. 国际资本移动按投资方式可分为（　　）。

A. 直接投资　B. 私人投资　C. 间接投资　D. 短期投资

2. 跨国公司的特征包括（　　）。

A. 全球战略目标，全球一体化经营　B. 强大的技术创新能力

C. 灵活多样的经营策略　D. 具有较大的经营风险

3. 跨国公司对东道国的不利影响包括（　　）。

A. 转移生态环境污染　B. 向东道国家转嫁经济危机

C. 对东道国贸易收入的负面影响　D. 控制了国际技术贸易

4. 按照跨国公司经营项目的性质，可以将跨国公司分为（　　）。

A. 资源开发型跨国公司　B. 加工制造型跨国公司

C. 全球中心型跨国公司　D. 服务提供型跨国公司

三、简答题

1. 什么是国际资本移动？国际资本移动的主要形式有哪些？

2. 当前国际资本移动的特点是什么？

3. 跨国公司对国际贸易的发展起到了哪些积极与消极的影响？

4. 跨国公司的内部贸易具有哪些作用？

四、案例分析

一家成功的小型跨国公司

人们普遍认为，跨国公司都是大型企业。确实，较为普遍的界定跨国公司的标准是

每年销售额至少为2亿美元。但事实上，有很多小型公司也运作得非常成功，只是因为它们很聪明地让自己不那么引人注目。这里有一个成功的小型跨国公司，它名叫尤拉尼亚（Urania A G）。这是一家瑞士公司，位于瑞士东部的格拉鲁斯（Glarus），一个比村庄大不了多少的小城。这家公司的历史非常独特，在20世纪60年代后期，尤拉尼亚公司被清算，事实上几乎破产。

故事要从克里斯蒂安·布伦奇利（Christian Bluntschli）说起。布伦奇利早年在苏黎世学习，后来当了一名工程师，20世纪30年代早期作为交换生到费城大学沃顿商学院（Wharton School）学习。他在那里获得硕士学位，继而攻读并最终获得了博士学位。他一回到瑞士，立刻就被商务大学聘用了，这是瑞士的第一所商学院，位于圣加伦市（St. Gallen）。他成为一位非常成功和受人欢迎的金融学教授，直到20世纪60年代后期。之后，他以经济学家的身份来到瑞士一家大银行。但是，他发现自己很厌烦这份工作。当沃顿商学院建议他到费城加盟商学院的时候，他欣然接受了。

但是，在他辞职之前，银行总裁把他叫到办公室，然后说道："布伦奇利，我想知道，你是否愿意承担一项特殊任务？我们给一家制作精密设备的小公司发放了一大笔贷款，这个公司叫作尤拉尼亚，位于格拉鲁斯。现在，我们拥有其35%的股票。这个公司目前似乎陷入了困境。事实上，我怀疑它已经破产了。我们似乎应该清算它，但是，这个公司是那个贫困的农村地区最大的雇主。如果让它倒闭的话，之后的公共关系事务将会非常棘手。你能到格拉鲁斯去调查一下这家公司的情况吗？你还得告诉我们，你认为我们是否有必要援助这家公司。"

当布伦奇利到达格拉鲁斯后，他发现实际情况远比他预想的要糟糕得多。20世纪早期流行齿轨铁路，该公司一直是全球主要的齿轮供应商。但是，齿轨铁路已经过时了，被缆车和拖车所取代。尽管该公司拥有生产这些替代品的条件，但是从未试图出售过。它拥有庞大的服务人员队伍和巨大的零配件库存以服务于老式的齿轨铁路。在日本就有28个受过培训的工人为仅有的12个客户提供零部件供应和服务，但这12个客户都处于亏损状态并且都已经停止该项业务。尤拉尼亚公司的运营人员将他们自己所有的时间和公司所有的资金都花在了一系列广泛的领域。然而，它从来没有做过与专利权有关的事情。它的政策是，不涉足许可经营领域，只是自己制造产品。在拥有制造能力的领域享有专利权；但是，在不擅长的领域，则什么都没有做。

布伦奇利看见得越多，他就越沮丧。但是，他也非常兴奋，因为该公司已经在全球范围内建立了服务网络。最后他对自己说"我可能是疯了"，然后他决定管理尤拉尼亚公司，这正是他想做的事情。他对银行的同事说："这个公司的希望渺茫。要取得该公司的所有权，我该付你多少钱呢？"他还没有来得及从"疯狂"中恢复神智，就已经拥有了这家濒临破产的公司的一切，但没有营业额，没有营运资本，没有资产，而只有优秀的遍及全球的服务人员。

这仅仅是20世纪60年代的事情。今天，尤拉尼亚公司是世界上盈利能力最强的小型企业，它仍然只雇用了大约900人。但是，它引领着整个精密传动装置行业，特别是在专业交通运输工具方面，比如，电缆车、吊索、采矿用的无盖货车以及运送船舶和集装箱的专业运输工具等领域。实际上，它在全球大约30个国家设有加工厂，但都只生产其销售的专利产品的一两个零配件。服务赚取的利润足够支付全球员工的工资。它的设备销售收入，已经减去支付给供应商的货款，实际上就是净利润。

有人问布伦奇利是如何做到这一切，他微笑着说："我只是做了件轻而易举的事情，每本教科书上都能够找到。"

分析：

布伦奇利做了哪些他的前任者、尤拉尼亚公司的管理层和他在银行的同事都没有做过的事情？

综合训练

正确认识国际资本移动和跨国公司

1. 实训目的

通过技能训练，结合所学知识，能正确分析国际资本移动的方式及类型，跨国公司的经营行为和竞争特点。

2. 实训资料

百事"13亿激情，敢为中国红"发布会在北京国际金融中心举行，一改百年来坚持的蓝色，百事可乐推出了和老对手可口可乐相同的红色包装——"中国队百事纪念罐"。在临近2008年北京奥运会之际高调宣布换装，可以说是百事可乐一次精心策划的公关事件。百事可乐针对北京奥运推出的红色包装以及"草根英雄"，能否比老对手可口可乐空前豪华的奥运明星阵容更吸引眼球呢？这是2008年北京奥运赛场之外的又一场商业对决。

3. 实训要求

请分析百事可乐在北京奥运会之际，对中国市场的营销方式。搜集整理世界著名跨国公司的发展过程及经营特点等资料，可实地采访该公司在我国当地的经营情况，写出调研报告，进行交流。通过、讨论进一步加深对跨国公司的认识。

4. 实训步骤

1）自由组合成小组，每组5人。

2）明确每个人的职责，并熟悉跨国公司的经营特点。

3）形成设计方案，全班共享。

5. 实训评价

教师对各组的设计方案做出综合评价。

学习情境六　关税与非关税壁垒

【知识导图】

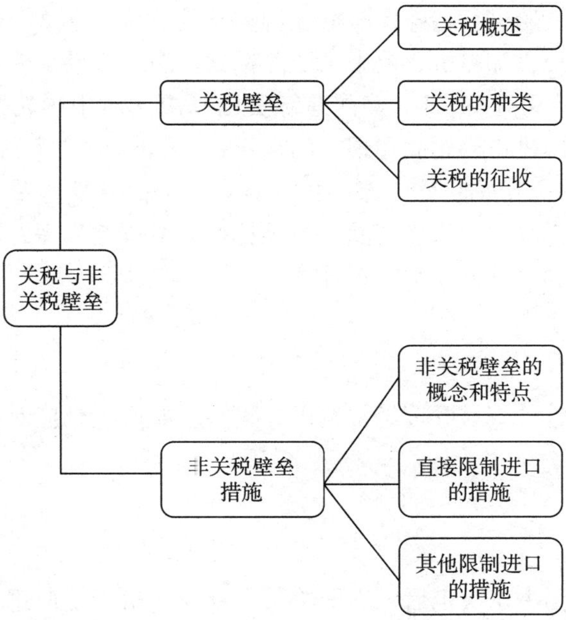

【知识目标】

1）掌握关税的定义、特征、作用；
2）掌握非关税措施的基本概念与特点；
3）了解非关税措施对国际贸易的影响。

【技能目标】

1）能识别并分析国际贸易实践中的各种非关税壁垒；
2）能分析各国采用关税措施的方式、目的和有效关税的计算。

任务一　关税壁垒

【任务导入】

2009年4月20日，美国钢铁工人联合会向美国国际贸易委员会递交了一份议案，认为中国轮胎占美国市场份额由5%增加到17%，而美国本土轮胎的份额从60%降低到50%，要求针对中国轮胎进行特殊保障措施调查，其总价值达21.68亿美元。中方积极与美方进行磋商，而美方却趁机要挟中国免除钢铁、纺织服装、铝、化工等产品的出口退税，双方磋商破裂。9月11日，美国总统奥巴马决定对中国轮胎征收三年惩罚式关税，第一年将对从中国进口的轮胎在现行的3.4%～4.0%的税率基础上加征35%关税，第二年加征30%，第三年加征25%。9月13日，中国商务部依照中国法律和世贸组织规则对原产于美国的部分进口汽车产品启动反补贴立案审查程序，对原产于美国的进口肉鸡产品启动反倾销和反补贴立案审查程序。

【思考问题】

在对外贸易中，这种贸易摩擦经常发生，我们应如何积极应对，保护本国的合法利益呢？

【任务分析】

我国商务部在美国做出决定后，立即给予了反应。由于反应迅速，措施得力，让美国始料不及。我国之所以在此次贸易摩擦中占据主动，原因之一就是我国利用了多样的关税税种与税率的税收政策，快速应对突发事件，真正发挥出关税的职能作用。通过以上原因分析，我们应在明确关税的作用、税种与税率的基础上，掌握其应用与实施的方法，从而发挥关税在对外贸易中的积极作用。

【知识链接】

关税是最传统的贸易政策工具。第二次世界大战后以来，关税在政策工具中的地位下降，但它仍然是市场经济条件下政府调节对外经济关系的有效手段。

一、关税概述

（一）关税的概念

关税（Customs Duty，Tariff）是进出口货物经过一国关境时，由政府所设置的海关向其进出口商所征收的一种税。

海关（Customs House）是国家行政管理机构，受权于国家，行使国家权力，不仅对外代表国家行使主权，对内也代表国家即代表中央政府行使其对地方的权力。海关一般设置在沿海口岸和陆地边境。海关的基本职责是：对进出国境的货物、邮递物品、旅客行李和运输工具等进行监督管理；征收关税和法定由海关征收的其他税费；查禁走私等。

（二）关税的性质与特点

关税是税收的一种，是国家财政收入的重要来源。关税与国家凭借政治权力规定的其他税赋一样，具有强制性、无偿性和固定性的特点，纳税人必须无条件服从。海关代表国家单方面从纳税人方面征收，而无须给予任何补偿；关税是根据预先规定的法律与规章加以征收，海关与纳税人双方都不得随意变动。关税的纳税人即税收主体，是本国进出口商，但最终是由国内外的消费者负担，它属于间接税的一种。进出口货物则是税收客体，即依法被征税的标的物。

（三）关税的作用

1. 维护国家主权和经济利益

对进出口货物征收关税，表面上看似乎只是一个与对外贸易相联系的税收问题，其实一国采取什么样的关税政策直接关系到国与国之间的主权和经济利益。发展到今天，关税已成为各国政府维护本国政治、经济权益乃至进行国际经济斗争的一个重要武器。合理和适度运用关税杠杆可以迫使谈判对方同等程度降低和减免关税，提供相同或相似的贸易条件和贸易保证，拒绝或限制对方对本国的商品倾销，争取国际关税互惠并反对他国对我国进行关税歧视，促进对外经济技术交往，扩大对外经济合作。

2. 保护和促进本国工农业生产的发展

国家通过对进口货物征收高额的关税，提高进口货物的销售成本，可以削弱其与本国同类产品的竞争能力，保护和促进本国经济的发展。国家通过对出口货物的退税或补贴，使其以无税的形式进入国际市场，从而增强本国产品在国际市场上的竞争能力，并以此为国家赚取更多的外汇收入。

3. 调节国民经济和对外贸易

关税是国家的重要经济杠杆，通过税率的高低和关税的减免，可以影响进出口规模，调节国民经济活动。如调节出口产品和出口产品生产企业的利润水平，有意识地引导各类产品的生产，调节进出口商品数量和结构，可促进国内市场商品的供需平衡，保护国内市场的物价稳定等。

4. 筹集国家财政收入

从世界大多数国家尤其是发达国家的税制结构分析，关税收入在整个财政收入中的比重不大，并呈下降趋势。但是，一些发展中国家，其中主要是那些国内工业不发达、工商税源有限、国民经济主要依赖于某种或几种初级资源产品出口，以及国内许多消费品主要依赖于进口的国家，征收进出口关税仍然是他们取得财政收入的重要渠道之一。我国关税收入是财政收入的重要组成部分，新中国成立以来，关税为经济建设提供了可观的财政资金。目前，发挥关税在筹集建设资金方面的作用，仍然是我国关税政策的一项重要内容。

二、关税的种类

（一）按商品流向分类

按征税商品的流向可分为进口税、出口税和过境税三类。

1. 进口税

进口税（Import Duty），即进口国海关在外国商品输入时，对本国进口商所征收的关税。进口税是关税中最主要的税种，它一般是在外国货物直接进入关境或国境时征收，或者外国货物由自由港、自由贸易区或海关保税仓库等地提出，运往进口国的国内市场销售，在办理海关手续时征收。进口税可以是常规性的按海关税则征收的关税，也可以是临时加征的附加税。因而又称为一般进口税。

进口税一般可分为普通税和最惠国税两种。

（1）普通税

由于国与国之间政治、经济关系的差异，从而对来自不同的国家的同样产品会采取不同的税率，以示区别对待。普通税率适用于无任何外交关系国家的进口商品，是最高的税率，一般比最惠国税高 1～5 倍，少数商品甚至达 10～20 倍。因此，普通税率并不是被普遍实施的税率。

（2）最惠国税

最惠国税率有的也称协定税率，是根据所签订的贸易条约或协定的最惠国待遇条款，所给予的优惠税率。最惠国税适用于与该国签订有最惠国待遇条款的贸易协定的国家（地区）所进口的商品。但是在缔结关税同盟、自由贸易区或有特殊关系的国家之间规定更优惠的关税时，最惠国待遇并不适用。因此，这种关税通常又被称为正常关税。

2. 出口税

出口税（Export Duty）是出口国海关在本国商品输出时对本国出口商所征收的关税，由于世界各国为了鼓励出口追求贸易顺差和获取最大限度的外汇收入，许多国家，特别是西方发达国家已不再征收出口税。

征收出口税的主要目的。①增加财政收入。②保护国内生产：一是针对某些出口的原料征收，以保证对国内相关产业的原材料资源供给；二是为了维护本国经济利益限制外国跨国公司在国内低价收购；三是防止无法再生的资源逐渐枯竭。③保障国内市场。即通过减少出口保障国内供给，抑制通货膨胀，稳定国内经济。④控制和调节商品出口流量。保持出口的有序性，减少贸易摩擦，并保持其在国际市场上的有利价格。

3. 过境税

过境税（Transit Duty）也称通过税，是一国对于通过其关境运往另一国的外国货物所征收的关税。过境税作为一种制度在重商主义时期得以确定。征税方可以凭借得天独厚的条件获取一定的收入，既可以充足国库，又可以转嫁国内的某些经济负担。由于运输业的发展及运输竞争的加剧，加上各国财政来源收入增加，从 19 世纪后半期开始，各国相继废止了过境税，代之以签证费、准许费、登记费、统计费、印花税等形式，鼓励货物过境，以增加运费收入、保税仓库内加工费和仓储收入等。

（二）按征税目的分类

1. 财政关税

财政关税（Revenue Tariff）又称收入关税，是指以增加国家财政收入为主要目的而征收的关税。财政关税是关税产生的基本职能，并在一个历史时期中具有非常重要的地位，其作用大小随一国经济发展水平而变化，经济越是落后，关税的财政作用越强，反之越弱。因为随着经济的发展，其他税源增加，关税收入在国家财政收入中所占的比重相对下降，而且各国广泛利用保护关税限制外国商品进口，财政关税逐渐被保护关税所代替。

2. 保护关税

保护关税（Protective Tariff）是指以保护本国工业或农业发展为主要目的而征收的关税。一般而言，保护关税税率越高，对该国的保护程度就越高。当关税高达100%以上，就等于禁止进口，成为禁止关税。对于进口商品来说，如果进口税等于或超过进口商品价格与进口国竞争商品之间的差额，则进口商品的价格优势完全丧失，税率达到保护的目的。就出口税而言，如果出口税等于或超过出口商品的国内价格同国际价格的差额，则国内商品的价格竞争优势丧失，起到了抑制产品出口，保证国内工业生产所需或市场所需的目的。

小链接

中国对进口轿车保护关税的9次调整

1985年以前，我国整车进口关税税率为120%～150%，后又在原有基础上加征80%进口调节税。1986年，关税与进口调节税合并征收，汽油轿车排量3.0升以上进口关税税率为220%，排量3.0升以下税率为180%。该税率一直沿用了8年。在此期间，我国的进口轿车价格较国际市场高出3～4倍。之后，我国对进口轿车关税税率进行了9次调整（见表6－1）。

表6－1　我国对进口轿车关税税率的9次调整

关税税率下调时间	进口汽车排量3.0升以下降至	进口汽车排量3.0升及以上降至
1994年4月1日	110%	150%
1997年10月1日	80%	100%
2001年中国“入世”	70%	80%
2002年1月1日	43.8%	50.7%
2003年1月1日	38.2%	43%
2004年1月1日	34.2%	37.6%
2005年1月1日	按照承诺取消了进口汽车配额许可证制度，对汽车产品实行自动进口许可管理，同时将进口汽车关税水平降到30%	
2006年1月1日	再次将进口汽车关税税率从30%下调至28%，完全履行加入世贸组织承诺	
2006年7月1日	第9次调整后降至25%，进口汽车零部件关税税率降至10%，按照“入世”承诺下调到位	

（三）按征税差别待遇和特定的实施情况分类

1. 进口附加税

进口附加税（Import Surtax）是指对进口商品除了征收正常的进口关税以外，根据某种目的再加征的额外进口税。这类关税在海关税则中并不载明，并且是为特殊目的而设置的，因此，进口附加税也称特别关税。设置进口附加税的主要目的包括：①应付国际收支危机，维持进出口平衡；②抵制不公平贸易行为；③对实行歧视或报复的国家实施报复等。

根据不同的目的，进口附加税主要有反倾销税和反补贴税。

1）反倾销税（Anti - Dumping Duty）是对于实行商品倾销的进口货物所征收的一种进口附加税。其目的在于抵制商品倾销，保护本国的市场与工业。它使进口国厂商处于不平等竞争地位，造成冲击。进口国政府为了保护本国产业免受外国商品倾销的冲击，就有可能考虑对实施倾销的产品征收反倾销税。

小案例

欧盟是中国光伏产品的最大出口地，数据显示，2011 年中国有近 358 亿美元的光伏产品出口，其中 70% 以上是输送到欧洲市场的，2012 年欧洲市场占我国光伏产品出口份额的一半以上，而超过 220 亿欧元的涉案值也使“光伏双反案”成为史上最大的贸易争端。因此，欧盟市场对于中国光伏企业的重要性不言而喻。

2013 年 6 月 4 日，对于身处寒冬的中国光伏企业来说，是暴风雪天。欧盟的“双反”之靴最终落地，并没有比预期的好——11. 8% 的临时反倾销税，两个月后税率将升至 47. 6%。那么 11. 8% 的临时反倾销税和两个月后 47. 6% 的税率的杀伤力究竟有多大？

2013 年，中欧之间光伏产品的贸易摩擦是引起中欧之间乃至全球光伏产业关注的一个重大的贸易摩擦，因为它是有史以来涉及一个领域金额最高的一项贸易争端，金额高达 220 亿欧元，涉及中国 40 多万人的就业，并对太阳能业内高达 80% 从事上下游组件制造的员工造成负面影响。

来源于中国商务部的资料显示，从 2014 年的形势可以看到，在短短不到一年的时间，中国的光伏产业已经和 2013 年与欧盟磋商如何妥善解决这一最大贸易争端案的时期发生了根本性的变化。一方面，通过和欧盟的和解，稳定了大部分中国的出口市场；另一方面，国务院出台的光伏新政为国内光伏产业提供了一个发展空间。可见，在很短的时间内，中国的光伏企业就实现了重生，无论在市场的多元化方面，还是在科技进步方面，特别是在光伏产品的成本和附加值方面，都发生了根本性变化。

分组讨论，谈一谈你对欧盟向中国光伏产品征收反倾销税的看法。

2）反补贴税（Counter - Vailing Duty）又称抵消税或补偿税。它是对于直接或间接接受任何奖金或补贴的外国商品进口所征收的一种附加税。凡进口商品在生产、制造、加工、买卖、输出过程中所接受的直接或间接的奖金或补贴都构成征收反补贴税的条件，不论奖金或补贴来自政府或同业分会等。反补贴税的税额一般按奖金或补贴数额征收。征收的目的在于抵销进口商品所享受的补贴金额，削弱其竞争能力，保护本国产业。

2. 差额税

差额税（Variable Levy）又称差价税，是指当一国进口商品的价格低于国内同类商品的价格时，为了削弱进口商品的竞争能力，保护国内生产和市场，按国内价格与进口价格之间的差额所征收的关税。由于差额税是随着国内外商品价格差额的变动而变动，因此它是一种滑动关税。

小链接

欧盟差额税的征收

欧盟为了实行共同农业政策，建立农畜产品统一市场、统一价格，对进口的谷物、猪肉、食品、家禽、乳制品等农畜产品，征收差额税。欧盟对成员国征收某种农产品的差额税的目的在于实现统一价格，通常只在实行共同农业政策的过渡时期内征收，过渡期一旦结束，即予废除。而对非成员国的农产品进口征收差额税，目的在于排挤这些国家的农畜产品大量进入欧盟市场。

欧盟征收差额税的方法比较复杂，如对谷物进口的差额税征收分为以下三个步骤。

1）制定指标价格和干预价格。欧盟委员会对有关谷物按季节分别制定统一的指标价格，即欧盟市场内部以生产效率最低而价格最高的产品在内地中心市场的价格为基准而制定的价格。这种价格一般比该产品在世界市场的平均价格高。为了维持这种高价格，欧盟还会确定干预价格，一旦中心市场的价格跌到干预价格水平，有关机构便从市场上购进谷物，以防止价格继续下跌。

2）制定门槛价格，即从指标价格中扣除把有关谷物从进口港运到内地中心市场所付一切开支的余额。此价格是差额税估价的基础。

3）确定差额税税额。它是由有关产品的进口价格与门槛价格的差额所决定的，其差额的大小决定税额的高低。

3. 特惠关税

特惠关税（Preferential Duty）是一种特别优惠的关税，它是对特定的某一国家或地区进口的全部或部分商品，给予特别优惠的低关税或免税待遇。特惠关税最早实行于宗主国与殖民地之间，其目的是为了保持宗主国在殖民地市场上占据优势。最有名的特惠关税是英联邦帝国特惠制，它是在 1932 年，由英联邦国家在渥太华会议上建立，自 1973 年英国加入欧洲共同市场后，帝国特惠制也随之名存实亡。

现在实行特惠制的主要是欧盟（初创时为欧洲共同体）向非洲、加勒比海和太平洋地区的发展中国家单方提供特惠的“洛美协定”。受惠的非加太国家或地区已从最初的 46 个增加到 86 个。“洛美协定”的特惠关税是目前世界上免税程度最大的一种特别优惠的关税，还包括放宽部分非关税壁垒。

4. 普遍优惠制度关税

普遍优惠制度关税（Generalized System of Preference，GSP）简称普惠制，是工业发达国家承诺对来自发展中国家的某些商品，特别是制成品或半制成品给予普遍的关税减免优惠的制度。普遍性、非歧视性和非互惠性是普惠制的三项主要的原则。普遍性是指所有发达国家对发展中国家出口的制成品和半制成品给予普遍的优惠；非歧视性是指所有发展中国家无例外地享受普遍优惠待遇；非互惠性是指发达国家单方面给予发展中国家关税优惠，而不要求发展中国家或地区提供反向优惠。

普惠制的目标是：扩大发展中国家对发达国家制成品和半制成品的出口，增加发展中国家的外汇收入；促进发展中国家的工业化，加速经济增长。1971 年 7 月欧洲共同体首先制定普惠制方案，随之，28 个国家先后实行普惠制，1979 年我国开始试签。目前，享受普惠制待遇的发展中国家和地区达到 190 多个。

小链接

目前给予我国普惠制待遇的有 40 个国家，这些给惠国分别为：欧盟 27 国（法国、爱尔兰、德国、丹麦、意大利、比利时、荷兰、卢森堡、希腊、西班牙、葡萄牙、奥地利、瑞典、芬兰、匈牙利、波兰、捷克、斯洛伐克、斯洛文尼亚、爱沙尼亚、立陶宛、拉脱维亚、马耳他、塞浦路斯、罗马尼亚、保加利亚和克罗地亚）和其他 13 国（英国、瑞士、挪威、日本、新西兰、澳大利亚、加拿大、俄罗斯、白俄罗斯、乌克兰、哈萨克斯坦、土耳其和列支敦士登公国）。

实施普惠制的国家都各自制定方案，在提供关税优惠待遇的同时，又规定了一些限制措施。各国的方案不尽相同，主要内容大致包括以下几个方面：

1）受惠国或地区的限制。普惠制原则上应对所有发展中国家或地区都是无歧视、无例外地提供优惠待遇，但各给惠国从自身政治经济利益出发，设置种种限制阻碍这一原则的实施。如美国公布的受惠国名单中，不包括石油输出国、非市场经济的社会主义国家、贸易中与美国有歧视或敌对的国家等。

2）受惠商品范围的限制。普惠制原则上应对发展中国家或地区的制成品和半制成品普遍实行关税减免。各给惠国公布受惠商品名单时，农产品不多。对于工业制成品或半制成品比较多，但是对于一些敏感性商品，如纺织品、服装、鞋类及皮革制品和石油制品常被排除在外。

3）对受惠商品减税幅度的规定。受惠商品的减税幅度取决于最惠国税率和普惠制税率的差额，即普惠制的差幅。通常工业品的差幅较大，农产品的差幅较小。普惠制成为最惠国待遇的特例。如日本对农产品实行优惠关税，而对工业品除选择性产品外全部免税。如有些给惠国对某进口产品规定普通税率为 60%，最惠国税率 20%，普惠制税的税率为 5%。

4）对给惠国保护措施的规定。由于普惠制是一种单向的优惠，为了保护本国某些产品的生产和销售，给惠国一般都规定保护措施，内容包括：免责条款，即当给惠国从受惠国进口某些产品的数量增加到对其本国相同或同类产品的生产者造成或即将造成严重损害时，给惠国保留完全或部分取消关税优惠待遇的权利；预定限额，是指给惠国根据本国和受惠国的经济发展水平及贸易状况，预先规定商品优惠进口限额，超过限额的进口不予享受关税优惠；竞争需要标准，即对来自受惠国的某种进口商品，如超过当年所规定的限额，则取消下年度的该种商品的关税优惠待遇，若该产品在后年进口额降至限额内，则当年的下一年度才可恢复关税优惠待遇。

5）原产地规则（Rule of Origin）。这是普惠制的主要组成部分和核心。为了确保普惠制优惠的待遇仅仅给予发展中国家生产和制造的产品，各给惠国都制定了详细的原产地规则。原产地规则一般包括原产地标准、直接运输规则和原产地证书三个部分。

原产地标准是原产地证书的核心部分。受惠国的签证机构必须按给惠国的原产地标准审核签发原产地证明书，作为享受优惠的凭证。原产地标准通常采用整件生产标准和实质性改变生产标准两种形式。整件生产标准也称完全原产品，即产品完全在受惠国生产和制造，不含有进口原料和部件。实质性改变生产标准针对含有进口成分的产品，是对有两个或两个以上国家参与生产的产品确定其原产国的标准。其基本概念是货物必须在出口国经过最后一道的实质性加工或生产，使该产品得到其特有的性质或特征，该出口国才被认为是货物的原产地。

直接运输规则指原产品必须从出口受惠国直接运至进口给惠国。这是一种必要的技术手段，以确保运至给惠国的产品就是出口受惠国发运的原产品。

原产地证书是受惠产品享受普惠制待遇的官方凭证，是出口商品要获得给惠国的普惠制关税优惠待遇的必要文件，该文件是由受惠国政府授权的签证机关签发的。

6）有效期。普惠制实施期限以10年为一个阶段。为适应需要有些给惠国在方案有效期内定期或不定期公布方案的修改内容。

小案例

日前，浙江湖州检验检疫局收到一份来自乌克兰海关退回的原产地证书，要求查询证书的真实性。根据退证查询信息，执法人员对辖区一企业开展了现场调查。

经调查证实，该份证书确系伪造。应客户要求，该企业将从检验检疫官方申领的一份空白原产地证书盖上其签证章并签字后寄给了客户，最终该份空白证书被加盖上了伪造的检验检疫部门公章和模仿官方签证人员签字笔迹，构成假证，并被国外海关退回查询。该企业共同参与伪造了该份虚假证书，违反了相关法律法规，湖州局依法对该企业处以人民币1.5万元的行政处罚。

原产地证作为证明货物原产地的官方凭证，具有法律效力，受到法律保护。有些出口企业为迎合客户，贪图方便，就心存侥幸伪造假证，试图蒙混过关。

从该案例中你能得到什么启示？

（四）按照关税的保护程度和有效性分类

1. 名义关税

名义关税（Nominal Tariff）指某种进口商品进入该国关境时，海关根据海关税则所征收的关税。对于名义关税税率，世界银行的定义是“由于实行保护而引起的国内市场价格超过国际市场价格的部分与国际市场价格的百分比”，用公式可表示为：

$$名义关税税率 = \frac{国内市场价格 - 国际市场价格}{国际市场价格} \times 100\%$$

【例 6-1】 在国际市场上某种轿车的售价为每辆 10000 美元，某进口国的国内市场相同轿车价格在各种保护措施作用下为每辆 12000 美元，那么该进口国对该种轿车的名义关税税率是多少？

$$名义关税税率 = (12000 - 10000) / 10000 \times 100\% = 20\%$$

有时我们又把名义关税税率称为名义保护率，在其他条件相同或不变的情况下，名义关税税率越高，对本国同类产品的保护程度就越高。

2. 有效关税

有效关税（Effective Tariff）指对某种工业单位产品增值部分的从价税，代表着进口关税对本国同类产品的真正有效的保护程度，所以其税率又称为有效保护税率。有效保护税率的计算公式如下：

$$E = (T - P \times t) / (1 - P)$$

式中，E——有效保护率；

T——进口产品的名义关税税率；

P——原材料在最终产品中所占的比重；

t——进口原料的名义关税税率。

现就该公式作简要说明：

1）当 $T > t$，即当产品的名义进口关税税率高于所用原材料的名义进口关税税率时，该产品的有效保护率大于名义保护率，即 $E > T$。

2）当 $T = t$，即当产品的名义进口关税税率等于所用原材料的名义进口关税税率时，该产品的有效保护率等于名义保护率，即 $E = T$。

3）当 $T < t$，即当产品的名义进口关税税率低于所用原材料的名义进口关税税率时，该产品的有效保护率小于名义保护率，即 $E < T$，甚至会出现负有效保护率，即 $E < 0$。如果出现负保护率，意味着生产者虽然创造了价值，但是由于关税制度的作用，使这种价值降低，生产者收入减少或无利可图，或者说用外汇买来的原材料或中间产品，经过加工反而贬值了。

【例 6-2】 在未征收关税前，一件皮夹克的国内价格为 1000 元人民币，其中 500 元是进口皮革的价格，原材料在最终产品中所占的比重为 50%。

1）若皮夹克进口征收 20% 的关税，进口皮革免税，则有效保护率为：

$$E = (20\% - 50\% \times 0) / (1 - 50\%) = 40\%$$

2）若皮夹克和皮革进口都征收 20% 的关税，则有效保护率为：

$$E = (20\% - 50\% \times 20\%) / (1 - 50\%) = 20\%$$

3）若皮夹克免税，而皮革进口征收20%的关税，则有效保护率为：

$$E = (0\% - 50\% \times 20\%) / (1 - 50\%) = -20\%$$

由此可以看出，当最终产品的名义关税税率一定，原材料或中间产品名义税率越低，则最终产品名义税率的保护作用越大；反之，则越小。因此，各国同类进口商品的名义关税税率即使相同，这些进口商品的有效保护率也可能不同。

三、关税的征收

（一）海关税则

1. 海关税则的含义及其内容

海关税则（Customs Tariff）也称关税税则，是一国或地区对进出其关境的商品计征关税的规章和对进出口应税商品、免税商品和禁止进出口商品加以系统分类，并列明应征税率和免税的一览表。海关税则是海关凭以征收关税的依据，也是国家关税政策的具体表现。

关税税则一般包括两个部分：一部分是海关课征关税的规章条例；另一部分是商品分类及关税税率一览表。关税税率表包括税则序列（简称税号）、货物分类目录和税率三类。

2. 海关税则的货物分类

关税税则的货物分类主要是根据进出口货物的构成情况，对不同商品使用不同的税率以及便于贸易统计而进行系统的分类。各国关税税则分类不尽相同，主要有以下几种：①按货物的自然属性分类，如动物、植物、矿物等；②按货物的加工程度或制造阶段分类，如原料、半制成品和制成品等；③按货物的成分分类或按同一工业部门的产品分类，如钢铁制品、塑料制品、化工产品等；④按货物的用途分类，如食品、药品、染料、仪器、乐器等。为了统一各国的商品分类，减少税则分类的矛盾，曾先后形成三种商品分类目录。

（1）《布鲁塞尔税则商品分类目录》

《布鲁塞尔税则商品分类目录》（Brussels Tariff Nomenclature，BTN），即《海关合作理事会税则商品分类目录》（Customs Co－operation Council Nomenclature，CCCN），由欧洲关税同盟于1952年12月制定。它的商品分类划分原则是以商品的自然属性为主，结合加工程度等，将全部商品分成21类、99章、101项税目号。1～24章为农畜产品，25～99章为工业制成品。每项税目号都用四位数表示，中间用圆点隔开，前两位数字是税目所属的章号，后两位数是税目在这一章内排列的顺序号。如税目55.09（棉织）表示第55章内第09项目。

（2）《国际贸易标准分类》

《国际贸易标准分类》（Standard International Trade Classification，SITC）简称《标准分类》，1950年由联合国经社理事会下设的统计委员会编制并公布。主要用于贸易统计，它的商品分类主要为适应经济分析的需要，是按照商品的加工程度由低级到高级进行编排，同时也适当考虑商品的自然属性。

在1974年的《标准分类》里，把国际贸易商品分为10大类、63章、233组、786个分组和1924个基本项目。这10类商品分别为：食品及主要供食用的活动物（0）；饮料及烟类（1）；燃料以外的非食用粗原料（2）；矿物燃料、润滑油及有关原料（3）；动植物油脂及油脂（4）；未列名化学品及有关产品（5）；主要按原料分类的制成品（6）；机械及运输设备（7）；杂项制品（8）；没有分类的其他商品（9）。在国际贸易中，一般把（0）~（4）类商品称为初级产品，把（5）~（8）类商品称为制成品。

（3）《协调商品名称和编码制度》

《协调商品名称和编码制度》（The Harmonized Commodity Description and Coding System，HS）简称《协调制度》，它是在前两种商品分类目录基础上编制的，是一种新型的、系统的、多用途的商品分类制度，于1988年1月1日正式生效。由于上述两种分类分别用于海关税则和贸易统计，海关合作理事会成立专门研究小组，研究并形成了能够满足海关、统计、运输、贸易等各个方面共同需要的商品编码协调制度。中国也于1992年1月1日起按此制度进行关税税则分类。

《协调制度》目录分21类、97章（其中第77章是空章）共5019项商品组，每项以6位数编码的独立商品组组成。《协调制度》基本上是按社会生产的分工（或称生产部类）分类，按商品的属性或用途分章。1~83章（其中64~66章除外）按商品的自然属性（如动物、植物、矿物）为序；64~66章、84~86章按货物的用途或功能划分。税目排列一般也是按属性或加工程度排列，先原料后成品，先初级加工后深加工产品。

3. 海关税则制度

（1）单式税则和复式税则

1）单式税则（Single Tariff System）又称一栏税则，是指每个税目只有一个税率，适用于来自任何国家同类商品的进口，没有差别待遇。目前，只有少数发展中国家（如委内瑞拉、巴拿马和肯尼亚等）还在使用单式税则。

2）复式税则（Complex Tariff System）又称多栏税则，指一个税目设有两个或两个以上的税率，以便对来自不同国家或地区的进口商品采用不同的税率。复式税则的特点是歧视性，对不同国家的同种商品实行有差别的待遇。为了发挥关税的综合作用，体现贸易政策的差别，世界上大多数国家都相继实行了复式税。

（2）自主税则和协定税则

根据各国税则制度制定方式的不同有以下几种。

1）自主税则（Autonomous Tariff System）又称国定税则（National Tariff System）或通用税则（General Tariff System），是指一国立法机构根据本国经济发展状况，独立制定并有权加以变更而不受对外签订的贸易条款或协定约束的税则。

2）协定税则（Conventional Tariff System）是指一国政府通过与其他国家订立贸易条约或协定的方式确定关税税率。这种税则是在本国原有的固定税则基础上，通过关税减让谈判，另行规定一种税率，不仅适用于该条约或协定的签字国，而且某些协定税率也适用于享有最惠国待遇的国家。

（二）计税标准

计税标准也即关税计征的方法或基础，按此分类主要有下述几种方法。

1. 从量税

从量税（Specific Duty）即以商品的重量、数量、长度、容积、面积等计量单位为标准计征的关税。征收从量税大都以商品的重量为单位，一些国家采用毛重的计量方法，一些国家采用净重的计量方法，或采用“以毛作净”等计量方法。它的计算公式为：

从量税额 = 商品数量 × 每单位从量税

从量税通常用于对付国外质量低次的廉价商品进口。发达国家使用从量税主要针对食品、饮料、动植物油等的进口。由于发展中国家出口以初级产品为主，从量税就使这类产品的税负相对较重。

小讨论

欧盟对香槟酒征收的从量税为 40 欧元/100 升，现进口价格为 2 欧元/瓶的香槟酒（1 升/瓶）和 20 欧元/瓶的香槟酒（1 升/瓶）各 10000 瓶，需要分别计征多少从量税？如果现进口价格分别下降到 1 欧元/瓶（1 升/瓶）和 15 欧元/瓶（1 升/瓶），而数量不变，那么计征的从量税有无变化？

2. 从价税

从价税（Advalorem Duty）是按进口商品的价格为标准计征的关税，其税率表现为货物价格的百分率。其计算公式为：

从价税额 = 完税价格 × 从价税率

从价税的一个关键问题是如何核定完税价格。完税价格是经海关审定作为计征关税依据的货物价格。由于完税价格标准的选择直接关系到对本国的保护程度，各国对此均十分重视。各国所采用的完税价格的依据各不相同，大体有三种：①以成本加运费、保险费价格（CIF）作为征税标准；②以装运港船上交货价（FOB）为征税标准；③以法定价格或称进口国官定价格为征税标准。

完税价格的认定也即海关估价，是指出口货物的价格经货主（或申报人）向海关申报后，海关按本国关税法令规定的内容审查，估定其完税价格。在上述所依据的价格的基础上进行审查和调整后核定为完税价格。由于各国海关估价规定的内容不一，有些国家可以利用估价提高进口关税，形成税率以外的一种限制进口的非关税壁垒措施。

小讨论

假设欧盟对香槟酒按 10% 的从价税率征收关税，进口价格为 2 欧元/瓶的香槟酒（1 升/瓶）和 20 欧元/瓶的香槟酒（1 升/瓶）各 10000 瓶。请问：应分别计征多少从价税？

3. 混合税

混合税（Mixed or Compound Duty）又称复合税，是对同一种商品，同时采用从量、从价两种标准征收关税的一种方法。按从量税和从价税在混合税中的主次关系不同，混合税有的是以从价税为主，另加征从量税；有的是以从量税为主，加征从价税。混合税率大多应用于耗用原材料较多的工业制成品。美国采用混合税较多，例如它对提琴除征收每把 21 美元的从量税外，加征 6.7% 的从价税。混合税兼有从价税和从量税的优点，增强了关税的保护程度。

小思考

1）美国对每磅价格在 18 美元以上的进口男式开司米羊绒征收每磅 37.5 美分的从量税，另外征 15.5% 的从价税。现美国从我国进口一批该商品 500 打，每件重 1 磅，单价为 20 美元，问：应征收多少关税？

2）日本对价格在 6000 日元以下的手表征收混合税，每只征收税率为 15% 的从价税，再加征从量税 150 日元。现日本进口手表 1 万只，每只价值 3000 日元。问：应征收多少关税？

4. 选择税

选择税（Alternative Duty）是指对同一物品，同时订有从价税、从量税和混合税税率，征税时由海关选择，通常是按税额较高的一种征收。

各种计税标准的优缺点如表 6－2 所示。

表 6－2　各种计税标准的优缺点

计税标准	优点	缺点
从量税	①手续简便，无须审查货物的规格、价格和品质，费用成本低 ②进口品价格跌落时，仍有适度保护 ③可以防止进口商谎报价格	①不能区别等级、品质及价格差异的货物，税负不合理 ②税率固定，没有弹性，税额不能随物价涨落而增减，失去市场的价格机能 ③对部分不能以数量计算的商品不能适用，如古董、字画、钟表、钻石等
从价税	①税负合理。按货物的品质、价值等级比率课税，品质佳、价值高者，纳税较多，反之则较少 ②税负明确，且便于各国关税率比较 ③税负公平。税额随物价的涨落而增减，纳税人的负担可以按比例增减，可抑制过分利得，减轻过分损失 ④进口物价上涨，数量不变时，财政收入增加	①估价繁难。须有专门人才才能胜任，因此费用成本高 ②通关不易。在估定货物价格时，海关与业者容易引起争议 ③调节作用弱，保护性不强。税额随物价涨落而增减，对物价不能产生调节作用。当国外市场价格上涨时，国内产业所需的保护要求降低，但实际上进口税额是随物价上涨而增加；反之，国外市场价格跌落时，国内生产所需的保护增强，但关税却随之减少

续表

计税标准	优点	缺点
混合税	当物价上涨时，其所征税额比单一从量税多；当物价下跌时，又比单一从价税多	手续复杂，而且从价税和从量税的比例难以掌握
选择税	具有灵活性的特点，可以根据不同时期经济条件的变化、政府征税目的以及国别政策进行选择	征税标准经常变化，令出口国难以预知，容易引起争议

（三）关税的减免

关税的减免是指由于进口国经济、政治等方面的原因和根据国际条约、惯例，需要免除某些纳税义务人或某些进出口应税货品的纳税义务。作为执行关税政策的一种灵活措施，关税减免构成各国关税制度中的一项不可或缺的要素。

任务二　非关税壁垒措施

【任务导入】

纺织业是我国具有比较优势的产业。我国纺织工业纤维消费量占全球的1/4，棉纱、化纤、丝绸、服装等纺织品产量位居世界第一位，我国也是世界上最大的纺织品生产国和贸易国，纺织品服装出口总额位居全球第一位。加入 WTO 前，我国受限配额类别有275 个，阻碍了我国纺织品的出口。2005 年 1 月 1 日，延续了 30 多年的全球纺织品配额制度全部取消，我国纺织品应该是最大的受益者。但 2005 年 5 月 13 日，美国商务部宣布对棉质裤子、棉质衬衫和内衣裤三类中国纺织品重新实行进口配额限制。2005 年 6 月 13 日，中国和欧盟签署《中华人民共和国与欧盟委员会关于中国部分输欧纺织品备忘录》，就未来三年中国对欧盟纺织品出口的增长达成协议。不但如此，美国、欧盟、日本等发达国家和地区的环保法规定对纺织品生命周期中的各个阶段，包括纤维生产、棉花种植和处理、产品的加工及制造、消费者使用等都有明确的环保要求和规定。

【思考问题】

面对重重障碍，限制我国纺织品出口的根本原因到底是什么？我们应如何应对？

【任务分析】

中国纺织品 2005 年前受到各类进口配额限制，2005 年全球取消纺织品配额制度以后，又遭受到诸多数量、技术标准、劳工标准等各种新的限制。所有这些，我们都可称为非关税措施或非关税壁垒。为了分析我国纺织业出口受限的根本原因并寻求解决措施，首先需要了解非关税壁垒的相关概念以及各国采用的非关税壁垒的种类。

【知识链接】

一、非关税壁垒的概念和特点

非关税壁垒（Nontariff Barrier）是指除关税以外一切限制进口的各种措施与手段的总和，其目的是调节、管理和控制本国对外贸易活动，保护国内市场和国内产业的政策发展，是与关税壁垒相对而言的概念。

非关税壁垒和关税壁垒都有限制进口的作用，但是非关税壁垒与关税壁垒相比，主要具有以下特点。

1. 灵活性和针对性

一般来说，关税的制定往往要通过立法程序，且具有一定的延续性，要调整或更改税率，也需要一定的法律程序和手续。因而迟缓并难以适应紧急限制进口的需要。另外，关税税率往往受到最惠国待遇条款的约束，税率上调较为困难。

而非关税措施通常采用行政程序，制定起来比较迅速，程序也较简单，能随时针对某国的某种商品采取或更换相应的限制进口措施，从而较快地达到限制进口的目的。

2. 直接有效性和难以超越性

关税壁垒是通过征收关税来提高商品成本和价格，削弱其竞争能力，间接地起到限制进口的目的。但如果进口国对产品需求旺盛，即使征收关税，也难以起到限制进口的作用。而非关税壁垒则能起到限制或禁止进口的作用，如采用进口配额时，进口国预先限定某类商品的进口数量和金额，若超过限额就直接禁止进口，因此不仅有效，而且难以超越。

3. 隐蔽性和歧视性

关税措施，包括税率的确定和征收办法都是透明的，出口商可以比较容易地获得有关信息。另外，关税措施的歧视性也较低，它往往要受到双边关系和国际多边贸易协定的制约。而非关税壁垒往往不公开，透明度差，隐蔽性强，如进口国可将某类商品的进口程序和标准设定得异常复杂，而且时常变化，使出口商难以了解其具体内容，从而难以适应和应付，使其不能轻易进入进口国市场。同时，进口国还可以根据其政治经济关系针对某个国家采用相应的非关税壁垒措施，带有很强的差别性和歧视性。例如，1989年欧共体禁止进口含有荷尔蒙的牛肉的规定就是针对美国做出的。

4. 复杂多样性和适用范围广泛性

根据《关贸总协定》的统计，非关税壁垒已达1000多项，且有不断增长之势。其适用范围也在不断扩大，从货物贸易领域逐步扩大到服务贸易，其中货物贸易领域内的商品范围也不断扩大，既有初级产品（如农产品），又有工业制成品（如服装、鞋帽、汽车、钢铁等）。

二、直接限制进口的措施

非关税限制贸易的政策工具中，直接限制进口的“数量限制”的保护效果最大且直接，尤其是对缺乏需求弹性的商品如农产品等，其效果更为显著。数量限制作为一种行政手段使用最早，运用也较为广泛。所谓数量限制是指对某些特定的商品或劳务的贸易，在某一时期内严格限制在一定的价格或数量之内。数量限制的主要形式为三种，即进口配额制、“自动”出口配额制以及进口许可证制。

（一）进口配额制

1. 进口配额制的含义

进口配额制（Import Quota System）是指一国政府在一定时期（如一季度、半年或一年）内，对于某些商品的进口数量或金额加以直接限制。在规定的期限内，配额以内的货物准予进口，超过配额的货物则不准进口，或加征较高的关税甚至罚款以后才准许进口。

2. 进口配额的分类

进口配额按其实施方式的不同可以分为绝对配额和关税配额两大类。

（1）绝对配额

绝对配额（Absolute Quota）指在一定时期内，对某些商品的进口数量或金额规定一个最高额度，达到了这个额度后，便不准进口。

绝对配额在具体实施过程中有两种形式。

1）全球配额（Global Quota）是一种世界范围内的绝对配额，适用于来自任何国家的进口，按进口商申请进口的先后顺序或过去某一时期各进口商的实际进口数量分配给各进口商一定额度，直到总额发放完为止，超过总配额就不准进口。由于全球配额不限定进口国别或地区，因而进口商对这种配额的争夺非常激烈。

小思考

加拿大规定，从1981年12月1日起，对除皮鞋以外的各种鞋实行为期3年的全球配额。其中，第一年的配额为3560万双，以后每年进口量递增3%。加拿大外贸主管当局根据有关进口商自1980年4月1日至1981年3月31日期间所进口的实际数量来分配额度，但对进口国或地区不加限制。

请问：全球配额对邻近国家和较远国家的影响有区别吗?

2）国别配额（Country Quota）即将总配额按国家或地区分别给定的额度。为了区分来自不同国家或地区的商品，在进口时必须提交原产地证明书。国别配额的最初分配通常是以各主要出口国在本国市场的份额为基础进行分配，往往也会根据国家关系不同而给予差别待遇。

国别配额的分配方式有自主配额和协议配额两种：自主配额（Autonomous Quota）即由进口国单方自主规定从某国进口某种商品的数量，而不必征求出口国的同意。协议配额（Agreement Quota）即由进口国和出口国通过协议所确定的配额。例如，1978年美国与波兰签订的关于纺织品进口的协定。

（2）关税配额

关税配额（Tariff Quota）是一种进口配额与关税相结合的形式。指对商品进口的绝对数额不加限制，而在一定时间内，在规定的关税配额以内的进口商品给予低税、减税或免税的待遇，对超过配额的进口商品则征收较高的关税、附加税或罚款。

关税配额与绝对配额的主要区别在于：绝对配额规定一个最高进口数额，不能超过；关税配额则表现为超过额度仍可进口，只是成本将增加。

小思考

新西兰是全球最大的奶源基地，也是我国最主要的奶粉进口国。据海关总署统计，自我国2009年对新西兰进口的乳制品实施特保措施以来，新西兰奶粉进口配额用完的日期越来越提前。2009年为8月13日，2010年为4月12日，2011年为3月9日，2012年为2月22日，2013年则再提前至1月28日。新西兰相关奶农产品的进口配额一旦用光，接下来将按照最惠国税率征收关税。

请思考本案例属于绝对配额还是关税配额。

（二）“自动”出口配额制

1.“自动”出口配额制的含义

“自动”出口配额制（Voluntary Export Quota System）又称“自动”出口限制，也是一种限制进口的手段。它是指出口国家或地区在进口国的要求或压力下，“自动”规定某一时期内（一般为五年），某些商品对该国出口的数量或金额的限制，在限定的配额内自行控制出口，超过配额即禁止出口。其目的在于避免因这些商品出口过多而严重损害进口国生产者的利益，招致进口国采取严厉措施限制从该国的进口。“自动”出口配额制最早出现于20世纪30年代的美日纺织品贸易中。到了六七十年代，“自动”出口配额制被广泛采用，范围已从纺织、钢铁、小汽车扩大到彩电、电子元件和船舶等，甚至涉及一些农产品，如奶酪、苹果、肉类等。

2.“自动”出口配额制的种类

“自动”出口配额制一般采取两种形式：非协定的“自动”出口配额和协定的“自动”出口配额。

（1）非协定的“自动”出口配额

非协定的“自动”出口配额是指不受国际协定的约束，而是出口国迫于进口国的压力，自行单方面规定出口配额，限制商品出口。这种配额有的是政府规定配额并予以公布，出口商必须向有关机构申请配额，领取出口授权或出口许可证才能输出。有的是由本国大的出口厂商或协会“自动”控制出口。

（2）协定的“自动”出口配额

它是由出口国与进口国通过谈判的方式签订“自限协定”或“有秩序的销售协定”。在协定的有效期内规定某些商品出口配额，出口国则根据此配额实行出口许可证制或出口配额签证制，自行限制出口。进口国则根据海关统计进行监督检查。“自动”出口配额大多数属于这一种。目前最大的“自动”出口配额制是《多种纤维协议》。

（三）进口许可证制

1. 进口许可证制的含义及作用

进口许可证制（Import Licence System）是一种凭证进口的制度。为了限制商品进口，国家规定某些商品进口必须领取许可证，没有许可证一律不准进口。许可证制与进口配额制一样，也是一种进口数量限制，是运用行政管理措施直接干预贸易行为的手段。大多数国家将配额制和进口许可证制结合起来使用，即受配额限制进口的商品，进口商必须向有关部门申请进口许可证，政府发放进口配额许可证，进口商凭证进口。

实行进口许可证制，不仅可以在数量和金额以及商品性质上进行限制，而且可以控制来源国国别和地区。也可以对国内企业实施区别对待，有些国家在发放许可证时往往对垄断大公司予以照顾。有的国家将进口许可证的发放与出口联系起来，以达到促进出口的目的。如法国，那些经营出口业务的商人或企业家就较容易获得进口绸缎及绸缎服装的许可证。获得进口许可证的商人可以将其转移给服装的专业进口商，而获取5%～15%的佣金。

2. 进口许可证的分类

（1）按照进口许可证与配额的关系划分

1）有定额的进口许可证。即管理当局预先规定有关商品的进口配额，然后在配额的限度内，根据进口商申请逐笔发放具有一定数量或金额的许可证，配额用完即停止发放。如德国纺织品实行进口配额制，每年分三期公布配额数量，然后据此配额数量发放许可证，直到进口配额用完为止。

2）无定额的进口许可证。这种许可证不与进口配额相结合，即政府管理当局发放有关商品的进口许可证只是在个别考虑的基础上进行，而没有公开的配额数量依据。由于此种许可证没有公开的标准，在执行上具有很大的灵活性，起到的限制作用更大。

（2）按照商品许可程度划分

1）公开一般进口许可证，又称公开进口许可证、一般进口许可证或自动进口许可证，是指对国别或地区没有限制的许可证。凡属公开一般许可证项下所列商品，进口商只要填写此许可证即可获准进口。此类商品实际上是“自由进口”的商品，填写许可证只是履行报关手续，供海关统计和监督需要。

2）特种许可证，又称非自动进口许可证，即进口商必须向有关当局提出申请，获准后才能进口。这种许可证适用于特殊商品以及特定的目的申请，如烟、酒、麻醉物品、军火武器或某些禁止进口物品。进口许可直接受管理当局控制，并用以贯彻国别地区政策。进口国定期公布须领取不同性质进口许可证的商品项目，并根据需要加以调整。

三、其他限制进口的措施

除了传统的直接限制进口的数量限制措施以外，形形色色的间接限制进口措施被广泛运用，并且不断创新。

（一）进出口的国家垄断

进出口的国家垄断是指由国家指定的机构和组织集中管理、集中经营。绝大多数国家的进出口垄断主要集中在农产品、烟酒、武器和石油等商品，在战争或经济大萧条时期，范围有可能扩大。其目的在于，保证国内的供应和生产，防止国内市场的混乱；通过国家垄断，可以贯彻政府的意图，限制部分商品的进口。

（二）外汇管制

外汇管制（Foreign Exchange Control）是指一国政府通过政府法令对国际结算和外国买卖加以限制，以平衡国际收支和维持本国货币的汇价稳定的一种制度。在外汇管制下，国家设立专门机构或专业银行进行管理。出口商必须把出口所得的外汇收入按规定卖给管理银行，进口商必须向外汇管理机构申请外汇才能向外购买。外汇管制一般可以分为以下三种。

1. 数量性外汇管制

数量性外汇管制，是指国家外汇管理机构对外汇买卖的数量直接进行限制分配，旨在集中外汇收入，控制外汇支出，实行外汇分配，以达到限制进口商品品种、数量和国别的目的。一些国家实行数量性外汇管制时，往往规定进口商必须获得进口许可证后，方可得到所需的外汇。

2. 成本性外汇管制

成本性外汇管制是指国家外汇管理机构对外汇买卖实行复汇率制，利用外汇买卖成本的差异，间接影响不同商品的进口。

3. 混合性外汇管制

混合性外汇管制是指同时采用数量性和成本性的外汇管制，对外汇实行更为严格的控制，以影响并控制商品进出口。

（三）歧视性的政府采购政策

政府采购政策（Government Procurement）是指国家通过法令和政策，规定政府机构在采购时必须优先购买本国产品，从而形成了对外国产品的歧视，限制外国货的进口。美国政府施行此项政策最为典型。自 1938 年起，美国曾多次制定和修订《购买美国货法》，以法律形式确保政府行政机关优先购买美国货，以歧视别国商品进入，并具体规定美国给予本国厂商 6% 的价格优惠。英国规定，通信设备必须使用本国产品，此项规定对欧盟国家有重要的影响。

（四）最低限价和禁止进口

最低限价（Minimum Price）指进口国就某一商品进口时规定一个最低价格，进口时低于该价格就不准进口或征收附加税。附加税税额即是进口价格和最低价格之间的差额。进口国有时把最低限价定得很高，进口商若以最低限价进口，则无利可图。当数量限制或最低限价仍然不能达到目标时，一些国家往往颁布法令禁止某些商品的进口。

小思考

2005 年 5 月，巴西葡萄酒生产行业指责阿根廷的葡萄酒入侵巴西市场，由 1996 年的 60 万升猛增至 2004 年的 1120 万升，占巴西市场消费量的 17%。2005 年 7 月，巴西对阿根廷的葡萄酒进口采取最低限价的措施，即每箱（12 瓶，每瓶 750 毫升）低于 8 美元的产品不能进入巴西市场。2006 年 1 月，巴西又将该最低限价提高到每箱 10.8 美元。

2009 年 4 月 7 日，阿根廷对原产于中国的瓷餐具及其他家用或卫生用瓷器临时采取 FOB（装运港船上交货）离岸价格每千克 4.65 美元的最低限价措施，有效期 4 个月。

请思考它们是如何采用最低限价限制进口的。

（五）国内税收和商业限制

国内税收（Internal Tax）是指通过对进口货物和国内生产货物实行差别税收，使进口商品的国内税收负担增加，包括消费税、增值税、临时附加税等。这种方法比关税更灵活，易于伪装，不受贸易条约或多边协定的约束。国内税收的制定和执行是属于本国政府机构，有时甚至是地方政府机构的权限。某些国家特别是西欧国家广泛采用国内税收制度来限制进口。日本的有关商业规定就令许多国家的商品难以进入，这使美国厂商深为不满，也成为日美贸易的争端之一。

（六）进口押金制度

进口押金制（Advanced Deposit System）又称进口存款制，是一种通过支付制度限制进口的措施。进口商在进口货物运达以前，必须预先按进口金额的一定比率和规定的时间，在指定的银行无息存放一笔现金，方能获准报关进口。存款须经一定时期后才发还给进口商。其作用是政府可以从进口商获得一笔无息贷款，进口商则因周转资金减少并损失利息收入而减少进口，从而起到了限制进口的作用。

（七）海关估价制度

海关估价制度（Customs Valuation System）是指一国在实施从价征收关税时，由海关根据国家的规定，确定进口商品完税价格，并以海关估定的完税价格作为计征关税的基础的一种制度。但是，海关估价若被滥用，人为地高估进口商品的价格，无疑就增加了进口商的税收负担，对商品进口形成了障碍。在各国专断的海关估价制度中，以“美国售价制”最为典型。

（八）技术性贸易壁垒

1. 技术性贸易壁垒的含义

技术性贸易壁垒（Technical Barriers to Trade，TBT）是指一国以维护生产、消费安全以及人民健康为理由，制定一些复杂、苛刻的技术、安全和卫生等标准去衡量进口商品，使外国产品难以适应，从而导致这些商品无法符合标准而被进口国拒之门外，起到限制外国商品进口的作用，是非关税壁垒中发展最为广泛的一种形式。

2. 技术性贸易壁垒的主要措施

（1）技术标准

技术标准主要适用于工业制成品。发达国家普遍规定了严格、繁杂的技术标准，不符合标准的商品不得进口，但其中有些规定往往是针对特定国家的。这些技术标准不仅在条文本身上限制了外国产品的销售，而且在实施过程中也为外国产品的销售设置了重重障碍。

（2）卫生检疫标准

卫生检疫标准主要适用于农副产品及其制品。各国在卫生检疫方面的规定越来越严，要求卫生检疫的商品也越来越多。如日本、加拿大、英国等要求花生黄曲霉素含量不超过百万分之二十，花生酱中黄曲霉素含量不超过百万分之十，超过者不准进口；日本对茶叶农药残留量规定不超过百万分之零点二至百万分之零点五。

（3）商品包装和标签规定

商品包装和标签规定等标记、商品包装要求也能成为贸易壁垒，如对包装物料要求，填充物不能用稻草、废棉絮等。美国对木质包装要求经过高温、熏蒸或防腐剂处理，这就大大增加了进口成本。

小案例

1988 年 1 月，欧盟对于食用牲畜制定了禁止使用催肥激素物质的规定，这一禁令影响了美国对欧盟的肉类出口。根据美国官方估计，此项规定全面实施的话，将使美国向欧盟的肉类出口量每年减少 1.15 亿美元。为此，双边出现了贸易摩擦，美国认为这是欧盟利用动植物检疫措施设置的技术壁垒，而欧盟则强调此规定的目的是保护人体健康。

请分析此项卫生检疫规定对外国肉类进入欧盟市场起到怎样的阻碍作用。

（九）绿色壁垒措施

绿色贸易壁垒是近年来出现的贸易保护措施，指各国为了保护本国市场，以保护环境和国民健康为由，对进口商品提出带有歧视性、针对性的技术、安全和卫生标准，如不达标准，进口国有权扣留、退回、销毁和索赔等；一些发达国家通过国内立法实施种种环保贸易壁垒措施，诸如征收环保进口附加税、颁布保护特定物种的法律规章、限制或禁止与之有关的进口贸易、为进口产品确定硬性环保指标，对达不到该标准者限制或禁止进口；部分国家实行绿色标志、再生标志（“绿色通行证”）认证的市场准入制度等，如 ISO 14000 标准。由于资源匮乏、生态环境恶化日益严峻，20 世纪 90 年代以后，国际贸易中绿色壁垒措施更为盛行。由于发达国家的环境标准普遍高于发展中国家，特别是少数发达国家对进口产品和本国产品采取不同的标准，使发展中国家更难进入发达国家市场。

小　结

1）关税是一个国家常用的政策工具，关税有各种不同的种类，征税的方式也形式多样，计征方法包括：从量税、从价税、混合税和选择税。随着关税水平的普遍下降，利用结构性关税达到有效保护更受到广泛的重视。

2）非关税壁垒是指除关税以外各种限制进口的措施，具有灵活性和针对性强、能直接而有效限制进口、隐蔽性和歧视性等特点，在 20 世纪最后 30 年得到迅速的发展，形式多样、名目繁多的技术性壁垒成为各国实施贸易保护的最主要工具。

基础训练

一、单项选择题

1. 进口税一般可分为普通税和（　　）。

A. 优惠关税　　B. 差价税　　C. 最惠国税　　D. 特别关税

2. 普惠制的三项主要原则是（　　）。

A. 普遍性、非歧视性、非互惠性　　B. 普遍性、非歧视性、互惠性

C. 最惠性、非歧视性、非互惠性　　D. 普遍性、对等性、互惠性

3. 进口附加税主要有反倾销税和（　　）。

A. 保护关税　　B. 反补贴税　　C. 特惠关税　　D. 差额税

4. 其他限制进口的措施不包括（　　）。

A. 最低限价和禁止进口　　B. 国内税收和商业限制

C. 歧视性的政府采购政策　　D. 进口配额制

二、多项选择题

1. 关税征收的方法包括（　　）。

A. 从量税　　B. 从价税　　C. 混合税　　D. 选择税

2. 按征税商品的流向可分为（　　）。

A. 进口税　　B. 财政关税　　C. 出口税　　D. 过境税

3. 技术性贸易壁垒的主要措施有（　　）。

A. 技术标准　　B. 卫生检疫标准

C. 商品包装和标签规定　　D. 最低限价和禁止进口

4. 关税的作用包括（　　）。

A. 保护和促进本国工农业生产的发展　　B. 维护国家主权和经济利益

C. 调节国民经济和对外贸易　　D. 筹集国家财政收入

三、简答题

1. 简述关税的概念和作用。

2. 反倾销税如何体现一个国家对外贸易的管理目的?

3. 简述非关税壁垒的特点和表现形式。

4. 什么是关税配额？它与绝对配额有何不同？

四、案例分析

1977 年，美国为抵制欧洲、日本等国的低价钢材和钢制品的进口，制定并实施了启动价格制，其实质也是一种最低限价制。它规定了进口到美国的所有钢材及部分钢制品的最低限价，即启动价格，当商品进口价低于启动价格时就必须加以调整，否则就要接受调查，并有可能被征收反倾销税。此后，欧共体步美国后尘，也对钢材及钢制品实行启动价格制。欧共体为保护其农产品而制定的“闸门价”是另一种形式的最低限价。它规定了外国农产品进入欧共体的最低限价，即闸门价，如果外国产品的进口价低于闸门价，就要征收附加税，使之不低于闸门价，然后在此基础上再征收调节税。我国农产品对欧出口就深受闸门价的影响。欧共体于 1991 年 4 月大幅度提高冻鸡肉的闸门价、附加税和调节税，导致鸡肉的进口成本从原来每吨 1337 美元上升至 1826 美元。这样，我国冻鸡肉对欧出口业务被迫中断，造成每年数百万美元的出口损失。

分析：

从上例来看，最低限价的表现形式有几种？它们是如何限制进口的？

综合训练

正确认识关税和非关税壁垒

1. 实训目的

通过技能训练，结合所学知识，能正确分析非关税壁垒限制进口的措施，制定应对策略。

2. 实训资料

浙江舟山出产的冻虾仁以个大味鲜闻名海内外，欧洲是它多年来的传统市场。然而，舟山冻虾仁突然被欧洲一些公司退了货，并且要求索赔。询问原因得知，当地检验部门从部分舟山冻虾仁中查到了 2×10^{-10} 克的氯霉素。浙江省有关部门立即对该问题进行调查。结果发现，原因出在加工环节上。剥虾仁要靠手工，一些员工因为手痒难耐，就用含氯霉素的消毒水止痒，结果将氯霉素带入了冻虾仁，造成大量退货。

3. 实训要求

请以外贸企业的身份，阐述对非关税壁垒措施的认识，以及应吸取哪些教训。

4. 实训步骤

1）自由组合成小组，每组 5 人。

2）明确每个人的职责，并熟悉关税和非关税壁垒的主要内容。

3）形成设计方案，全班共享。

5. 实训评价

教师对各组的设计方案做出综合评价。

学习情境七　鼓励出口与出口管制

【知识导图】

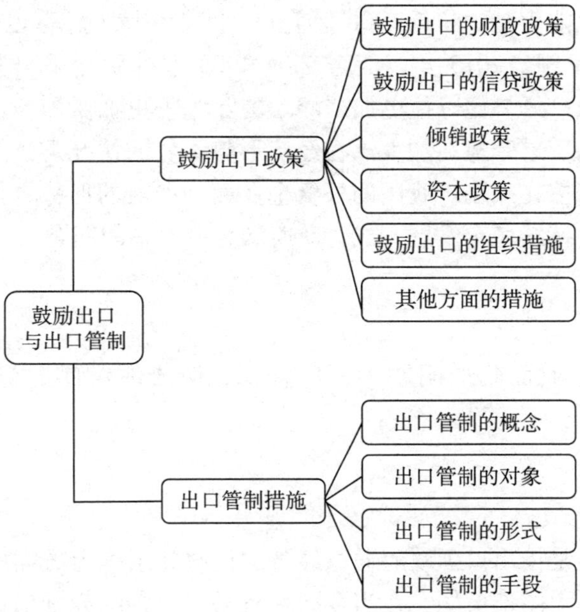

【知识目标】

1）了解各种鼓励出口的措施；
2）熟悉国家鼓励出口信贷政策以及出口退税政策；
3）掌握出口管制的商品和出口管制的措施。

【技能目标】

1）能应用所学知识分析案例；
2）能灵活运用国家鼓励出口的各种政策设计企业增加产品出口的方案；
3）能系统地阐述出口的各种鼓励与管制政策。

任务一　鼓励出口政策

【任务导入】

2008年以来，中国出口行业的成本持续上涨，特别是沿海地区工人的人工成本是周边国家的4～6倍。这种情况下，产业和订单向境外转移加快。2013年以来，中国产业向境外转移导致出口能力减少将近1000亿美元。产业往境外转移也带动了贸易转移，加工贸易持续大幅度下滑。2015年，商务部对3000家外贸企业开展的问卷调查表明，57.7%的企业认为出口形势比以往更加严峻。国际竞争更加激烈，针对中国一些重点行业、传统贸易大户的贸易摩擦在加大。在经济形势不好的情况下，全球贸易保护主义抬头，与中国的贸易摩擦在加剧。我国的外贸企业面临严峻的形势，如何利用各种出口鼓励政策，保证出口的持续稳定发展，成为政府和企业面临的问题。

【思考问题】

结合目前外贸企业面临的问题和所学知识，谈谈你对促进企业产品的出口有何良策?

【任务分析】

鼓励出口的措施是指出口国政府通过经济、行政和组织等方面的措施，促进本国商品的出口，开拓和扩大国外市场。在当今国际贸易中，各国鼓励出口的做法很多，涉及经济、政治、法律许多方面。运用财政、金融、汇率等经济手段和政策工具较为普遍。

【知识链接】

一、鼓励出口的财政政策

鼓励出口的财政政策主要是指各种类型的出口补贴。出口补贴，又称出口津贴，是一国政府在商品出口时给予出口厂商的现金补贴或财政上的优惠，目的在于降低出口商品的价格，加强其在国外市场的竞争力。补贴是当今国际贸易中运用最广泛的干预形式。实施出口补贴，就使产品具有“双重价格”——国内市场的销售价格（内销价）和销往国外市场的价格（外销价），外销价低于内销价。

政府对出口商品可以提供补贴的范围非常广泛，但主要有直接补贴和间接补贴两种基本方式。前者是指政府直接给予本国出口商以现金补贴；后者则是指政府对某些出口商品给予财政上的优惠，如减免税收等。

（一）直接补贴

直接补贴即政府在商品出口时，直接付给出口商的现金补贴，主要来自财政拨款。

其目的是为了弥补出口商品国内价格高于国际市场价格所带来的亏损，或者补偿出口商所获利润率低于国内利润率所造成的损失。有时候，补贴金额还可能大大超过实际的差价或利差，这已包含出口奖励的意味，同一般的出口补助已不可同日而语了。这种补贴方式以欧盟对农产品的出口补贴最为典型。欧盟国家的农产品由于生产成本较高，其国内价格一般高于国际市场价格。若按国际市场价格出口过剩的农产品，就会出现亏损。因此，政府对这种亏损或国内市场与国际市场的差价进行补贴。

（二）间接补贴

间接补贴即政府对某些商品的出口给予财政上的优惠，目的仍然在于降低商品价格，以便更有效地打进国际市场。间接补贴有以下方式。

1. 出口退税

出口退税是指政府对出口商品的原料进口税和其在国内生产及流转过程中已缴的国内税税款全部或部分地退还给出口商。例如，退还或减免出口商品所缴纳的销售税、消费税、增值税、所得税等国内税。这是我国鼓励出口的重要措施。出口退税有以下主要目的。①增强出口产品的国际竞争能力，这是发达国家的主要目标。②降低外销成本、鼓励出口以带动国内工业，发展中国家在采取高关税保护国内产业时以此为配套措施。由于高关税使出口产业的投入物进口成本上升，而不利于出口业的发展。

2. 出口减税

出口减税是指政府对出口商品的生产和经营减免各种国内税和出口税，如对进口原料或半制成品加工再出口给予暂时免税或退还已缴纳的进口税，免征出口税。

3. 出口奖励

出口奖励是指政府对出口商按其出口业绩给予各种形式的奖励，如对出口商品实行延期付税、减低运费、提供低息贷款，以及对企业开拓出口市场提供补贴等。其目的在于鼓励出口商进一步扩大出口规模，增加创汇能力。

4. 其他形式

间接的出口补贴目前发展得更为隐蔽和多样化。例如：政府对商业企业的资助、税收减免、低利贷款等直接方式，也包括对某些出口工业生产集中的地方给予区域性支持（如以优惠价提供土地或电力支持，加强交通、通信等基础设施的建设等）、资助研究与开发项目等间接的做法。

所有这些政策手段虽然看上去只是对具体企业或行业的支持，但实际上降低了这些出口企业的生产成本，提高了出口竞争能力，起到鼓励促进出口的作用。

二、鼓励出口的信贷政策

建立资助性的出口信贷体系，运用优惠信贷支持和扶植出口业的发展，是当今世界贸易中常用的方式。各国政府建立专门的归政府所有的出口和对外贸易的商业银行，办理出口信贷和保险业务，商业银行以国家信用担保。

（一）出口信贷

为了鼓励本国商品的出口，加强本国出口商品的竞争力，国家通过银行对本国的出口厂商、外国的进口厂商或进口方银行提供贷款（见表7－1）。

表7－1　出口信贷的分类

分类方法	种类	含义
按时间长短划分	短期信贷	一般指180天以内，主要适用于原料、消费品及小型机器设备的出口
	中期信贷	为期1～5年，常用于中型机器设备出口
	长期信贷	通常是5～10年甚至更长时期，用于出口成套设备、船舶、飞机、重型机器等大型商品
按借贷关系划分	卖方信贷	出口国银行向本国出口厂商提供的信贷。由出口厂商与银行签订贷款合同，进口方通常以延期付款的方式，一般要4～5年，长的达7～8年时间才能全部收回货款。卖方信贷就是银行直接资助出口厂商向外国进口商提供延期付款，以利商品出口
	买方信贷	出口国银行直接向进口国银行或进口厂商（买方）提供的贷款，帮助解决进口厂商资金不足、不能立即付款的困难，以刺激国外消费者购买大型机器设备或成套设备。买方信贷是一种约束性贷款，即所贷款项必须用于购买债权国的商品

我国于1994年7月1日正式成立了中国进出口银行。这是一家政策性银行，其资金来源除国家财政拨付外，主要是中国银行的再贷款、境内发行的金融债券和境外发行的有价证券，以及向外国金融机构筹措的资金等。其任务主要是对国内机电产品及成套设备等资本品货物的进出口给予必要的政策性金融支持，从根本上改善我国出口商品结构，以促进出口商品结构的升级换代。

（二）出口信贷国家担保制

国家为了扩大出口，对于本国出口商或商业银行向国外进口商银行提供的信贷，由国家设立的专门机构出面担保。当外国债务人由于政治原因（如进口国发生政变、革命、暴乱、战争以及政府实行禁运、冻结资金或限制对外支付等），或由于经济原因（如进口商或借款银行因破产倒闭无力偿付、货币贬值、通货膨胀等）而拒绝付款时，这个国家机构即按照承保的数额给予补偿。这项措施是国家替代出口商承担风险，扩大出口和争夺国外市场的一个重要手段。

出口信贷国家担保制的担保对象主要有两种。

1. 对出口厂商的担保

出口厂商输出商品时所需的短期或中长期信贷均可向国家担保机构申请担保。有些国家的担保机构本身不向出口厂商提供出口信贷，但可为出口厂商取得出口信贷提供有利条件。例如，有的国家采用保险金额的抵押方式，允许出口厂商所获得的承保权利，以“授权书”方式转移给供款银行而取得出口信贷，这种方式使银行提供的贷款得到安全保障，一旦债务人不能按期还本付息，银行可直接从担保机构得到补偿。

2. 对银行的直接担保

通常银行所提供的出口信贷均可申请担保。这种担保是担保机构直接对供款银行承担的一种责任。有些国家为了鼓励出口信贷业务的开展和提供贷款安全保障，往往给银行更为优厚的待遇。

小链接

中国进出口银行

中国进出口银行（The Export - Import Bank of China，TEIBC）（以下简称进出口银行）成立于1994年，是直属国务院领导、政府全资拥有的政策性银行，其国际信用评级与国家主权评级一致。进出口银行是中国外经贸支持体系的重要力量和金融体系的重要组成部分，是中国机电产品、成套设备和高新技术产品出口及对外承包工程及各类境外投资的政策性融资主渠道、外国政府贷款的主要转贷行和中国政府援外优惠贷款的承贷行。

中国进出口银行在国内设有22家营业性分支机构（黑龙江省分行、新疆维吾尔自治区分行、北京分行、辽宁省分行、山东省分行、陕西省分行、安徽省分行、江苏省分行、成都分行、湖北省分行、上海分行、重庆分行、宁波分行、湖南省分行、浙江省分行、福建省分行、云南省分行、深圳分行、广东省分行、厦门分行、天津分行和江西省分行）；在境外设有巴黎分行、东南非代表处和圣彼得堡代表处；与1000多家银行建立了代理行关系。其主要业务范围如图7-1所示。

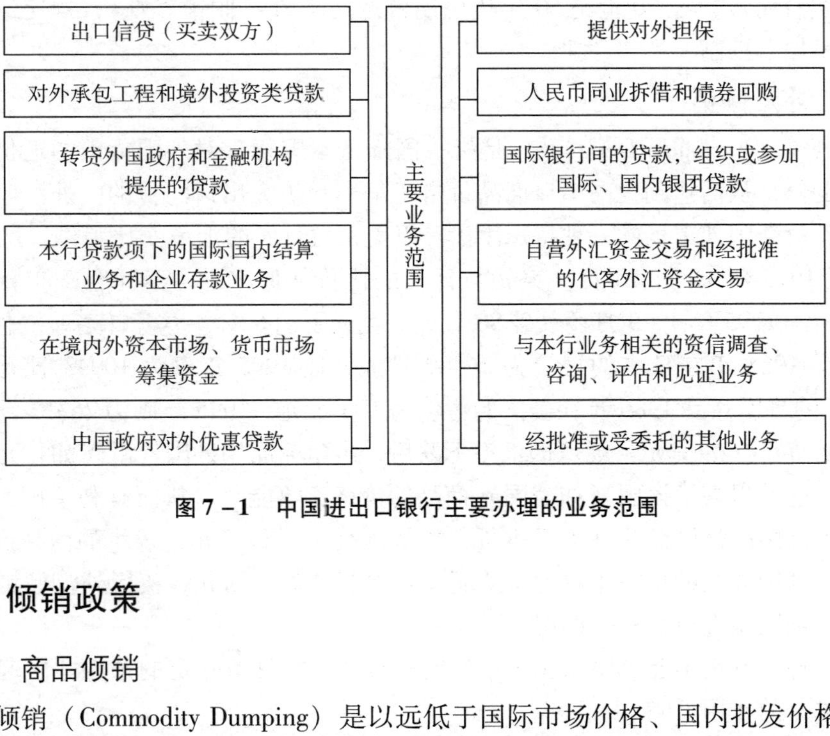

图7-1　中国进出口银行主要办理的业务范围

三、倾销政策

（一）商品倾销

商品倾销（Commodity Dumping）是以远低于国际市场价格、国内批发价格，甚至低于生产成本的价格，向国外抛售商品，从而打击竞争者，占领市场的一种手段。从表面上看，低于成本销售会使出口厂商蒙受经济损失。但是，实际上，倾销的这种损失不仅可以通过各种途径得到补偿，甚至可以获得更高的利润。例如：①以国内垄断高价补偿国外低价销售损失的“空间倾销”；②通过倾销击败竞争者、占领市场后，以垄断高价补偿倾销时期的损失的“时间倾销”；③接受国家组织的出口补贴来补偿倾销亏损。倾销必须以高筑关税为前提，否则难以获得国内垄断高价的超额利润。

实行商品倾销的具体目的在不同情况下有所不同。有时是为了打击或摧毁竞争对手，以扩大和垄断其产品销路；有时是为了建立新的销售市场；有时是为了阻碍当地同种产品或类似产品的生产和发展，以继续维持其在当地市场上的垄断地位；有时是为了推销过剩产品，转嫁经济危机；有时是为了打击其他国家的经济，以达到经济上、政治上控制的目的。

按照倾销的具体目的，商品倾销可分为三种。①偶然性倾销（Sporadic Dumping）。这种倾销通常是因为销售旺季已过，或因公司改为经营其他业务，在国内市场上不能售出“剩余货物”，而以较低的价格在国外市场上抛售。②间歇性或掠夺性倾销（Intermittent or Predatory Dumping）。这种倾销是以低于国内价格甚至低于生产成本的价格在国外市场销售商品，挤垮竞争对手后再以垄断力量提高价格，以获取高额利润。③持续性倾销（Persistent Dumping），又称长期性倾销（Long – run Dumping）。这种倾销是无限期地、持续地以低于国内市场的价格在国外市场销售商品。

长期以来，商品倾销是发达资本主义国家对外竞争和争夺国际市场的一个重要手段。由于商品倾销易引起对进口国同类工业的损害或损害威胁，打击民族工业的发展，因此《关贸总协定》在20世纪60年代中期就通过了《反倾销守则》，规定进口国可以用反倾销税加以抵制。

（二）外汇倾销

外汇倾销（Exchange Dumping）是指一国降低本国货币对外国货币的汇价，使本国货币对外贬值，从而达到提高出口商品价格竞争力和扩大出口的目的。外汇倾销是向外倾销商品和争夺国外市场的一种特殊手段。以美元对日元的汇率变化为例，从1985年2月26日至1995年10月10日，美元与日元的比价从原来的1美元合264日元，跌至100.43日元，1995年4～5月还跌破80日元，美元贬值62%。这意味着，一件100美元的美国商品1985年在日本的售价为26400日元，而1995年仅为10043日元，而一件26400日元的日本商品1985年在美国的售价为100美元，1995年则为263美元。由此可见，一国的货币（如美元）贬值即汇率下跌后，出口商品用外国货币（如日元）表示的价格降低，这就提高了该国（如美国）商品的价格竞争能力，从而有利于扩大出口。而同时，进入该国的外国商品（如日本货）以该国货币（如美元）表示的商品价格就会上涨，削弱了外国商品的价格竞争力，从而又会限制进口。因此，实行外汇倾销会同时起到扩大出口和限制进口的双重作用。

然而，外汇倾销不能无限制和无条件地进行，必须具备一定的条件才能起到扩大出口和限制进口的作用。

1. 本国货币对外贬值的幅度大于国内物价上涨的程度

本国货币对外贬值，必然引起进口原料和进口商品的价格上涨，由此带动国内物价普遍上涨，使出口商品的国内生产价格上涨。当出口商品价格上涨幅度与货币对外贬值幅度相抵时，因货币贬值而降低的出口商品外汇标价会被因生产成本增加引起的该商品的国内价格上涨所抵销。由于货币对外贬值可以使出口商品的外汇标价马上降低，而国内物价上涨却有一个时滞，因此外汇倾销必须在国内价格尚未上涨或上涨幅度小于货币贬值幅度的前提下进行。由此可见，外汇倾销所起作用的时间是有限制的，或者说外汇倾销的作用是暂时的。

2. 其他国家不同时实行同等程度的货币贬值和采取其他报复性措施

外汇倾销措施必须在国际社会认可或不反对的情况下方能奏效。

3. 不宜在国内通货膨胀严重的背景下冒然采用

一国货币的对内价值与对外价值是互为联系、彼此影响的。一国货币汇价下跌（对外价值下跌）迟早会推动其对内价值的下降，从而给已经严重的通货膨胀局面火上加油。

实行外汇倾销的代价十分昂贵。由于外汇倾销的实质是降低出口商品的外汇标价以换取出口数量的增加，从而达到增加外汇收入的目的。因此，外汇倾销实际上使同量出口商品所能换回的进口商品数量减少，贸易条件趋于恶化。外汇倾销可以推动商品出口大量增加，并不等于出口额必然随之增加。另外它有时甚至会引起国内经济的混乱，出现得不偿失的结果。

四、资本政策

资本政策是指出口国政府通过资本输出来带动本国出口贸易的发展。资本输出包括生产资本输出即对外直接投资和借贷资本输出即对外间接投资。

1）资本输出国在输出资本时往往要求资本输入国接受一些附加条件，这些条件通常都是承诺从资本输出国购买一定数额的商品，而这些商品一般是资本输出国的过剩产品。例如日本政府对华贷款。

2）生产资本的输出是在国外进行直接投资，往往要求配套输出本国生产的设备、材料和零配件等。

3）当地生产当地销售，绕开了贸易壁垒。对外直接投资在他国生产的产品总有一部分会在投资所在国获取销售市场，也就是说这部分产品已经跨过了该国对进口产品设置的各种关税和非关税壁垒。

4）借贷资本输出也能促进出口。借贷资本输出有很多是对外国进口商或进口国银行的约束性贷款，即前面所提到的出口的买方信贷。

五、鼓励出口的组织措施

“二战”后，西方国家为了促进出口贸易的扩大，在制定一系列的鼓励出口政策的同时，还不断加强出口组织措施。这些措施主要有以下几种。

（一）成立专门组织，研究与制定出口战略

美国 1960 年成立了“扩大出口全国委员会”，其任务是向美国总统和商务部长提供有关改进和鼓励出口的各项措施的建议和资料；1978 年成立了“出口委员会”和“跨部门的出口扩张委员会”，附属于总统国际政策委员会；1979 年成立了“总统贸易委员

会"，集中统一领导美国对外贸易工作；1992年成立了国会的"贸易促进协调委员会"；1994年1月又成立了第一批"美国出口援助中心"等。日本、欧盟国家也有类似的组织。

（二）建立商业情报网，加强国外市场情报工作，及时向出口商提供商业信息和资料

英国的海外贸易委员会在1970年就设立出口信息服务部，向有关出口厂商提供信息，以促进商品出口。又如日本政府出资设立的日本贸易振兴会（其前身是1951年设立的"海外市场调查部"），就是一个从事海外市场调查并向企业提供信息服务的机构。

（三）设立贸易中心，组织贸易博览会，以推销本国商品

贸易中心是永久性设施，可提供商品陈列展览场所、办公地点和咨询服务等，而贸易博览会是流动性的展出，这些工作可以使外国进口商更好地了解本国商品，从而起到促销的作用。例如，意大利对外贸易委员会对由其发起的展出支付80%的费用，对参加其他国际贸易展览会的公司也给予其费用30%～35%的补贴。

（四）组织贸易代表团出访和接待来访，以加强国际经贸联系

许多国家为了推动和发展对外贸易，组织贸易代表团出访，其费用大部分由政府支付，加拿大就是一例。此外，许多国家还设立专门机构接待来访团体。例如，英国海外贸易委员会设立接待处，专门接待官方代表团，并协助本国公司、社会团体接待来访的外国工商界人士，以促进贸易。

（五）组织出口厂商的评奖活动，以形成出口光荣的社会风气

英国从1919年起开始实行"女王陛下表彰出口有功企业的制度"，并规定受表彰的企业在5年之内可使用带有女王名字的奖状来对自己的产品进行宣传。有的国家对有突出贡献的出口商颁发总统奖章或授予荣誉称号，或者由总理亲笔写感谢信。这些措施都能较有力地推动本国对外贸易的发展。

六、其他方面的措施

①利用金融方面的措施促进出口。包括外汇留成制（政府允许出口商从其所得的外汇收入中提取一定百分比自由支配，鼓励出口商的出口积极性）、复汇率制。②利用法律等手段维持出口秩序。③加强出口检查，提高出口商品竞争力。④通过对外援助促进出口。⑤在引进外国直接投资时注意鼓励扩大出口。⑥利用补偿贸易促进出口。⑦采取进出口连锁制，将进口与出口挂钩，要获得一定的进口权利就必须履行一定的出口义务，以出带进，或以进带出，达到扩大出口的目的。⑧价格支持。价格支持是政府通过稳定价格来支持生产者的一种手段。为了稳定生产和保证生产者收入，政府设立一个不由市场供求决定的"支持价格"或"保证价格"。如果市场价格高于保证价格，生产者可以根据市场需求卖出高价，自然不用政府操心。如果市场均衡价格下跌到低于保证价格时，由政府补差，产品产量和生产者的收入都不会因价格的下跌而受到多大影响。价格支持本身并不是一种贸易政策，但如果政府将此政策用于出口行业时，就起到了刺激出口贸易的作用。

小链接

复汇率制

复汇率是指一种货币（或一个国家）有两种或两种以上汇率，不同的汇率用于不同的国际经贸活动。复汇率是外汇管制的一种产物。

设置复汇率的主要目的在于：①鼓励或限制某些商品出口；②鼓励或限制某些货物进口；③鼓励某些商品在国内生产；④借高价卖出或低价买入以充实国库。比如德国在20世纪30年代曾对战备物资的进口给予较优惠的汇率，对其他物品进口则要以较高的汇率来兑换。

任务二　出口管制措施

【任务导入】

2015年11月24日，根据《中华人民共和国核出口管制条例》，国家原子能机构、商务部、外交部和海关总署联合发布了新修订的《核出口管制清单》，并于2016年1月1日起实施。

与2001年的《核出口管制清单》相比，修订后的《核出口管制清单》充分吸收了全球核出口管制专家的最新研究成果，进一步明确了核出口管制的范围，增加管制15项、调整参数17项、整合减少重复内容3项。

【思考问题】

出口管制政策对我国重要资源有何意义？对企业的出口有什么影响？

【任务分析】

对实施该政策的国家而言，出口管制直接导致相关产品出口贸易的减少；出口管制政策一直被认为是造成国家间贸易不平衡的关键原因。

对被管制国家而言，进口被管制国的商品数量减少，贸易国双方的贸易额下降，不利于其国际贸易的发展，抑制被管制国家经济实力的扩张；因为被管制国家发展所需的技术及设备不能及时进口，这就延缓了该国的现代化进程，延长了该国产业结构升级的过程。

【知识链接】

出口管制是一国对外实行通商或贸易的歧视手段之一。实施出口管制，对被管制国家和实施该政策的国家经济会造成负面影响。

一、出口管制的概念

出口管制是指国家通过法令和行政措施，对本国出口贸易实行管理和控制。一般而言，世界各国都会努力扩大商品出口，积极参与国际贸易活动。

出口管制的目的主要有政治军事目的、经济原因以及其他原因。例如，出口国为了保护国内稀缺资源或非再生资源，维持国内市场供应，维持国际收支平衡，以及稳定国际市场商品价格，防止贸易条件恶化等，对有关商品的出口适当控制，甚至禁止出口。

二、出口管制的对象

需要实行出口管制的商品主要有以下几类。

（一）战略物资及其有关的尖端技术和先进技术资料

主要是军事设备、武器、军舰、飞机、先进的电子计算机和通信设备等。各国尤其是发达国家控制这类物资出口的措施十分严厉，主要是从所谓的“国家安全”和“军事防务”的需要出发，防止它们流入政治制度对立或政治关系紧张的国家。例如，美国对古巴实行禁运，给古巴经济造成了极为恶劣的影响。此外，从保持科技领先地位和经济优势的角度看，对一些最先进的机器设备及其技术资料也必须严格控制出口。

（二）国内的紧缺物资

即国内生产紧迫需要的原材料和半制成品，以及国内供应明显不足的商品。如西方各国往往对石油、煤炭等能源实行出口管制。这些商品在国内本来就比较稀缺，倘若允许自由流往国外，只能加剧国内的供给不足和市场失衡，严重阻碍经济发展。

（三）历史文物和艺术珍品

各国出于保护本国文化艺术遗产和弘扬民族精神的需要，一般都要禁止该类商品输出，即使可以输出的，也实行较严格的管理。

（四）需要“自动”限制出口的商品

这是为了缓和与进口国的贸易摩擦，在进口国的要求下或迫于对方的压力，不得不对某些具有很强国际竞争力的商品实行出口管制。如根据纺织品“自限协定”，出口国必须自行管理本国的纺织品出口。与上述几种情况不同，一旦对方的压力有所减缓或者基本放弃，本国政府自然会相应地放松管制措施。

（五）本国在国际市场上占主导地位的重要商品和出口额大的商品

对发展中国家来讲，这类商品实行出口管制尤为重要。因为发展中国家往往出口商品单一，出口市场集中，出口商品价格容易出现大起大落的波动。当国际市场价格下跌时，发展中国家应控制该商品的过多出口，从而促使这种商品国际市场价格提高，出口效益增加，以免加剧世界市场供大于求的不利形势而使本国遭受更大的经济损失。如欧佩克（OPEC）对成员国的石油产量和出口量进行控制，以稳定石油价格。

（六）跨国公司的某些产品

跨国公司在发展中国家的大量投资，虽然会促进东道国经济的发展，但同时也可能利用国际贸易活动损害后者的对外贸易和经济利益。例如，跨国公司实施“转移定价”策略，就是一个典型的例子。因此，发展中国家有必要利用出口管制手段来制约跨国公司的这类行为，以维护自己的正当权益。

三、出口管制的形式

出口管制的形式主要有单方面出口管制和多边出口管制两种。

（一）单方面出口管制

单方面出口管制即一国根据本国的出口管制法案，设立专门的执行机构，对本国某些商品的出口进行审批和颁发出口许可证，实行出口管制。例如，美国长期以来就推行这种出口管制战略。早在1917年，美国国会就通过了《1917年与敌对国家贸易法案》，以禁止所有私人与美国敌人及其同盟者在战时或国家紧急时期进行财政金融和商业贸易上的交易。“二战”结束后，为了对当时存在的社会主义国家（如苏联）进行禁运，又于1949年通过了《出口管制法案》，以禁止和削减全部商品和技术资料经由贸易渠道出口。这个法案以后几经修改，直至《1969年出口管理法》出台才被取代。以后美国国会又颁布了《1979年出口管理法》《出口管理法1985年修正案》等，这些法案或修正案一次比一次宽松，但主要规定不变。

（二）多边出口管制

多边出口管制即几个国家政府，出于共同的政治和经济目的，通过一定的方式建立国际性的多边出口管制机构，商讨和编制多边出口管制货单和出口管制国别，规定出口管制的办法等，以协调彼此的出口管制政策和措施。然后由各参加国依据上述精神，自行办理出口商品的具体管制和出口申报手续。例如，过去的巴黎统筹委员会就是这样一个典型的国际性多边出口管制机构。巴黎统筹委员会本名为输出管制统筹委员会，它是在美国操纵下，由17国（美国、英国、法国、意大利、加拿大、比利时、卢森堡、荷兰、丹麦、葡萄牙、挪威、联邦德国、日本、希腊、土耳其、西班牙、澳大利亚）组成的常设多国出口管制机构。其总部设在巴黎，故而得名“巴黎统筹委员会”，简称“巴统”。该机构于1949年11月成立，其目的就是共同防止战略物资和先进技术输往社会主义国家，对它们实行出口管制，以遏制社会主义的发展。然而，随着国际形势的变化，“巴统”逐渐放宽了对社会主义国家的出口管制，其作用日渐减小，至1994年4月1日正式解散。

四、出口管制的手段

出口管制的手段包括直接的数量管制和间接的税率调节，既可以通过发放出口许可证来控制出口商品的品种和数量，也可以通过征收出口关税或对出口工业企业的生产增加税收来减少出口。

（一）出口许可证

一般而言，西方国家发放出口许可证一般先由其有关机构根据出口管制的有关法案制定出口管制货单（Commodity Control List）和输往国别分组管制表（Export Control

Country Group)，而列入出口管制的商品，必须办理出口申报手续，获取出口许可证后方可出口。以美国为例，美国商务部贸易管理局是办理出口管制工作的具体机构，它负责制定出口管制货单和输往国外分组管制表。在管制货单中列有各种需要管制的商品名称、商品分类号码、商品单位及其所需的出口许可证类别等，在输往国别分组管制表中将商品输往国家或地区分成 Z、S、Y、P、W、Q、T、V 八个组，实行从严到宽不同程度的管制。

对出口受管制的商品，出口商必须向贸易管理局申领出口许可证。美国的出口许可证分为两种。

1. 一般许可证

一般许可证（General License），也称普通许可证。这种许可证的管理十分松动。一般而言，出口这类商品时，出口商在出口报关表上填清管制货单上这类商品的普通许可证编号，再经海关核实就算办妥出口许可证。

2. 特种许可证

特种许可证（Validated License）。这种许可证必须向有关机构专门申请。出口商在许可证上要填清商品的名称、数量、管制编号以及输出用途，再附上有关交易的证明书和说明书，呈送有关机构审批，获准后才能出口商品。那些涉及所谓“国家安全”的商品，还要提交更高层的机构审批，如不予批准则禁止出口。可见，出口管制成了美国等西方国家对外实行政治歧视和贸易歧视的重要工具。

（二）出口关税

与进口关税正好相反，出口关税是针对某些特殊商品出口征收的税赋。出口关税限制产品出口，但同时会对本国的生产、消费和社会福利带来影响，其影响也会因各国在世界市场上地位的不同而不同。

（三）出口配额

实行出口配额是政府限制出口的又一种政策，即控制出口商品的数量。有些出口配额是本国政府主动设立的，也有的配额是应进口国政府要求而设立的，即“自愿出口限制”。如中国输往欧美的纺织品出口配额就是在欧美政府的要求下设置的，因此也叫被动配额。中国政府在分配出口配额时既有根据申请直接分配到中央和地方出口企业的做法，也实行招标的方式。原对外经贸部通过“出口商品配额招标委员会”负责对招标工作的领导和监督。中标企业必须交纳中标保证金和中标金。招标收入纳入中央外贸发展基金。实行招标方式分配出口配额的主要是农产品和纺织品。

（四）出口行业的生产税

如果政府不用贸易政策限制出口，既不征出口税也不使用出口配额，允许商品自由出口，但对单位出口产品生产征收与单位出口商品所征关税相同的生产税。

（五）禁止出口与贸易禁运

禁止出口一般是一国对其战略物资或急需的国内短缺物资进行严格控制的主要手段。而贸易禁运则是一些国家为了制裁其敌对国家而实行的贸易控制措施。前者往往针对所有或多数贸易伙伴，禁止只涉及本国出口，并不限制进口。而贸易禁运往往只针对某个或某些目标国家，所禁止的不仅是出口，同时还禁止从这些国家进口。

小　结

1）各国为了增强本国企业出口产品的竞争力，会采取各种各样的出口鼓励政策，但不应当违反世界贸易组织的基本原则。出口型企业也应当充分利用各种优惠措施，提高本企业产品在国际市场上的竞争力。

2）企业应当充分了解本国出口管制政策，强化企业自律，尤其涉及国家安全与资源保护的产品，在出口前必须了解本国各项管制措施。

基础训练

一、单项选择题

1. 卖方信贷实质是（　　）。

A. 出口银行向本国出口厂商提供延期付款的一种形式

B. 出口银行向外国进口厂商提供延期付款的一种形式

C. 进口厂商向外国出口厂商提供延期贷款的一种形式

D. 出口厂商向外国进口厂商提供银行贷款的一种形式

2. 出口补贴是一国政府给予出口厂商的（　　）。

A. 现金补贴或优惠　　B. 税收优惠　　C. 贷款优惠　　D. 复汇率

3. 商品倾销的目的主要是（　　）。

A. 提高商品的价格竞争力　　B. 提高出口商品的非价格竞争力

C. 打击竞争对手占领国外市场　　D. 进行促销

4. 以占领、垄断和掠夺国外市场，获取高额利润为目的的商品倾销方式是（　　）。

A. 偶然性倾销　　B. 间歇性倾销

C. 长期性倾销　　D. 社会性倾销

二、多项选择题

1. 按照倾销的具体目的，商品倾销可分为以下几种（　　）。

A. 偶然性倾销　　B. 间歇性倾销

C. 长期性倾销　　D. 社会性倾销

2. 以下哪些国家是巴黎统筹委员会成员（　　）。

A. 美国　　B. 英国　　C. 法国　　D. 意大利

3. 以下属于实行出口管制的商品有（　　）。

A. 战略物资　　B. 国内的紧缺物资　　C. 历史文物　　D. 艺术珍品

4. 出口退税退还或减免出口商品所缴纳的（　　）。

A. 销售税　　B. 消费税　　C. 增值税　　D. 所得税

三、简答题

1. 简述商品倾销与外汇倾销的区别。
2. 什么是出口信贷，出口信贷的主要特点是什么？
3. 出口信贷国家担保制的特点有哪些？
4. 出口管制的手段有哪些？

四、案例分析

中兴通讯出口买方信贷案例分析

中兴通讯全称“中兴通讯股份有限公司”，成立于1985年，总部位于深圳，是一家以生产程控交换机为主业的高科技企业。中兴通讯是中国高科技领域最早并最为成功实践“走出去”战略的标杆企业，主要以海外工程承包等途径来开拓国际市场。在中兴通讯国际化战略的实施过程中，买方信贷发挥了重要作用。2002年8月21日中国工商银行与赞比亚电信公司在北京正式签署了出口买方信贷借款协议。根据协议，工商银行将为赞比亚电信向中兴通讯股份有限公司采购GSM设备项目提供近1833.5万美元的出口买方贷款，用于进口中兴通讯的GSM设备，该笔贷款由中国出口信用保险公司承保。中兴通讯通过出口买方信贷的方式使得在2003年中兴通讯海外市场合同销售额突破6亿美元，比2002年增长一倍以上。通过利用出口信贷政策，中兴通讯开拓海外市场的深度和广度将进一步加强。

分析：

1）请分析出口方信贷对出口企业经营的作用。

2）如何利用出口信贷政策？

综合训练

正确认识我国鼓励出口的各项政策

1. 实训目的

通过技能训练，结合所学知识，使学生充分了解我国现行的各项出口鼓励政策，并学会在出口业务中利用各种优惠政策，以便增强出口竞争力。

2. 实训资料

请结合课堂讲授的各种出口鼓励措施，查询我国商务部、海关总署、税务机关和其他的网站，了解各项具体出口贸易鼓励政策，并且将这些资料归类整理。

3. 实训要求

学生将收集到的各种政策资料整理，并且分别说明各种鼓励措施的适用范围、企业享受各项鼓励政策的资格条件。

4. 实训步骤

1）自由组合成小组，每组5人。

2）明确每个人的职责，并熟悉鼓励出口和出口管制的主要内容。

3）形成设计方案，全班共享。

5. 实训评价

教师对各组的资料做出综合评价。

学习情境八　国际贸易条约与协定

【知识导图】

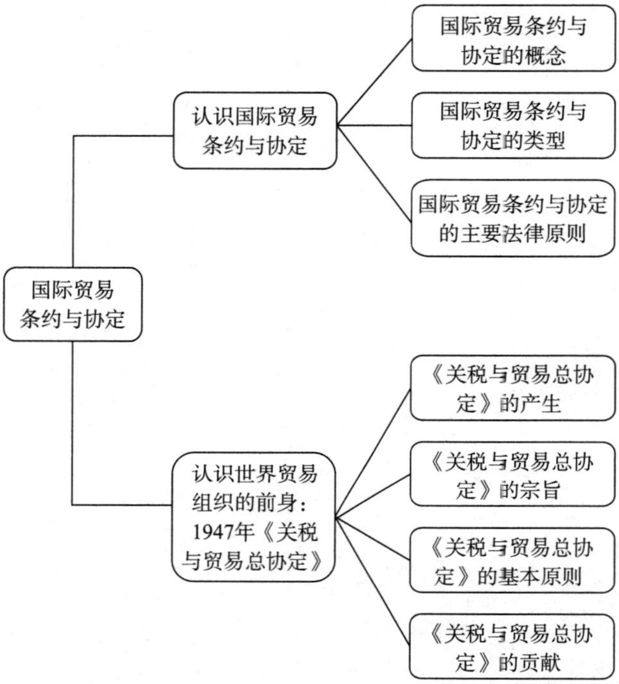

【知识目标】

1）了解国际贸易条约与协定的基本概念及分类；
2）掌握国际贸易条约与协定的主要法律原则；
3）了解世界贸易组织的前身：1947 年《关税与贸易总协定》。

【技能目标】

1）能应用所学知识分析案例；
2）能运用国际贸易条约与协定主要法律原则进行案例分析；
3）能系统了解《关税与贸易总协定》的历史沿革。

任务一　认识国际贸易条约与协定

【任务导入】

中国－智利自由贸易区谈判于 2004 年 11 月启动，2005 年 11 月 18 日双方签署了《中华人民共和国政府和智利共和国政府自由贸易协定》。根据协定，两国从 2006 年 7 月 1 日开始，全面启动货物贸易的关税减让进程。其中，占两国税目总数 97% 的产品于 10 年内分阶段降为零关税。智方 74% 的税目进口关税将于协定生效后立即降为零，中方 63% 的税目进口关税在两年内降为零。双方其他产品税目进口关税分别在协定生效后 5 年和 10 年内降为零。双方只保留 3% 以下的税目作为例外产品，保持原有关税不变。这意味着在启动关税减让进程 10 年后，双方将有 97% 以上税目的进口关税降为零。中国－智利自由贸易协定有力促进了两国双边贸易的发展。

【思考问题】

建立在平等互利基础上贸易协定对签约国经济的发展有何积极作用?

【任务分析】

随着科学技术和生产力的发展，各国的经济生活日益国际化。不同国家或地区在经济、政治、科技、文化等方面的联系越来越密切，一种真正意义的全球经济已经形成。任何国家要发展，就不可能闭关自守，必须重视同外界的联系。国际贸易条约与协定就是国与国之间经济贸易关系紧密联系的纽带。尤其是自由贸易协定，极大地促进经济一体化，消除了各种贸易壁垒，促进商品、服务和资本、技术、人员等生产要素的自由流动，实现优势互补，促进签约国的共同发展。

【知识链接】

一、国际贸易条约与协定的概念

国际贸易条约与协定（International Commercial Treaty and Agreement）是指两个或两个以上的主权国家为了确定彼此间在经济贸易方面的权利和义务而缔结的书面协议。

贸易条约与协定的条款，通常是在所谓“自由贸易、平等竞争”的形式上签订的，在国际经济关系中，由于各国的社会经济制度和政治经济实力对比关系的不同，它们之间所缔结的贸易条约与协定的内容和作用也有所不同，缔约国在经济上的利益，往往是靠缔约国的政治、经济实力来保证的。因此，各缔约国之间从贸易条约与协定中得到的好处是不一样的。

二、国际贸易条约与协定的类型

(一) 按照缔约国的多少划分

1. 双边贸易条约

两个主权国家之间所缔结的贸易条约与协定。目前双边贸易条约多以双边自由贸易协定的形式签订。据世贸组织统计，到 2015 年年底，全球累计共签署了 255 个区域贸易协定，其中 90% 是双边自由贸易协定。双边自由贸易协定已受到越来越多国家的重视，成为不少贸易大国的重要选择。仅在 2002 年一年里，智利就同欧盟、韩国、欧洲自由贸易联盟及美国结束双边自由贸易协定谈判；2002 年上半年，新加坡与日本、美国和澳大利亚也相继签署了双边自由贸易协定。截止到 2015 年年底，全世界已有 170 多个区域的贸易协定生效。

2. 多边贸易条约

两个以上主权国家共同缔结的贸易条约与协定。多边贸易条约各成员国规范了一套处理它们之间贸易关系的原则及规章，对各成员国之间的贸易进行全面的协调和管理。多边贸易条约通过大幅度地削减关税和限制非关税壁垒，奠定了国际自由贸易的基础。

(二) 按照内容不同划分

1. 通商航海条约

通商航海条约（Treaty of Commerce and Navigation）又称友好通商条约，即狭义的贸易条约，是指全面规定缔约国之间经济、贸易关系的条约。它的内容涉及缔约国经济和贸易关系的各个方面，包括关税的征收、海关手续、船舶航行、使用港口、双方公民与企业在对方国家所享受的待遇、知识产权的保护、进口商品征收国内税、过境、铁路、争端仲裁、移民等。

通商航海条约在国际投资保护的内容发展方面可以分为两个阶段。第二次世界大战之前，以美国为代表的西方国家与其他国家签订友好通商航海条约，用以调整两国间友好通商关系，但重点是保护商人，而不是以保护私人投资为重点。“二战”以后，随着国际投资的迅速发展，为适应海外私人投资保护的需要，友好通商航海条约在整个内容结构上发生了较大变化，保护国际投资的内容更为明确。

由于通商航海条约及范围太广，内容十分繁杂，不易推行，也不符合国际经济条约专门化、具体化发展的趋势；其带有“结盟”性质的政治意味使不少发展中国家戒心深重；而其中有关保护外资的条文相对笼统且“门槛”过高，又无程序上的保障，使实体性规定难以得到严格执行。因此，美国等国家后来开始转变态度，不再推行友好通商航海条约这一模式，而是订立专门保护国际投资的双边投资保证协定，从而结束了友好通商航海条约的时代。

小链接

中国政府与外国政府签订过的通商航海条约

- 《中华人民共和国和阿尔巴尼亚人民共和国通商航海条约》

- 《中华人民共和国和朝鲜民主主义人民共和国通商航海条约》
- 《中华人民共和国和苏维埃社会主义共和国联盟通商航海条约》
- 《中华人民共和国和德意志民主共和国通商航海条约》
- 《中华人民共和国和越南民主共和国通商航海条约》
- 《中华人民共和国政府和加拿大政府海运协定》
- 《中华人民共和国政府和大韩民国政府海运协定》

2. 贸易协定

贸易协定（Trade Agreement）是缔约国间为调整和发展相互间经济贸易关系而签订的书面协议。与贸易条约相比，贸易协定所涉及的面比较窄，对缔约国之间的贸易关系往往规定得比较具体，有效期较短，签订程序也较简单，一般只需经签字国的行政首脑或其代表签署即可生效。

贸易协定的内容通常包括：贸易额、双方出口货单、作价办法、使用的货币、支付方式、关税优惠等。未签订通商航海条约的国家间，在签订贸易协定时，通常把最惠国待遇条款列入。对贸易额和双方出口货单的规定往往不是硬性的，在具体执行时还可以通过协商加以调整。

3. 贸易议定书

贸易议定书（Trade Protocol）是缔约国就发展贸易关系中某项具体问题所达成的书面协议。这种议定书往往是作为贸易协定的补充、解释或修改而签订的，内容较为简单，如用来规定有关贸易方面的专门技术问题或个别贸易协定中的某些条款，有时也用来规定延长贸易条约或协定的有效期。

在签订长期贸易协定时，关于年度贸易的具体事项，往往通过议定书的方式加以规定。也有在两国尚未达成贸易协定时，先签订议定书，暂时作为进行贸易的依据。贸易议定书有的是作为贸易协定的附件而存在；有的则是独立文件，具有与条约、协定相同的法律效力。其签订程序比贸易协定更为简单，一般经签字国有关行政部门的代表签署后即可生效。

4. 支付协定

支付协定（Payment Agreement）大多为双边支付协定，是规定两国间关于贸易和其他方面债权债务结算方法的书面协议。其主要内容包括：清算机构的确定、清算账户的设立、清算项目与范围、清算货币、清算办法、差额结算办法的规定等。

支付协定是外汇管制的产物。在实行外汇管制的条件下，一种货币不能自由兑换另一种货币，对一国所具有的债权不能用来抵偿对第三国的债务，结算只能在双边基础上进行，因而需要通过缔结支付协定来规定两国间的债权债务结算方法。这种通过相互抵账来清算两国间的债权债务的办法，既有助于克服外汇短缺的困难，亦有利于双边贸易的发展。

自1958年以来，西方国家相继实行货币自由兑换，双边支付清算逐渐为多边现汇支付清算所代替。但对于一些目前仍实行外汇管制的发展中国家，往往还签订支付协定。

5. 国际商品协定

国际商品协定（International Commodity Agreement）是某项商品的主要生产国（出口国）和消费国（进口国）就该项商品的购销、价格等问题，经过协商达成的政府间多边协定。其主要目的在于稳定该项商品的价格和供销，消除短期和中期的价格波动。

国际商品协定的主要对象是发展中国家所生产的初级产品。发展中国家为了保障自身的利益，希望通过协定维持合理的价格；而作为主要消费国的工业发达国家则持另一种态度，在价格偏低时，它们对签订协议并不感兴趣，只有当价格上涨时，才想通过协定保证价格不至于上涨过高并保证供应，这才有签订协议的要求。因此，在谈判和签订协定的过程中，生产国和消费国之间充满着矛盾。

国际商品协定自20世纪20年代就开始广泛存在了，但是20世纪20年代出现的国际商品协定在“30年代经济大危机”中都解体了。30年代也建立了一些国际商品协定，但是随着第二次世界大战的爆发而先后崩溃。在第二次世界大战以前，只签订有小麦（1933年）和糖（1937年）两种国际商品协定。第二次世界大战以后，随着世界经济的稳定发展，重要工业原料的国际需求紧张，随之又出现了许多初级产品的国际商品协定，比较知名的几种商品的国际协定有糖（1953年）、锡（1956年）、咖啡（1962年）、小麦（1949年）、橄榄油（1958年）、可可（1973年）、天然橡胶（1979年）。到1989年尚存的仅有橡胶、糖、锡三种国际商品协定。

三、国际贸易条约与协定的主要法律原则

在国际上，贸易条约与协定中所依据的法律原则主要是最惠国待遇原则和国民待遇原则。

（一）最惠国待遇原则

1. 最惠国待遇原则的含义

最惠国待遇原则（Most Favored Nation Treatment，MFNT）是贸易条约与协定中的一项重要条款。其基本含义是：缔约国一方现在和将来所给予任何第三国的一切特权、优惠和豁免，必须同样给予缔约对方。

最惠国待遇原则按照有无条件，分为有条件和无条件两种：无条件最惠国待遇原则，即缔约国一方现在和将来所给予任何第三国的一切特权、优惠和豁免，立即无条件地、无补偿地、自动地适用于对方。例如，1911年英国与玻利维亚签订的条约，就属于这种最惠国待遇。无条件的最惠国待遇条款首先是英国采用的，所以又叫作欧洲式的最惠国待遇条款。

有条件的最惠国待遇原则，即如果缔约国一方给予第三国的优惠是有条件的，那么另一方必须提供同样的条件，才能享受这些优惠待遇。现在的国际贸易条约与协定一般都是采用无条件的最惠国待遇原则。例如，1911年美国与日本签订的条约，就是有条件的最惠国待遇。有条件的最惠国待遇条款首先是美国采用的，所以又叫作美洲式的最惠国待遇条款。

在贸易条约与协定中有时还采用“无歧视待遇原则”。无歧视原则是要求缔约国之

间在实施进口数量限制或其他限制及禁止措施时，不对缔约国对方实施歧视待遇。如果缔约国一方根据合法的理由而采用某种限制或禁止措施时，这些措施在同样情况下普遍实施于订有这项原则的所有缔约国，这就符合无歧视待遇原则。反之，如果这些措施单独对某缔约国实行，而对另一个缔约国不实行，这就违反了无歧视待遇原则。

2. 最惠国待遇原则适用的范围

最惠国待遇条款适用的范围有大有小，一般包括：①有关进口、出口、过境商品的关税及其他捐税；②商品进口、出口、过境、存仓和换船方面的有关海关规则、手续和费用；③进出口许可证发放的行政手续。

在通商航海条约中，最惠国待遇条款适用的范围要大些，可把缔约国双方的船舶驶入、驶出和停泊时的各种税收、费用和手续等也包括在内。

在具体签订贸易条约与协定时，缔约双方可以根据两国的关系和发展贸易的需要，在最惠国待遇条款中具体确定其适用的范围。

在贸易条约与协定中，一般还规定有不适用最惠国待遇的例外条款。如缔约国一方给予邻国有关过境贸易的特别优惠待遇；缔约关税同盟国家之间或在特定国家之间的特惠待遇等，这些都是适用最惠国待遇的例外。

（二）国民待遇原则

国民待遇原则（Principle of National Treatment）是缔约国一方保证缔约国另一方的公民、企业和船舶在本国境内经济上享受与本国公民、企业和船舶同等的待遇。

国民待遇原则是法律待遇条款之一，一般适用于外国公民或企业经济权利。其范围主要包括：外国公民的私人经济权利（私人财产、所得、房产、股票）、外国产品应交的国内税、利用铁路运输和转口过境的条件、船舶在港口的待遇、商标注册、版权、专利权等。但沿海贸易权、领海捕鱼权、土地购买权等均不包括在内。

小讨论

根据韩国酒税法，韩国对国内烧酒征收35%的税，而其他进口蒸馏酒（威士忌、伏特加、朗姆酒）的税率是100%。欧共体和美国认为韩国违背了GATT1947第3条第2款，即国内税的国民待遇条款。

本案涉及的威士忌、伏特加等蒸馏酒和韩国的传统烧酒是否为相同产品？是否适用GATT1947第3条第2款之规定？韩国应做好哪些方面的工作来处理本次贸易纠纷？

（三）互惠待遇条款

互惠待遇条款指缔约国的一方根据协议相互给予对方的法人或自然人以对等的权利和待遇。例如，1979年《中华人民共和国和美利坚合众国贸易关系协定》第6条规定，双方同意在互惠基础上，相互给予法人、自然人申请商标注册和商标使用权。

小思考

《中国和朝鲜民主主义人民共和国通商航海条约》

第八条　缔约一方的船舶和船上货物在缔约另一方的港口驶入、驶出和停泊时，应享受最惠国待遇。这种待遇特别适用于下列场合：

（一）以国家、地方当局或其他机构的名义并为他们所征收的各种税收和费用；

（二）执行海关、边防检查、检疫、港口规章和手续；

（三）船舶在港口和锚泊地系泊、移泊、装卸和转载货物；

（四）对引水、航道、船闸、桥梁、信号和标示航路的灯光的使用；

（五）对起重机、衡器、仓库、船厂、干船坞和修理厂的使用；

（六）燃料、润滑材料、船员和旅客所需用品的供应。

第十三条　缔约任何一方的法人和自然人在缔约另一方境内在各方面享受不低于给予任何第三国法人和自然人的优惠待遇。

第十四条　缔约任何一方为便利边境地区同邻国间的边境贸易关系所提供的或在以后将提供的权利和优惠不适用于本条约的规定。

结合以上条约的内容解释最惠国待遇原则和国民待遇原则适用范围与例外情况。

任务二　认识世界贸易组织的前身：1947 年《关税与贸易总协定》

【任务导入】

2009 年 12 月，美国联合欧盟、墨西哥就中国原材料出口限制问题向世界贸易组织提出申诉。美国认为中国两年前在大宗商品热潮时期对关键工业原材料实施出口配额和关税限制。就在美国发表声明的同时，欧盟也就此事向 WTO 正式提出申诉。欧盟方面称，中国对原材料出口的限制明显违反了国际贸易条例。

【思考问题】

根据《关税与贸易总协定》的相关规定，以及根据中国加入世界贸易组织协议，中国政府是否应该在此问题上做出让步？为什么？

【任务分析】

在当前的经济环境下，中国的这种做法会令市场竞争状态被扭曲，使得当地企业在目前情况下经营更艰难。而中国限制原材料出口让中国企业取得不公平的竞争优势，因中国下游企业可较中国以外竞争对手得到较便宜的原材料。

【知识链接】

《关税与贸易总协定》（General Agreement on Tariffs and Trade，GATT）简称为《关贸总协定》，是“二战”后美国从自身经济利益出发，联合23个国家于1947年10月30日在日内瓦签订、并于1948年1月1日正式生效的一个临时性协定，是关于调整和规范缔约国之间关税水平和经贸关系方面的相互权利和义务的多边国际协定。《关贸总协定》是世界贸易组织的前身。

一、《关贸总协定》的产生

“二战”结束后，作为主战场的欧洲，经济遭受重创，各国为了实现经济重建，纷纷实行贸易保护主义，以保护本国生产和就业。美国由于战争远离本土，经济急剧膨胀而成为战后最强大的国家。

为了打破其他国家的贸易保护，以便为自己谋取更多的利益，美国在战后积极推动建立一个全球性国际贸易组织，在国际经济领域专门协调各国间的贸易关系。1945年12月，美国发表了《扩大世界贸易与就业法案》，向联合国经济及社会理事会建议召开世界贸易与就业会议，并建立国际贸易组织。1946年2月联合国经济与社会理事会通过了美国的建议，并成立了由19国组成的筹备委员会，着手筹建国际贸易组织。由于当时关税壁垒盛行，建立正式的国际贸易组织需要一段时日，为了尽快解决各国在贸易中的摩擦，包括美、英、法、中、印度等的23个国家便主张把在联合国经社理事会第二次筹委会通过的，由美国起草的《国际贸易组织宪章草案》中的贸易政策部分，和他们各自在双边谈判基础上达成的关税减让协议加以合并，形成了《关贸总协定》，作为国际贸易组织成立之前各国相互处理贸易纠纷的临时性根据。1947年10月30日，23个国家在日内瓦正式签署了《临时适用议定书》，决定《关贸总协定》从1948年1月1日起临时生效。

后来，由于《国际贸易组织宪章》对美国原先的草案做了大量修改，与美国的利益相去甚远，美国国会没有通过，美国政府也就放弃了成立国际贸易组织的努力。其他国家受美国影响也持观望态度，致使国际贸易组织的建立成为泡影。这样，《关贸总协定》便作为一个临时性的应急协定而一直沿用至1995年世界贸易组织（WTO）的成立。

二、《关贸总协定》的宗旨

《关贸总协定》的宗旨就是要通过多边贸易谈判，达成互惠互利的协议，逐步降低关税并消除各种非关税壁垒，实现国际贸易自由化，扩大世界资源的充分利用，发展商品的生产与交换，保证充分就业，保证实际收入和有效需求的巨大持续增长，以达到提高生活水平，加速世界经济发展的目的。

三、《关贸总协定》的基本原则

《关贸总协定》涉及国际经贸关系的诸多方面，内容繁多，但从其条款和历次多边贸易谈判所达成的协议中，以及从48年总协定的各项活动中，可以看出《关贸总协定》是建立在下列几项基本原则的基础上的。

（一）非歧视原则

非歧视原则（Rule of Non－Discrimination）是《关贸总协定》中最重要的原则，是《关贸总协定》的基石。在《关贸总协定》的第1条“一般最惠国待遇原则”、第2条“关税减让表”和第3条“国内税和国内规章的国民待遇”以及其他有关条款中，都反映了非歧视原则。这个原则是通过《关贸总协定》的最惠国待遇条款和国民待遇条款来体现的。

1. 最惠国待遇原则

《关贸总协定》的最惠国待遇是无条件多边最惠国待遇。这个条款要求每一缔约方应该在进出口贸易等方面以同等的条件和方式对待所有其他缔约方，而不应采取歧视待遇。这样《关贸总协定》的最惠国待遇条款就突破了传统的双边互惠形式而推广到多边互惠形式。

过去，《关贸总协定》的多边最惠国待遇主要在商品进出口贸易方面，在“乌拉圭回合”多边贸易谈判中，将多边最惠国待遇扩展到服务贸易。“乌拉圭回合”通过的《服务贸易总协定》是现代第一个关于服务贸易规则的多边协议。该协议的基础原则之一就是多边最惠国待遇。该协定规定，各缔约方应立即和无条件对其他缔约方的服务和服务提供者给予最惠国待遇。这就使《关贸总协定》的多边最惠国待遇原则扩展到服务贸易领域。

2. 国民待遇原则

《关贸总协定》第3条就是国民待遇条款。该条规定一缔约国领土的产品输入到另一缔约国领土时，在关于产品的国内销售、推销、购买、运输、分配或使用的全部法令、条例和规定方面，所享受的待遇应不低于相同的本国产品所享受的待遇。

在“乌拉圭回合”的谈判中，把国民待遇原则扩展到服务领域。服务贸易谈判参加国在日内瓦进行了初步谈判，就各个服务部门的市场准入和国民待遇问题作出承诺。

《关贸总协定》的最惠国待遇条款和国民待遇条款都体现了非歧视原则，二者的区别在于：最惠国待遇条款是使来自不同国家的进口产品在一个缔约国的市场上处于同等的竞争地位；而国民待遇条款则是使进口产品在一个缔约国的市场上与其国内产品处于同等的竞争地位。

（二）关税保护和关税减让原则

关税是《关贸总协定》允许的唯一保护形式。《关贸总协定》明确规定缔约国为对国内产业进行保护，主要通过关税的手段，尽量减少非关税措施，目的是使保护的程度有最大的透明度，容易对各国的保护进行比较，以确保各国贸易条件的公平。

《关贸总协定》的主要目标之一是通过举行关税减让的谈判逐步降低关税。在总协定中，关税减让可以分为四种形式：①削减关税并约束削减后的税率水平；②约束现有的关税税率；③最高限约束，即将关税约束在高于现行税率的某一特定水平，承诺即使提高税率也不超过该特定水平；④对免税待遇加以约束，即承诺税率保持于零。

《关贸总协定》的关税减让谈判是在互惠的原则基础上进行的。自 1947 年的第一轮多边贸易谈判至 1961 年结束的第五轮“狄龙回合”，关税减让都是唯一的议题。自“肯尼迪回合”开始，由于关税大幅度削减，关税的保护作用削弱，一些缔约方相继加强了非关税措施，缔约方开始考虑将关税减让谈判与非关税壁垒的消除或减少的谈判并列举行。这一趋势在以后的多边贸易谈判中越来越明显。即使如此，关税减让仍然是国际贸易领域中很受重视的课题之一。

(三) 取消数量限制原则

数量限制是一个国家在一定时期内对某些商品进口的数额加以限制。在非关税壁垒中，数量限制是最为普遍的限制的方式，一般有进口配额、进口许可、自动出口配额、禁止进口等。

《关贸总协定》第 11 条“数量限制的一般取消”中规定：“任何缔约国除征收税捐或其他费用外，不得设立或维持配额、进出口许可或其他措施以限制或禁止其他缔约国领土的产品输入，或向其他缔约国领土输出或销售出口产品”。包含数量限制在内的非关税措施，在“东京回合”第一次被列为多边贸易谈判的专门议题，并达成了《进口许可证手续协议》，“乌拉圭回合”签订了《进口许可证程序协议》。

(四) 透明度原则

《关贸总协定》第 10 条对透明度作出明确的规定：“缔约国有效实施的关于海关对产品的分类或估价，关于捐税或其他费用的征收率，关于对进出口货物及其支付转账的规定、限制和禁止，以及关于影响进出口货物的销售、分配、运输、保险、存仓、检验、展览、加工、混合或使用的法令、条例与一般援用的司法判决及行政决定，都应迅速公布，以使各国政府及贸易商对它们熟悉。一缔约国政府或政府机构与另一缔约国政府或政府机构之间缔结的影响国际贸易的现行规定，也必须公布。”

透明度原则也有例外。《关贸总协定》第 10 条规定，透明度原则并不要求“缔约国公开那些会妨碍法令的贯彻执行，会违反公共利益，或会损害某一公私企业的正当商业利益的机密资料。”

(五) 公平贸易原则

该原则主要是指反对倾销、反对出口补贴或减少其他非关税壁垒，以保证公平贸易。

《关贸总协定》规定，当一国产品以低于国内正常价格或成本价向外国出口时，可视为倾销，这时进口国可通过征收反倾销税的措施来抵制倾销带来的损害。受害国在征收反倾销税时要遵守非歧视原则，且征税数额不超过出口国倾销价与正常价格之差。

关于出口补贴，《关贸总协定》认为是一种不公平行为，严禁缔约国对初级产品以外的任何产品给予出口补贴，如果一缔约国的出口补贴对另一缔约国的利益造成重大损害或产生严重威胁，可以允许这一进口缔约国对有关产品的进口征收反补贴税。如果缔约国大会发现某种补贴对另一个向进口缔约国输出有关产品的缔约国的某一工业正在造成严重损害或威胁，它们也应允许征收反补贴税。

（六）互惠原则或对等原则

这也是总协定的基本原则之一，它不仅是缔约国之间进行贸易谈判并维持正常贸易关系的基础，而且也是关贸总协定得以发挥作用的主要机制。

互惠并不意味着对等。由于经济发展水平的不同，发达国家之间在关税减让谈判中总体是互惠的，也是对等的；而发达国家与发展中国家之间在遵守互惠原则时，发达国家给予发展中国家的优惠不能要求发展中国家给予对等的回报，否则，两者之间经济水平的不平等永远得不到改善。这正是发达国家予以发展中国家普惠制待遇的基本理由，也是互惠原则的例外。

《关贸总协定》存在一定的局限性，在一些条款中往往同时规定了正反两方面的相互制约的限制，而且还有许多例外条款。

《关贸总协定》例外条款主要体现在以下方面。①国际收支平衡例外。当一个国家遇到国际收支困难时，可以实行进口限制。但是，国际收支改善后，应取消限制。②幼稚工业保护例外。为了建立一个新的工业或为了保护刚刚建立、尚不具备竞争能力的工业，可以实行进口限制。由缔约方审议批准予以确认的幼稚工业可采取提高关税，实行许可证，临时征收附加税等办法。③保障条款。某一具体的产业由于受到突然大量增加的进口产品的冲击，从而造成损害，可以实行临时性进口限制。但该行业有义务进行结构调整。④关税同盟和自由贸易例外。关税同盟和自由贸易区成员之间相互给予的贸易优惠可以不必同时给予非成员国。⑤安全例外。可以为了国家安全禁止火药、武器、毒品、淫秽出版物的进口。⑥对发展中国家的特殊优惠待遇。如允许发展中国家关税制度有更大的弹性，允许在一定限度进行补贴，发展中国家可以享受普遍优惠等。

四、《关贸总协定》的贡献

《关贸总协定》历时48年（1948年1月1日至1996年1月1日），作为一个临时性的协定，它虽不是一个权力机构，在国际上也没有法人资格，但它在战后国际贸易中发挥了重要作用。其缔约方从成立之初的23个发展到123个，占世界贸易总量的90%，共主持了八轮全球性多边贸易谈判，开展了各项有关削减关税、消除非关税壁垒、取消贸易中的歧视待遇、解决国际贸易争端等活动，取得了丰富的成果，并在“乌拉圭回合”决定成立世界贸易组织（WTO）取代《关贸总协定》，对促进国际贸易和世界经济的发展起了重要的作用。

（一）为国际经济贸易自由发展奠定了基础

1. 大幅度地削减关税

在《关贸总协定》的主持下，通过历次（八轮）多边贸易谈判，大幅度地降低了世界各国进口关税水平。据有关资料统计，发达国家的平均关税水平已从40%下降到4%～5%，发展中国家的平均关税水平也降到13%～15%，并在近20个产品部门实行了零关税。

2. 积极地限制各种非关税壁垒

在第七轮“东京回合”谈判中，非关税壁垒成为重要的谈判议题，并最终达成了

《海关估价标准》《反倾销守则》《贸易技术壁垒协议》《补贴与反补贴守则》《进口许可证手续协议》和《政府采购协议》6 项协议。“乌拉圭回合”谈判中，非关税壁垒得到了更高程度的重视，也制定了限制非关税壁垒的《技术标准协议》《原产地规则协议》和《装船前检验协议》等一系列协议。

3.《关贸总协定》谈判议题不断扩大

从开始时单一的关税减让，扩展到非关税壁垒的限制，进而到“乌拉圭回合”把服务贸易、知识产权、投资措施以及纺织品贸易、农产品贸易都纳入《关贸总协定》的规则，并协议成立了一个具有全球代表性的世界贸易组织负责管理世界经济和贸易秩序，更有利于国际贸易的发展、并将为经济全面合作开创新纪元。

（二）调整和规范缔约方对外贸易活动和政策

《关贸总协定》规定了有关国际贸易政策的各项基本原则，如非歧视原则、关税保护和关税减让原则、禁止采用进口数量限制原则、禁止倾销和限制出口补贴原则等，加上在历次多边贸易谈判中又达成了一系列协议，形成了一套关于关税和贸易政策措施的国际法规。并要求各缔约方在从事对外贸易活动和制定或修改对外贸易政策与措施，以及在处理缔约国之间的经济贸易关系等方面，遵循这些法规。这些法规已成为调整和规范缔约方的国际贸易活动和政策的依据，在一定程度上起了世界性的国际贸易法的作用。

（三）充当国际“商务法庭”，发挥贸易仲裁作用

《关贸总协定》运用它的“以调停为主，采取报复为辅”的争端解决机制有效地解决了众多的国际贸易纠纷和争端，减少了国与国之间的贸易摩擦。虽然其作出的裁决不可能像法院那样具有权威性，但仍具有一种道义上的约束力，任何一国都不愿因违反《关贸总协定》而受到缔约国全体的公开谴责。可见，《关贸总协定》为各国提供了经济贸易谈判和对话的场所，解决贸易争端，暂时缓和缔约方之间在贸易上的某些矛盾，为国际贸易发展创造了一个较为稳定和宽松的外部环境，对促进国际贸易发展起了重要的作用。

但是，《关贸总协定》及其达成的协议绝不能从根本上解决发达国家之间的矛盾。在《关贸总协定》及其协议不符合它们的利益时，它们往往采取“例外”规定或要求修改某些条款，甚至采取某些办法背离总协定的某些原则，这又加剧了它们之间的矛盾。

（四）推动发展中国家的经济发展

《关贸总协定》为广大发展中国家提供了一系列优惠，从而为推动发展中国家的贸易发展和经济发展起到了一定的作用。

在《关贸总协定》设立之初，发展中国家处于无权的地位，其成员包括一些只能维持低生活水平、经济处于发展初期阶段和一般发展阶段的发展中国家。因此，《关贸总协定》在第 18 条规定：这些缔约国可以享受某些特殊的优惠。例如，在关税结构方面准许对某些特定工业的建立提供需要的关税保护；为国际收支目的而实施数量限制和暂时背离总协定其他各条的规定。

随着形势的发展，越来越多的发展中国家加入了《关贸总协定》，并积极参与了

《关贸总协定》的各项活动，在可能的范围内运用有关规定，努力扩大自己的出口贸易。为适应这一情况，《关贸总协定》于1964年11月26日通过了题为“贸易与发展”的第四部分。这本身就反映了发展中国家地位的提高，更重要的是确认了非互惠原则，为发展中国家初级产品进入世界市场提供了有利条件和稳定、公平、有利的价格，为发展中国家某些加工品或制成品尽最大可能地增加进入市场的机会以及扩大优惠范围等，并为以后的普遍优惠制的建立提供了法律依据。

1971年6月，《关贸总协定》缔约国大会批准发达国家对从发展中国家进口的制成品和半制成品实行普遍优惠制（Generalized System of Preferences，GSP），又称普惠制。普遍优惠制待遇是发达国家单方面给予发展中国家的普遍的、非歧视的和非互惠的关税待遇。

1979年11月28日“东京回合”中，缔约方又通过了“授权条款”，即授权缔约发达国家无须申请解除义务，就可给发展中国家普遍优惠制待遇，而不受关贸总协定最惠国待遇条款的约束。

“乌拉圭回合”签署的一些协定中都规定了对发展中国家采取区别对待和更为优惠的待遇，尤其注意到了最不发达国家的特殊情况，在一些主要条款的实施规则中，都明确地规定了发展中国家和最不发达国家更长的履约时期和承诺较低水平的义务或减免某些义务，目的是采取各种措施，使这些国家的经济和贸易有进一步的发展。

小　结

1）国际贸易条约与协定是国与国之间发展经济贸易关系的重要法律规范，对签约各国政府的行为和企业具有约束力。签约国制定各种经济政策时必须在国际贸易条约与协定的框架之内进行。企业的从事对外经济贸易活动，应当遵守条约与协定的规定。

2）《关贸总协定》作为国际组织已经完成其历史使命，取而代之的是WTO。但《关贸总协定》作为协议仍然存在，但已不再是国际贸易的主要规则，而且已被更新。

基础训练

一、单项选择题

1. 全面规定两国之间经济与贸易关系的贸易条约和协定是（　　）。

A. 通商航海条约　　B. 贸易协定　　C. 贸易议定书　　D. 支付协定

2. 国民待遇原则不包括（　　）。

A. 外国产品应交纳的国内税

B. 外国船舶在港口的待遇

C. 外国公民申请商标注册、著作权和专利权

D. 外国公民的购买土地权

3. 下列经济权利不在最惠国待遇之列的是（　　）。

A. 进出口的关税待遇

B. 进出口许可证的发放

C. 沿海贸易与内河航行

D. 船舶驶入、驶出和停泊时的各种税收、费用和手续

4.（　　）是关贸总协定允许的唯一保护形式。

A. 关税　　B. 外汇管制　　C. 进口管制　　D. 出口管制

二、多项选择题

1. 下列具体的经济和贸易事项中不适用国民待遇的有（　　）。

A. 利用铁路运输和转口过境权　　B. 沿海航行权

C. 领海捕鱼权　　D. 购买土地权

2. “乌拉圭回合”谈判中，非关税壁垒得到了更高程度的重视，制定的限制非关税壁垒的协议有（　　）。

A.《技术标准协议》　　B.《装船前检验协议》

C.《进口许可证手续协议》　　D.《原产地规则协议》

3. 国民待遇条款的适用范围一般包括（　　）。

A. 购买土地权　　B. 商标注册权

C. 发明专利权　　D. 领海捕鱼权

E. 利用铁路运输和转口过境权

4. 战后作为世界经济三大支柱的国际性组织机构是（　　）。

A. 国际货币基金组织　　B. 世界银行

C. 联合国贸发组织　　D. 国际劳工组织

E. 世界贸易组织

三、简答题

1. 什么是贸易条约与协定？我们常见的贸易条约和协定有哪些？

2. 为什么要发起乌拉圭回合多边贸易谈判？其目标是什么？它对世界经济和贸易产生了哪些影响？

3. 什么事国民待遇原则？

4. 简述关贸总协定的贡献。

综合训练

正确认识《关税与贸易总协定》

1. 实训目的

通过阅读《关税与贸易总协定》的相关文件，使学生了解《关税与贸易总协定》的条文，充分理解《关税与贸易总协定》的各种基本原则和精神。

2. 实训资料

请结合课堂讲授的内容，上网下载《关税与贸易总协定》资料并阅读。

3. 实训要求

学生将收集到的各种文件资料整理，熟悉《关税与贸易总协定》发展的历程和各种协议协定。

4. 实训步骤

1） 自由组合成小组，每组 5 人。

2）明确每个人的职责，并熟悉《关税与贸易总协定》的主要内容。

3）形成设计方案，全班共享。

5. 实训评价

教师对各组的资料做出综合评价。

学习情境九　世界贸易组织

【知识导图】

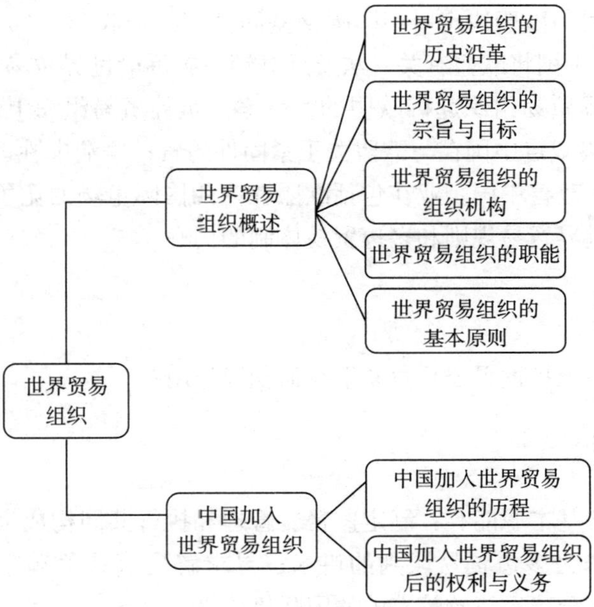

【知识目标】

1）了解世界贸易组织产生与发展的历史过程；
2）掌握世界贸易组织基本原则；
3）熟悉世界贸易组织成员的基本权利与义务。

【技能目标】

1）能应用所学知识分析案例；
2）能运用世界贸易组织基本原则指导贸易行为；
3）能系统地阐述世界贸易组织的历史沿革。

任务一　世界贸易组织概述

【任务导入】

中国世界贸易组织诉欧盟第一案胜诉

中国是世界上最大的螺钉、螺母和螺栓等碳钢紧固件生产国，欧盟是这些产品的主要市场。2009 年 1 月，欧盟决定对中国碳钢紧固件产品征收 26.5% ~85% 的反倾销税。2009 年 7 月 31 日，中国将欧盟有关立法及反倾销措施诉诸世界贸易组织争端解决机制。此案成为中国在世界贸易组织起诉欧盟的第一案。世界贸易组织上诉机构 2011 年 7 月 15 日发布报告，最终裁定中国在与欧盟关于紧固件的贸易争端中胜诉。此案中方胜诉具有重大意义，有助于改善中国企业在包括欧盟在内的国际市场的竞争环境，也将增强世界贸易组织成员对世界贸易规则和多边贸易体制的信心。

【思考问题】

世界贸易组织在维护世界公平贸易上有何积极作用?

【任务分析】

世界贸易组织的基本职能有：制定监督、管理和执行共同构成世界贸易组织的多边及诸边贸易协定；作为多边贸易谈判的讲坛；寻求解决贸易争端；监督各成员贸易政策，并与其他同制定全球经济政策有关的国际机构进行合作。

【知识链接】

世界贸易组织（World Trade Organization，WTO），简称世贸组织。1994 年 4 月 15 日，在摩洛哥的马拉喀什市举行的《关贸总协定》乌拉圭回合部长会议决定成立更具全球性的世界贸易组织，以取代成立于 1947 年的《关贸总协定》。世贸组织是当代最重要的国际经济组织之一，拥有 162 个成员，成员贸易总额达到全球的 98%，有“经济联合国”之称。世贸组织具有法人地位，它在调解成员争端方面具有更高的权威性和有效性。世贸组织与国际货币基金组织（IMF）、世界银行（WB）一起被称为世界经济发展的三大支柱。自 2001 年 12 月 11 日开始，中国正式加入世贸组织，标志着中国的产业对外开放进入了一个全新的阶段。

一、世界贸易组织的历史沿革

世贸组织前身是《关税与贸易总协定》（1947 年 10 月 30 日在日内瓦签订，并于 1948 年 1 月 1 日开始临时适用），是全球性的，是联合国相关组织。1995 年 1 月 1 日，世贸组织成立，《关贸总协定》与世贸组织并存 1 年，1996 年 1 月 1 日，它正式取代

《关贸总协定》临时机构。

1995 年 1 月 1 日正式开始运作，该组织负责管理世界经济和贸易秩序，总部设在瑞士日内瓦莱蒙湖畔。其基本原则是通过实施市场开放、非歧视和公平贸易等原则，来实现世界贸易自由化的目标。与《关贸总协定》相比，世贸组织涵盖货物贸易、服务贸易以及知识产权贸易，而《关贸总协定》只适用于商品货物贸易。

建立世贸组织的设想是在 1944 年 7 月举行的布雷顿森林会议上提出的，当时设想在成立世界银行和国际货币基金组织的同时，成立一个国际性贸易组织，从而使它们成为第二次世界大战后左右世界经济的“货币 - 金融 - 贸易”三位一体的机构。1947 年联合国贸易及就业会议签署的《哈瓦那宪章》同意成立世贸组织。

后来由于美国的反对，世贸组织不能成立。同年，美国发起拟订了《关贸总协定》，作为推行贸易自由化的临时契约。1986 年《关贸总协定》乌拉圭回合谈判启动后，欧共体和加拿大于 1990 年分别正式提出成立世贸组织的议案，1994 年 4 月在摩洛哥马拉喀什举行的《关贸总协定》部长级会议才正式决定成立世贸组织。

世贸组织的第一任总干事是意大利前外贸部长雷纳托 · 鲁杰罗，第二任总干事是新西兰前总理麦克 · 穆尔，第三任总干事是泰国前副总理兼商业部长素帕猜，第四任总干事是欧盟前贸易谈判代表帕斯卡尔 · 拉米。

二、世界贸易组织的宗旨与目标

世贸组织的目标是建立一个完整的，包括货物、服务、与贸易有关的投资及知识产权等内容的，更具活力、更持久的多边贸易体系，使之可以包括《关贸总协定》贸易自由化的成果和乌拉圭回合多边贸易谈判的所有成果。

世贸组织的宗旨为：

1）提高生活水平，保证充分就业和大幅度、稳步提高实际收入和有效需求；

2）扩大货物和服务的生产与贸易；

3）坚持走可持续发展之路，各成员方应促进对世界资源的最优利用、保护和维护环境，并以符合不同经济发展水平下各成员需要的方式，加强采取各种相应的措施；

4）积极努力确保发展中国家，尤其是最不发达国家在国际贸易增长中获得与其经济发展水平相适应的份额和利益；建立一体化的多边贸易体制；

5）通过实质性削减关税等措施，建立一个完整的、更具活力的、持久的多边贸易体制；

6）以开放、平等、互惠的原则，逐步调降各会员国关税与非关税贸易障碍，并消除各会员国在国际贸易上的歧视待遇。

在处理该组织成员之间的贸易和经济事业的关系方面，以提高生活水平、保证充分就业、保障实际收入和有效需求的巨大持续增长，扩大世界资源的充分利用以及发展商品生产与交换为目的，努力达成互惠互利协议，大幅度削减关税及其他贸易障碍和国际贸易中的歧视待遇。

小链接

乌拉圭回合

1986 年 9 月在乌拉圭的埃斯特角城举行了《关贸总协定》部长级会议，决定进行一场旨在全面改革多边贸易体制的新一轮谈判，故命名为“乌拉圭回合”谈判。这是迄今为止最大的一次贸易谈判，历时 7 年半，于 1994 年 4 月在摩洛哥的马拉喀什结束。谈判几乎涉及所有贸易，从牙刷到游艇，从银行到电信，从野生水稻基因到艾滋病治疗。参加方从最初的 103 个，增至谈判结束时的 123 个。此次多边谈判有以下主要成果。一是强化了多边体制，特别是将农产品和纺织品纳入到自由化的轨道，并加强了争端解决机制。二是进一步改善了货物和服务业市场准入的条件，关税水平进一步下降，通过这轮谈判发达国家和发展中国家平均降税 1/3，发达国家制成品平均关税税率降为 3.5% 左右。同时通过谈判达成了服务贸易总协定，与有关的措施和与有关的知识产权协议。三是建立了世界贸易组织。

三、世界贸易组织的组织机构

世贸组织的组织机构如图 9－1 所示。

（一）部长级会议

部长级会议是世贸组织的最高决策权力机构，由所有成员国主管外经贸的部长、副部长级官员或其全权代表组成，一般两年举行一次会议，讨论和决定涉及世贸组织职能的所有重要问题，并采取行动。

部长级会议的主要职能是：任命世贸组织总干事并制定有关规则；确定总干事的权力、职责、任职条件和任期，以及秘书处工作人员的职责及任职条件；对世贸组织协定和多边贸易协定做出解释；豁免某成员对世贸组织协定和其他多边贸易协定所承担的义务；审议其成员对世贸组织协定或多边贸易协定提出修改的动议；决定是否接纳申请加入世贸组织的国家或地区为世贸组织成员；决定世贸组织协定及多边贸易协定生效的日期等。下设总理事会和秘书处，负责世贸组织日常会议和工作。世贸组织成员资格有创始成员和新加入成员之分，创始成员必须是《关贸总协定》的缔约方，新成员必须由其决策机构——部长会议以三分之二多数票通过方可加入。

第一次部长级会议于 1996 年 12 月在新加坡举行。会议主要审议了世贸组织成立以来的工作及上一轮多边贸易谈判即“乌拉圭回合”协议的执行情况，并决定成立贸易与投资、贸易与竞争、政府采购透明度 3 个工作组，同时将贸易便利化纳入货物理事会的职责范围。会议最后通过了《新加坡宣言》。

第二次部长级会议于 1998 年 5 月在瑞士日内瓦举行。会议主要讨论了已达成的贸易协议的执行情况、既定日程和未来谈判日程等问题以及第三次部长级会议举行的时间和地点。会议的主要目的是为第三次部长级会议启动新一轮多边贸易谈判做准备。

第三次部长级会议于 1999 年 11 月 30 日至 12 月 3 日在美国西雅图举行。由于非政

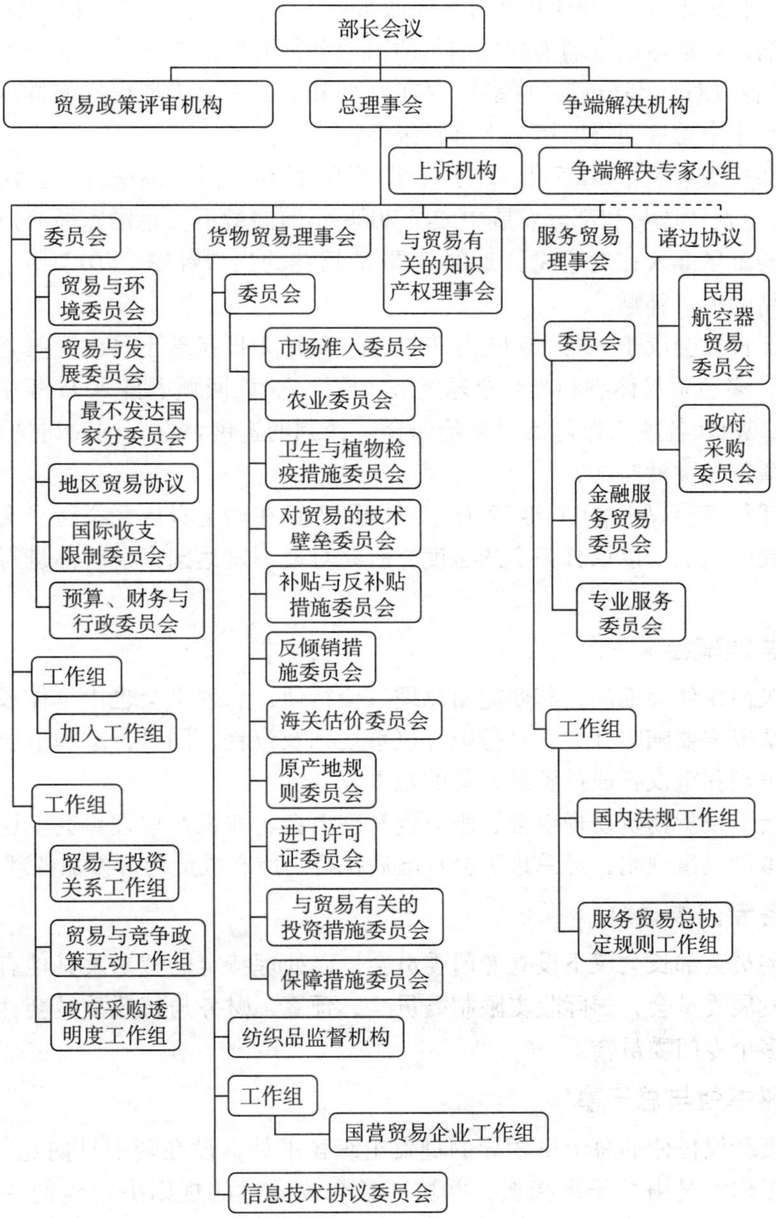

图 9－1　世界贸易组织机构

府组织的示威游行和干扰所产生的压力以及成员国在一系列重大问题上的意见分歧，会议未能启动拟议中的新一轮多边贸易谈判，最终以失败告终。

第四次部长级会议于 2001 年 11 月在卡塔尔首都多哈举行。会议启动了被称为“多哈发展议程”即所谓“多哈回合”的新一轮多边贸易谈判。“多哈回合”涵盖大约 20 个议题。其中农业和非农产品市场准入被认为是最关键也是世贸组织成员分歧最集中的两个议题。这两个议题不解决，其他议题的谈判便无法取得进展。会议的另一个重要成果是批准中国加入世贸组织。

第五次部长级会议于2003年9月在墨西哥坎昆举行。会议对世贸组织新一轮谈判进行了中期评估，同意接纳柬埔寨和尼泊尔两国为世贸组织正式成员，发表了《部长会议声明》。由于各方对《部长宣言草案》存在巨大分歧，大会未取得实质性成果，这是世贸组织成立8年中无果而终的第二次部长级会议。

第六次部长级会议于2005年12月13日至18日在中国香港举行。会议通过了《部长宣言》，规定发达成员和部分发展中成员2008年前向最不发达国家所有产品提供免关税、免配额的市场准入；发达成员2006年取消棉花的出口补贴，2013年年底前取消所有形式农产品的出口补贴。

第七次部长级会议于2009年11月30日至12月2日在瑞士日内瓦举行。会议的主题是“WTO，多边贸易体制和当今全球经济环境”，会议回顾了自2005年中国香港部长级会议以来，WTO各项工作包括“多哈回合”谈判的进展情况，同时讨论WTO对世界经济复苏和增长的贡献。

第八次部长级会议于2011年12月15日至17日在瑞士日内瓦举行。会议将讨论的重点放在发展问题上，以认真务实的态度，研究对最不发运国家经济体进行贸易援助等具体问题。

（二）总理事会

在部长级会议休会期间，其职能由总理事会行使，总理事会也由全体成员组成。总理事会可视情况需要随时开会，自行拟订议事规则及议程。同时，总理事会还必须履行其解决贸易争端和审议各成员贸易政策的职责。

总理事会下设货物贸易理事会、服务贸易理事会、知识产权理事会。这些理事会可视情况自行拟订议事规则，经总理事会批准后执行。所有成员均可参加各理事会。

（三）各专门委员会

各专门委员会部长会议下设立专门委员会，以处理特定的贸易及其他有关事宜。已设立贸易与发展委员会，国际收支限制委员会，预算、财务与行政委员会，贸易与环境委员会等十多个专门委员会。

（四）秘书处与总干事

由部长级会议任命的总干事领导的世贸组织秘书处，设在瑞士日内瓦，大约有500人。秘书处工作人员由总干事指派，并按部长会议通过的规则决定他们的职责和服务条件。

部长级会议明确了总干事的权力、职责、服务条件及任期规则。世贸组织总干事主要有以下职责：他可以最大限度地向各成员施加影响，要求它们遵守世贸组织规则；总干事要考虑和预见世贸组织的最佳发展方针；帮助各成员解决它们之间所发生的争议；负责秘书处的工作，管理预算和所有成员有关的行政事务；主持协商和非正式谈判，避免争议。

截至1999年5月，世贸组织共有30多个理事会和常设委员会。

小讨论

世界贸易组织与《关贸总协定》有什么区别和联系？

四、世界贸易组织的职能

世贸组织的基本职能有以下几种：制定监督、管理和执行共同构成世贸组织的多边及诸边贸易协定；作为多边贸易谈判的讲坛；寻求解决贸易争端；监督各成员贸易政策，并与其他同制定全球经济政策有关的国际机构进行合作。

世贸组织的目标是建立一个完整的、更具有活力的和永久性的多边贸易体制。与《关贸总协定》相比，世贸组织管辖的范围除传统的和乌拉圭回合确定的货物贸易外，还包括长期游离于《关贸总协定》外的知识产权、投资措施和非货物贸易（服务贸易）等领域。

世贸组织具体有以下五大职能。

（一）管理职能

世贸组织负责对各成员国的贸易政策和法规进行监督和管理，定期评审，以保证其合法性。

（二）组织职能

为实现各项协定和协议的既定目标，世贸组织有权组织实施其管辖的各项贸易协定和协议，并积极采取各种有效措施。

（三）协调职能

世贸组织协调其与国际货币基金组织和世界银行等国际组织和机构的关系，以保障全球经济决策的一致性和凝聚力。

（四）调节职能

当成员国之间发生争执和冲突时，世贸组织负责解决。

（五）提供职能

世贸组织为其成员国提供处理各项协定和协议有关事务的谈判场所，并向发展中国家提供必要的技术援助以帮助其发展。

五、世界贸易组织的基本原则

（一）互惠原则

互惠原则（Reciprocity）也称对等原则，是世贸组织最为重要的原则之一，是指两成员方在国际贸易中相互给予对方贸易上的优惠待遇。它明确了成员方在关税与贸易谈判中必须采取的基本立场和相互之间必须建立一种贸易关系。世贸组织的互惠原则主要通过以下几种形式体现。

第一，通过举行多边贸易谈判进行关税或非关税措施的削减，对等地向其他成员开放本国市场，以获得本国产品或服务进入其他成员市场的机会，即所谓“投之以桃”“报之以李”。

第二，当一国或地区申请加入世贸组织时，由于新成员可以享有所有老成员过去已达成的开放市场的优惠待遇，老成员就会一致地要求新成员必须按照世贸组织现行协定、协议的规定缴纳“入门费”——开放申请方商品或服务市场。

第三，互惠贸易是多边贸易谈判及一成员贸易自由化过程中与其他成员实现经贸合作的主要工具。《关贸总协定》及世贸组织的历史充分说明，多边贸易自由化给某一成员带来的利益要远大于一个国家自身单方面实行贸易自由化的利益。因为一国单方面自主决定进行关税、非关税的货物贸易自由化及服务市场开放时，所获得的利益主要取决于其他贸易伙伴对这种自由化改革的反应，如果反应是良好的，即对等地也给予减让，则获得的利益就大；反之，则较小。

相反，在世贸组织体制下，由于一成员的贸易自由化是在获得现有成员开放市场承诺范围内进行的，自然这种贸易自由化改革带来的实际利益有世贸组织机制作保障，而不像单边或双边贸易自由化利益那么不确定。因此，多边贸易自由化要优于单边贸易自由化，尤其像中国这样的发展中的大国。

(二) 透明度原则

透明度原则（Transparency）是指，世贸组织成员方应公布所制定和实施的贸易措施及其变化情况，没有公布的措施不得实施，同时还应将这些贸易措施及其变化情况通知世贸组织。此外，成员方所参加的有关影响国际贸易政策的国际协定，也应及时公布和通知世贸组织。

透明度原则是世贸组织的重要原则，它体现在世贸组织的主要协定、协议中。根据该原则，世贸组织成员需公布有效实施的、现行的贸易政策法规有以下几种。

1）海关法规。即海关对产品的分类、估价方法的规则，海关对进出口货物征收的关税税率和其他费用；

2）进出口管理的有关法规和行政规章制度；

3）有关进出口商品征收的国内税、法规和规章；

4）进出口商品检验、检疫的有关法规和规章；

5）有关进出口货物及其支付方面的外汇管理和对外汇管理的一般法规和规章；

6）利用外资的立法及规章制度；

7）有关知识产权保护的法规和规章；

8）有关出口加工区、自由贸易区、边境贸易区、经济特区的法规和规章；

9）有关服务贸易的法规和规章；

10）有关仲裁的裁决规定；

11）成员国政府及其机构所签订的有关影响贸易政策的现行双边或多边协定、协议；

12）其他有关影响贸易行为的国内立法或行政规章。

透明度原则规定各成员应公正、合理、统一地实施上述的有关法规、条例、判决和决定。统一性要求在成员领土范围内管理贸易的有关法规不应有差别待遇，即中央政府统一颁布有关政策法规，地方政府颁布的有关上述事项的法规不应与中央政府有任何抵触。但是，中央政府授权的特别行政区、地方政府除外。公正性和合理性要求成员对法规的实施履行非歧视原则。

透明度原则还规定，鉴于对海关行政行为进行检查和纠正的必要，要求各成员应保留或尽快建立司法的或仲裁的或行政的机构和程序。这类法庭或程序独立于负责行政实施的机构之外。除进口商在所规定允许的上诉期内可向上级法庭或机构申诉外，其裁决一律由这些机构加以执行。

透明度原则对公平贸易和竞争的实现起到了十分重要的作用。

（三）市场准入原则

世贸组织市场准入原则（Market Access）是可见的和不断增长的，它以要求各国开放市场为目的，有计划、有步骤、分阶段实现最大限度的贸易自由化。市场准入原则的主要内容包括关税保护与减让，取消数量限制和透明度原则。世贸组织倡导最终取消一切贸易壁垒，包括关税和非关税壁垒，虽然关税壁垒仍然是世贸组织所允许的合法的保护手段，但是关税的水平必须是不断下降的。

（四）促进公平竞争原则

世贸组织不允许缔约国以不公正的贸易手段进行不公平竞争，特别禁止采取倾销和补贴的形式出口商品，对倾销和补贴都做了明确的规定，制定了具体而详细的实施办法，世贸组织主张采取公正的贸易手段进行公平的竞争。

（五）经济发展原则

经济发展原则也称鼓励经济发展与经济改革原则，该原则以帮助和促进发展中国家的经济迅速发展为目的，针对发展中国家和经济接轨国家而制定，是给予这些国家的特殊优惠待遇。

如允许发展中国家在一定范围内实施进口数量限制或是提高关税的“政府对经济发展援助”条款，仅要求发达国家单方面承担义务而发展中国家无偿享有某些特定优惠的“贸易和发展条款”，以及确立了发达国家给予发展中国家和转型国家更长的过渡期待遇和普惠制待遇的合法性。

（六）非歧视性原则

这一原则包括两个方面，一个是最惠国待遇，另一个是国民待遇。成员一般不能在贸易伙伴之间实行歧视；给予一个成员的优惠，也应同样给予其他成员。这就是最惠国待遇。这个原则非常重要，在管理货物贸易的《关贸总协定》中位居第一条，在《服务贸易总协定》中是第二条，在《与贸易有关的知识产权协议》中是第四条。因此，最惠国待遇适用于世贸组织所有三个贸易领域。国民待遇是指对外国的货物、服务以及知识产权应与本地的同等对待。最惠国待遇的根本目的是保证本国以外的其他缔约方能够在本国的市场上与其他国企业在平等的条件下进行公平竞争。非歧视性原则是世界贸易组织的基石，是避免贸易歧视和摩擦的重要手段，是实现各国间平等贸易的重要保证。

任务二　中国加入世界贸易组织

【任务导入】

2001年9月17日，世贸组织中国工作组第18次会议举行正式会议，通过了中国入世的所有法律文件，其中包括中国工作组报告书、入世议定书以及货物贸易减让表和服务贸易减让表等附件，同时也结束了世贸组织中国工作组的全部工作。2001年11月10日，在多哈举行的世贸组织第四次部长级会议上审议并批准了中国加入世贸组织，我国随即递交了全国人大常委会批准中国加入世贸组织议定书的通知书。按照世贸组织的规则，一个月后，中国于2001年12月11日正式成为世贸组织成员。

【思考问题】

中国为何要加入世贸组织？

【任务分析】

加入世贸组织后，对外开放将转变成市场主导型的、体制性的对外开放。中国的发展战略将发生重大调整，我们进入了新的开放时代。

【知识链接】

一、中国加入世界贸易组织的进程

中国是1947年成立的《关贸总协定》创始国之一。1949年中华人民共和国成立，西方资本主义国家却因为政治对立的原因，拒绝承认中华人民共和国而继续承认“中华民国”政府地位，中华人民共和国无法获得在《关贸总协定》中缔约国成员的身份。在1971年10月25日，联合国大会会议推出2857号决议，即在“恢复中华人民共和国在联合国组织中的合法权利问题”上做出表态，中华人民共和国获得了合法地位，“中华民国”政府也不再出现在《关贸总协定》的列表之中。1984年4月，中国取得了《关贸总协定》观察员地位。1986年7月，中国向《关贸总协定》正式提出恢复《关贸总协定》缔约国地位的申请，从此开始了“复关”和“入世”谈判15年的漫漫征程（见表9－1）。

表9－1　中国加入世界贸易组织进程

时间	加入世贸组织进程
1986年9月	中国开始全面参与《关贸总协定》乌拉圭回合多边贸易谈判
1987年3月	《关贸总协定》设立中国工作组，并于同年10月举行第一次会议

续表

时间	加入世贸组织进程
1992 年 10 月	工作组基本结束了对中国经贸体制的审议，并进入有关复关议定书内容的实质性谈判
1994 年 4 月	中国签署了乌拉圭回合最后文件和世贸组织协定，签署这两个文件是中国复关的必备条件之一
1994 年 11 月	中国提出在年底完成复关的实质性谈判，并成为定于 1995 年 1 月 1 日成立的世贸组织创始成员的要求。由于美国等少数缔约方阻挠，在 12 月份召开的《关贸总协定》中国工作组第 19 次会议上，未能就中国成为世贸组织创始成员问题达成协议
1995 年 1 月 1 日	世贸组织正式成立
1995 年 7 月 11 日	中国成为该组织的观察员
1995 年 11 月	中国政府照会世贸组织总干事鲁杰罗，把《关贸总协定》中国工作组更名为世贸组织中国工作组。中国“复关”谈判成为“入世”谈判
1997 年 5 月 23 日	第 4 次世贸组织中国工作组会议就中国加入世贸组织议定书中关于非歧视原则和司法审议两项主要条款达成协议。到年底，中国先后与新西兰、韩国、匈牙利、捷克等国签署了入世双边协议
1998 年 4 月 7 日	中国在第 7 次世贸组织中国工作组会议上提出了近 6000 个税号的降低关税的方案
1999 年 7 月	中日实质性结束关于中国加入世贸组织的全部双边谈判
1999 年 11 月 15 日	中美两国政府在北京签署了关于中国加入世贸组织的双边协议
2000 年 5 月 19 日	中国与欧盟代表在北京签署了关于中国加入世贸组织的双边协议
2001 年 6 月 28 日至 7 月 4 日	第 16 次世贸组织中国工作组会议就多边谈判中遗留的 12 个主要问题达成全面共识
2001 年 7 月 16 日至 20 日	第 17 次世贸组织中国工作组会议对中国加入世贸组织的法律文件及其附件和工作组报告书进行了磋商，并最终完成了这些法律文件的起草工作
2001 年 9 月 13 日	中国和墨西哥就中国加入世贸组织达成双边协议。至此，中国完成了与世贸成员的所有双边市场准入谈判
2001 年 9 月 17 日	世贸组织中国工作组第 18 次会议通过了中国入世议定书及附件和中国工作组报告书，这标志着中国加入世贸组织的谈判全部结束。中国正式加入世界贸易组织，成为其第 143 个成员

二、中国加入世界贸易组织后的权利与义务

（一）能够享有的权利

1）能使我国的产品和服务及知识产权在所有成员中享受无条件、多边、永久和稳定的最惠国待遇及国民待遇；

2）对大多数发达国家出口的工业品及半制成品受普惠制待遇；

3）享受发展中国家成员的大多数优惠或过渡期安排；

4）享受其他世贸组织成员开放或扩大货物、服务市场准入的利益；

5）利用世贸组织的争端解决机制，公平、客观、合理地解决与其他国家的经贸摩擦，营造良好的经贸发展环境；

6）参加多边贸易体制的活动获得国际经贸规则的决策权；

7）享受世贸组织成员利用各项规则、采取例外、保证措施等促进本国经贸发展的权利。

（二）应履行的基本义务

1）在货物、服务、知识产权等方面，依世贸组织规定，给予其他成员最惠国待遇、国民待遇；

2）依世贸组织相关协议规定，扩大货物、服务的市场准入程度，即具体要求降低关税和规范非关税措施，逐步扩大服务贸易市场开放；

3）按《知识产权协定》规定进一步规范知识产权保护；

4）按争端解决机制与其他成员公正地解决贸易摩擦，不能搞单边报复；

5）增加贸易政策、法规的透明度；

6）规范货物贸易中对外资的投资措施；

7）按在世界出口中所占比例缴纳一定会费。

小　结

1）世界贸易组织成员贸易总额达到全球的98%，在调解成员争端方面具有更高的权威性和有效性。世界贸易组在促进全球贸易和投资自由化上发挥了重大的作用，使公平贸易和自由竞争成为可能。世界贸易组织的各种规则使成员国的行为有章可循，为成员解决各种贸易纠纷提供了依据。

2）加入世贸组织，有利于扩大对外开放，为我国经济社会的发展赢得了良好的国际环境；增加了就业，吸收了先进技术和管理经验，增强我国经济发展活力和国际竞争力，大大提高了我国的国际地位，推动了开放型经济水平的提高，带动了国内产业结构的优化升级，创造了大量的就业机会，提高了人民群众的收入与生活水平。

基础训练

一、单项选择题

1. 世贸组织的最惠国待遇条款是（　　）。

A. 多边的、有条件的　　B. 双边的、有条件的

C. 多边的、无条件的　　D. 双边的、无条件的

2. 《关贸总协定》规定缔约国只能通过（　　）来保护本国产品。

A. 数量限制　　B. 进出口许可证制

C. 关税　　D. 非关税壁垒

3. 目前协调各国贸易关系的主要国际经济组织是（　　）。

A. 国际货币基金组织　　B. 世界银行
C. 关贸总协定　　D. 世界贸易组织

4. WTO 成立后，“GATT1947”（　　）。

A. 仍然是 WTO 的重要协定　　B. 修订为“GATT1994”
C. 被完全废除　　D. 与“GATT1994”同时并存

二、多项选择题

1. 世贸组织的宗旨和目标是（　　）。

A. 提高生活水平，确保充分就业　　B. 大幅度增加实际收入和有效需求
C. 拓展货物和服务的生产和贸易　　D. 持久开发、合理利用世界资源
E. 通过与各国经济发展水平相符合的方式来加强环保

2. 世贸组织对世界经济贸易可能产生的影响有（　　）。

A. 遏止贸易保护主义的蔓延，促进贸易自由化
B. 促进国际服务贸易和国际投资的加速发展
C. 根本性地改变发展中国家在国际经济中的地位
D. 全球范围内的贸易竞争更加激烈
E. 经济全球化进一步发展

3. 世界贸易组织的主要特点是（　　）。

A. 世界贸易组织协定的法律权威性　　B. 组织机构的正式性
C. 管辖内容的广泛性　　D. 权利与义务的统一性
E. 争端解决机制的有效性

4. 世界贸易组织主张各国在贸易自由化的前提下进行公平竞争，它认为属于不公平竞争的是（　　）。

A. 倾销　　B. 关税　　C. 补贴　　D. 许可证　　E. 配额

三、简答题

1. 简述世界贸易组织宗旨与目标。
2. 与《关贸总协定》相比，世界贸易组织具有哪些特点？
3. 世界贸易组织对国际经贸发展有何影响？
4. 简述《建立世界贸易组织协定》的基本原则。

四、案例分析

外媒对中国“入世”的评价

据美国《华尔街日报》报道，在中国加入世贸组织 4 年后，外国公司对中国政府在削减关税以及开放金融服务业等方面所做的工作给予了相当积极的评价，但同时认为中国在其他方面还有很多工作要做。

加入世贸组织后，中国在履行世贸组织义务方面已经做得很好。为了与世贸组织的规则接轨，中国修改了 2000 多项法律法规，并废除了 800 多项法规。中国政府的贸易问题顾问张汉林给中国在遵守世贸组织规则方面打了 95 分，但对中国在保护知识产权方面的表现只打了 80 分。外国公司在关税、保险、金融服务、政府采购、知识产权保护、分销权、政府透明度等几个领域也给了中国不错的分数。

分析：

1）分析保护期结束后中国经济的哪些方面会受到比较大的冲击？

2）中国在加入世贸组织后应在哪些方面适应和利用规则发展经济？

综合训练

正确认识世界贸易组织

1. 实训目的

通过阅读《关贸总协定》以及 WTO 的相关文件，使学生熟悉世界贸易组织的规则，充分了解世界贸易组织成员的权利和义务。

2. 实训资料

请结合课堂讲授的内容，上网下载《关贸总协定》以及世贸组织资料并阅读。拟定外贸企业利用我国作为 WTO 成员的有利条件开展业务的行动方案。

3. 实训要求

学生将收集到的各种文件资料整理，熟悉《关贸总协定》以及世界贸易组织各种协议协定，拟定外贸企业的行动方案。

4. 实训步骤

1）自由组合成小组，每组 5 人。

2）明确每个人的职责，并熟悉世贸组织各种协议协定的主要内容。

3）形成设计方案，全班共享。

5. 实训评价

教师对各组的行动方案做出综合评价。

学习情境十　国际服务贸易

【知识导图】

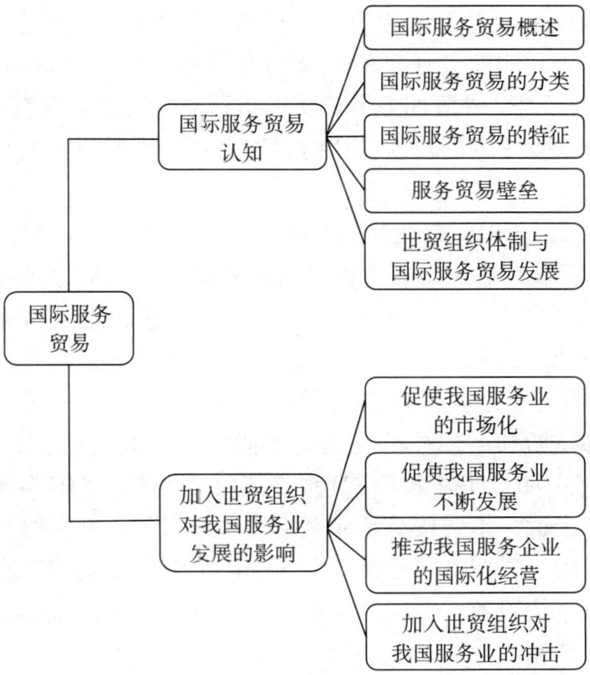

【知识目标】

1）了解国际服务贸易的概念和特点；
2）掌握国际服务贸易的分类；
3）熟悉世贸组织体制下国际服务贸易的基本规则。

【技能目标】

1）能系统地阐述国际服务贸易的基础知识；
2）能运用国际服务贸易的基本规则；
3）能应用所学知识分析案例。

任务一　国际服务贸易认知

【任务导入】

2004 年美墨电信服务案

1997 年之前，墨西哥的国内长途和国际电信服务一直由 Telmex 公司垄断；1997 年之后，墨西哥政府授权多个电信运营商可以提供国际电信服务，但根据墨西哥国内法，在国际电信市场上对外呼叫业务最多的运营商有权利与境外运营商谈判线路对接条件，而 Telmex 公司作为墨西哥对外呼叫业务最多的运营商，自然就享有了该项谈判权利，事实上就拥有了排除外部竞争者的权力，从而引发了希望大举进入墨西哥市场的美国电信业巨头的不满。

2000 年 8 月 17 日，美国以墨西哥的基础电信规则和增值电信规则违背了墨西哥在《关贸总协定》中的承诺为由，向墨西哥提出磋商请求，之后，美墨双方进行了两次磋商，但未能达成共识。2002 年 4 月 17 日，成立了专家组，因双方未能在规定期限内就专家组的组成达成一致，2002 年 8 月 26 日，WTO 总干事最终任命了以 Ernst – Ulrich Petersmann 为首的三人专家组。另有澳大利亚、巴西、加拿大、欧盟、古巴、日本、印度、危地马拉、洪都拉斯和尼加拉瓜等提交了他们的书面意见。专家组分别于 2003 年 11 月 21 日和 2004 年 4 月 2 日提交了中期报告和最终报告，2004 年 6 月 1 日，经过再次磋商，墨西哥放弃了上诉，正式接受了专家组的最终报告，并最终就此电信服务争端与美国达成协议。协议中，墨西哥同意废除本国法律中引起争议的条款，并同意在 2005 年引进用于转售的国际电信服务；美国同意墨西哥继续对国际简式电信服务进行严格限制以组织非授权的电信传输。

【思考问题】

一国国内的电信服务为何会引起国际纠纷？

【任务分析】

20 世纪 70 年代以前，国际服务贸易在世界经贸关系中还不是一个引人注目的领域。《关贸总协定》组织的多轮谈判都还没有考虑到要涉及这一议题。由于国际服务贸易自 20 世纪 70 年代以来的迅速发展，国际服务贸易市场的竞争日趋激烈，国际服务贸易的发展潜力和重要性才开始为人们所重视。

【知识链接】

一、国际服务贸易概述

(一) 服务的含义

服务（Service）是指服务提供者通过直接接触或间接接触的形式，满足服务接受者的某种需要并取得相应报酬的经济行为。服务一般是以非实物形式满足他人（自然人或法人）的某种特殊需要，或改善其他一些经济单位的状况，它既可以改善消费单位的商品的物质形态，又可以改善某些人的肉体或精神状态。

(二) 服务的基本特征

和实物产品相比，服务具有一些基本特征，了解这些基本特征可以帮助我们进一步了解服务的本质。

1. 服务没有具体的形态但可以感知

这是服务的最主要的特征。实物商品是有形的，在空间中有具体的形态可以感知；而服务的空间形态基本上是不固定的、无形的。我们可从两个不同的方面来理解。首先，服务与有形产品比较，在很多时候都是无形的，让人不能触摸或凭肉眼看见其存在。其次，服务消费者在购买服务之前往往不能感知服务，接受服务后的利益也很难被察觉，或是要等一段时间后，服务消费者才能感觉到“利益”的存在。由于服务的无形性，顾客对它们的质量很难评估，因为即使在消费和享用之后，顾客也难以根据消费经验感受到这种产品带来的利益，而只能相信服务提供者的介绍和承诺，并认为该服务确实给自己带来了自己所期望得到的好处。当然也有某些服务能与有形物品结合在一起，即所谓的“物化服务”。“物化服务”即是在服务生产活动者改变了一些人或他们所拥有的商品状态以后，服务就被认为是“物化”了。这种改变对个人或商品所有者是有价值的。如学生受益于教师的知识传授，病人受益于医生的诊断服务，音乐家的服务体现在唱片中，计算机程序的服务体现在数据存储盘中等。

2. 不可分离性

服务具有不可分离性的特征，是指服务的生产过程与消费过程同时进行，也就是说服务人员提供服务于顾客时，也正是顾客消费服务的时刻，两者在时间上不可分离。所以在服务的过程中消费者和生产者必须直接发生联系，从而生产的过程也就是消费的过程。有形产品从生产、流通、到最后消费的过程中，一般要经过一系列的中间环节，生产与消费的过程一般具有一定的时间间隔。服务的这种特性表明，顾客只有加入到服务的生产过程中才能最终消费到服务。故服务的不可分离性是服务的另一个主要特征。但在物化服务的情况下，相关服务被某种形式的有形商品物化，这样的服务的生产和消费可以不同时发生。

3. 不可贮存性

商品在生产出来以后和进入消费领域之前，可以处于库存状态，而且不一定给商品生产者带来损失。但服务却不可能像有形的消费品和其他产品一样被贮存起来，以备未来出售；消费者在大多数情况下也不能将服务携带回家保存。提供的服务如果不被使用，既不能给提供者带来收益，也不能给消费者带来效用。如电影院的空位不会产生服务收入等。尽管提供服务的设备可能会提前准备好，但生产出来的服务如不当时消费，就会造成损失，这种损失不像有形产品损失那样明显，它主要表现为服务效用的丧失和折旧的发生。随着科学技术的发展，有些服务在时间上也是可以贮存的，即购买和消费在时间上不一致，如保险服务等。

4. 差异性

差异性是指服务的构成及其质量水平经常变化，很难统一界定。与机械化和自动化生产条件下的物质产品不同，服务行业是以“人”为中心的产业，由于人类个性的存在，使得对于服务的质量检验很难采取统一的标准。一方面，由于服务人员自身素质（如心理状态）的影响，即使是同一服务人员，在不同时间所提供的服务质量也可能会有差别；另一方面，由于顾客直接参与服务的生产和消费过程，因而顾客本身的因素（如知识水平、兴趣和爱好等）也直接影响服务的质量和效果。例如，同样是上课听讲，有人津津有味，有人昏昏欲睡。由于服务的这个特征，服务的质量和效果要受生产者和消费者两方面的影响。服务质量的差异性，既为发展优质服务提供了广阔的空间，也给劣质服务留下了活动余地，这就对服务质量管理提出了更高的要求。

（三）服务贸易及其分类

服务作为商品进行交易或等价交换，这就是服务贸易。在《关贸总协定》乌拉圭回合《服务贸易总协定》中把服务贸易定义为：①在一成员领土内向任何其他成员领土提供服务；②在一成员领土内向任何其他成员的服务消费者提供服务；③一成员的服务提供者通过在任何其他成员领土内的商业存在提供服务；④一成员的服务提供者通过在任何其他成员领土内的自然人存在提供服务。服务只有在体现商品价值时，才具有服务贸易的特征。

服务贸易有三个基本类型。

1. 要素服务贸易

提供要素的服务贸易称为要素服务贸易。它包含三个组成部分：一是以人力资本和知识资本的收入形式表现的；二是以手续费和版权税形式表现的，如以书籍、影片、唱片、乐谱、计算机软件、药品以及类似的商品和服务形式使用专利、商标、版权而支付的费用；三是劳务，包括工人、技术人员及管理人员的劳务贸易。

2. 人员和商品流动引起的服务贸易

这是一种随着商品和人员的流动而产生的服务贸易，有人称之为追加性服务。这种服务提供了某种追加效用。在科技革命和交通运输不断发展的影响下，这种服务会导致商品的变化和因人员流动而伴随产生的种种服务。这种服务贸易的表现形式有许多，如商务旅行者、旅游者、学生和病人，他们接受交通运输、旅馆、教育、医疗等方面的服务。

3. 物化服务贸易

物化服务就是把服务物质化，如人们去音乐厅聆听交响乐或古典音乐演奏，乐队的演奏属于一瞬间消失的服务，演奏结束的那一瞬间就意味着作为服务供应者的乐队给消费者的服务宣告结束。但是，如果把乐队演奏的全过程录音录像，制成磁带或录像带，这就实现了服务的物质化，即物化服务。电子计算机的软件磁盘就是典型的物化服务的例子。

（四）国际服务贸易

因为国际服务贸易的复杂性，因此国际上迄今为止也未能给出一个规范性的定义。国际服务贸易定义分狭义和广义两种。所谓狭义定义是指，当一国（地区）的劳动力向另一国（地区）的消费者（法人或自然人）提供服务时，并相应获得外汇收入的全过程，便构成服务的出口；相对于服务的出口，一国（地区）消费者购买他国（地区）劳动力提供服务的过程，形成服务的进口。各国的服务进出口活动，便构成国际服务贸易。其贸易额为服务总出口额或总进口额。

广义的国际服务贸易定义是以一国的国际收支流量的统计为依据的。《关贸总协定》乌拉圭回合《服务贸易总协定》规定，国际服务贸易是指服务提供者从一国境内向他国境内、通过商业现场或自然人的商业现场向服务消费者提供服务并获得外汇收入的过程。把国际服务贸易定义为如下四类：①从一缔约方境内向任何其他缔约方境内提供服务；②在一缔约方境内向任何其他缔约方的服务消费者提供服务；③一缔约方在其他任何缔约方境内通过提供服务的实体性介入而提供服务；④一缔约方的自然人在其他任何缔约方境内提供服务。这里的“服务提供”包括任何部门的任何服务，但实施政府职能活动所需的服务提供除外。

小讨论

你接触到的服务产品有哪些？服务产品有什么特点？

二、国际服务贸易的分类

根据不同的分类标准，人们对国际服务贸易进行了多种多样的分类。然而至今关于国际服务贸易的分类尚没有形成统一的意见（见表10－1）。

表10－1　国际服务贸易的分类

分类方法	种类	含义
按服务产品的性质划分	劳务型服务贸易	主要指国际劳务输出、输入，如建筑工程承包等劳务贸易
	资本型服务贸易	主要指国际资本输出、输入，包括国际资本流动，资本投入形成的设备、设施提供的服务贸易
	专业型服务贸易	主要指咨询、管理、技术服务等专业服务贸易
	权益型服务贸易	主要指运用产权、特许权、专利权等权益性资产提供的服务贸易，如国际租赁、土地与各种设备租用、专利许可使用等
	知识信息型服务贸易	主要指以提供知识信息及其相关的服务的贸易，如国际电信服务贸易、国际卫星通信服务贸易、文化交流等

续表

分类方法	种类	含义
按照服务在人类再生产活动中所处环节划分	消费性服务	消费者在消费者服务市场上购买的服务。按照服务生产部门的产业分类，消费性服务的供给是包罗万象的，覆盖个人生活的各个方面。商品和服务的消费是所有经济活动的起点和终点
	生产性服务	生产者在生产者服务市场上购买的服务，作为中间投入服务，用于商品和服务的进一步生产
	分配性服务	消费者和生产者为获得商品或供应商品而必须购买的服务。分配性服务是一种连带性服务或追加性服务。这类服务的提供和需求都是因为对商品的直接需要而派生出来的

从世界上一些国家对服务业的分类，可以反映出上述的几种服务分类。日本把服务业分为信息服务、企业服务、生活服务、娱乐服务和公共服务 5 类，共 41 个行业。美国把服务业部门分为建筑业、交通运输业、金融业、服务行业（个人服务、企业服务、汽车维修、娱乐休养）。

三、国际服务贸易的特征

（一）国际服务贸易全球化、自由化

以美国为代表的发达国家的经济结构已经基本实现服务化，服务业产值占 GDP 的比重以及服务业就业人数占总就业人数的比重均已经超过 65%，其服务贸易额占全球服务贸易总额的比重达 70% 以上。发达国家在服务贸易中的比较优势是服务贸易发展的主要动力，他们通过世贸组织和区域性贸易组织，积极推动服务贸易的自由化和全球化。与此同时，从人类社会产业结构的演变趋势来看，由以第一产业为主的农业经济向以第二产业为主的工业经济再向以第三产业为主的服务经济发展是历史的必然，各国产业结构的升级，必将不断推动服务贸易的发展，服务贸易的全球化、自由化是大势所趋。

（二）发达国家占据主导地位，发展中国家地位不断上升

国际服务贸易中发达国家占仍居主导地位，发展中国家地位不断上升，中国成为国际服务贸易增长最快的国家之一。因为各国经济发展不平衡，各主要地区的服务贸易额在世界服务贸易中的比例也有很大差别。根据世贸组织统计，世界最大的服务进出口地区是西欧，这一地区绝大多数是发达国家，服务部门专业化程度高且与经济环境吻合程度较好。西欧目前仍是世界服务贸易最大的进出口地区且长期保持顺差地位。服务贸易第二大进出口地区为亚洲地区，除日本、韩国以外，该地区多是发展中国家，虽然总体发展水平低于西欧，但经济发展速度快，服务贸易的发展速度也居世界首位。

从单个国家来看，美国依然是世界服务贸易的超级大国，它的进出口额均占世界第一位，相对其服务贸易而言，美国的商品贸易是进口大于出口。所以说，美国的服务贸易的竞争优势超过货物贸易的竞争优势。

中国国际服务贸易进出口总额从 1982 年的 44 亿美元增长到 2012 年的 4706 亿美元，

在30年内增长了一百余倍，比“十五”末期的1571亿美元还增长了将近3倍。2012年中国服务贸易进出口世界排名双双提升至世界第三位和第五位。

（三）国际服务贸易结构进一步优化，服务贸易领域进一步扩大

第二次世界大战之前，服务贸易主要集中在劳务的输出输入。第二次世界大战之后，由于第三次产业革命，电信、金融以及各种信息产业、高新技术产业得以迅速崛起并快速进入服务贸易领域。在世界服务贸易的构成中，1970年国际运输服务贸易占38.5%，国际旅游占28.2%，其他服务的比重则由70年代的30.8%上升至40.8%，上升了整整10个百分点。所谓的其他服务，包括电信服务、建筑服务、金融服务、保险服务、信息服务、专利或许可、其他商业服务和文化娱乐服务等可统计项目。这些大都是资本密集型的服务项目，在新的科技浪潮推动下，增长速度很快，远远超过在服务贸易中一直占比重较大的运输和旅游业的增长，在世界服务贸易中越来越重要。1998～1999年全球运输服务贸易平均增长率为2%，旅游服务贸易为6.5%，而金融、电信服务贸易则高达7.4%。

（四）国际服务贸易整体发展迅速，但区域发展不平衡

20世纪70年代以来，国际服务贸易发展迅速，规模不断扩大，这种迅速发展的趋势一直持续到今。在1970年，国际服务贸易的出口额仅为710亿美元，2004年达2.1万亿美元。据世贸组织的报告，2004年全球服务贸易出口额为2.1万亿美元，比上年增长了16%，中国服务贸易在世界中的排序与2003年相同，出口居第9位，进口居第8位。根据世贸组织的统计，2000～2015年世界服务贸易的出口年均增长率为6.3%，进口年均增长率为5.8%，其中亚洲地区无论是出口额还是进口额年均增长率都位居首位，分别达到8.5%和6.9%，其次是北美，出口额和进口额平均增长率分别达到6.9%和6.4%，拉丁美洲居第三位，出口额平均增长6.7%，进口额平均增长6%。

（五）贸易自由化和保护主义的斗争愈演愈烈，服务贸易也受到巨大影响

在经济全球化的推动下，世界各国经济交往愈加频繁，各种贸易壁垒花样迭出，贸易自由化已是不可逆转的潮流。但是随着国际贸易规模不断扩大，贸易摩擦产生的可能性也就越大。当前，各国经济景气的不均衡性、区域贸易集团的排他性、贸易分配利益的两极化等都是造成贸易保护主义层出不穷的重要原因。

当前世界已进入贸易争端的高发期，并呈现出以下特点。一是基于战略利益考虑而引发的贸易摩擦增多。二是贸易保护的手段不断翻新。各种技术壁垒成为贸易保护的新式武器，知识产权纠纷成为国际贸易争端的重要方面。三是摩擦从单纯的贸易问题转向更为综合的领域。社会保障问题、汇率制度问题等已成为摩擦的新领域，资源摩擦与贸易摩擦交互作用的趋势越来越明显。四是中国已成为国际贸易保护的最大受害国。从1995年开始，中国已连续多年成为遭受反倾销最多的国家。

小 链 接

服务产品的价值和使用价值

服务产品与实物产品一样具有使用价值——非实物使用价值。这种使用价值像其他一切使用价值一样，首先具有满足人某种需要的功能，包括满足人们某种物质或精神需要的功能。其次，非实物使用价值也是构成社会财富的重要内容。其原因在于：人们追求经济利益的目的是为了获得多样性的使用价值，以满足自己多方面的需要，以达到健康、幸福的境界。所以，财富是与使用价值相互依存，不论财富的社会形式如何，使用价值总是构成社会财富的物质内容。

用来交换的服务产品在商品经济中具有交换价值和价值。服务产品的价值就是凝结在非实物使用价值上的、得到社会表现的一定量的抽象劳动。由于价值本身就不是可以捉摸的实物，而是抽象劳动；它既看不见，又摸不着，不具有实物的属性或自然属性，不能被人的感官所直接感知；价值只是作为一种社会关系，才具有客观现实性。作为人类抽象劳动时间的凝结，服务劳动同样形成价值。私人劳动和社会劳动的矛盾使生产服务产品的劳动取得社会形式，从而表现为价值；服务产品与实物产品不能按异质的使用价值量，而只能按其中凝结的同质的抽象劳动量进行交换，从而以价值为尺度决定其交换比例。

四、服务贸易壁垒

（一）服务贸易壁垒的概念

所谓服务贸易壁垒，指一国政府对外国服务生产者或提供者的服务提供或销售所设置的有障碍作用的政策措施，即凡直接或间接地使外国服务生产者或提供者增加生产或销售成本的政策措施，都属于服务贸易壁垒。

（二）服务贸易壁垒的种类

服务贸易壁垒内容繁多，形式各异，目前服务贸易壁垒达 2000 多种。一种比较合适的分类方法是把服务贸易模式与影响服务提供和消费的壁垒结合起来进行分类，从而把服务贸易壁垒划分为产品移动、资本移动、人员移动和开业权壁垒四种形式。

1. 产品移动壁垒

产品移动壁垒包括数量限制、当地成分或本地要求、补贴、政府采购、歧视性技术标准和税收制度、落后的知识产权保护体系等。数量限制如不允许外国航空公司利用本国航空公司的预订系统，或给予一定的服务进口配额；当地成分如服务厂商被要求在当地购买设备，使用当地销售网络或只能租赁而不能全部购买等；本地要求如德国、加拿大和瑞士等国禁止在东道国以外处理的数据在国内使用；政府补贴使本国服务厂商也能有效地阻止外国竞争者，改变补贴可能改变某个厂商在本国服务贸易上的竞争优势；政府采购如规定公共领域的服务只能向本国厂商购买，或政府以亏本出售方式对市场进行垄断，从而直接或间接地排斥外国竞争者；歧视性的技术标准和税收制度使得国服务厂商可能比国内厂商要缴纳更多的交易附加税、经营所得税。

2. 资本移动壁垒

主要形式有外汇管制、浮动汇率和投资收益汇出的限制等。外汇管制主要是指政府对外汇在本国境内的持有、流通和兑换，以及外汇的出入境所采取的各种控制措施。外汇管制将影响到除外汇收入外的几乎所有外向型经济领域，不利的汇率将严重削弱服务竞争优势，它不仅增加厂商经营成本，而且会削弱消费者的购买力。对投资收益汇回母国的限制，如限制外国服务厂商将利润、版税、管理费汇回母国，或限制外国资本抽调回国，或限制汇回利润的额度等措施，也在相当程度上限制了服务贸易的发展。这类措施大量存在于建筑业、计算机服务业和娱乐业中。

3. 人员移动壁垒

作为生产要素的劳动力的跨国移动是服务贸易的主要途径之一，也构成各国政府限制服务提供者进入本国或进入本国后从事经营的主要手段之一。种种移民限制和出入境烦琐手续，以及由此造成的长时间等待等，都构成人员移动的壁垒形式。如印度尼西亚通过大幅度提高机场启程税的方式，限制为购物而前往新加坡的本国居民数量。

4. 开业权壁垒

开业权壁垒又称生产创业壁垒。据调查，2/3 以上的美国服务业厂商都认为开业权限制是其开展服务贸易的最主要壁垒。例如，1985 年以前澳大利亚禁止外国银行设立分支机构，1985 年后首次允许外资银行进入，但仅从众多申请机构中选择了 16 家银行，其选择标准是互惠性考虑和公司对金融制度的潜在贡献。有些国家还规定专业人员开业必须接受当地教育或培训。

五、世贸组织体制与国际服务贸易发展

世贸组织的前身《关贸易协定》第 8 轮的“乌拉圭回合”谈判，服务贸易成为各国利益较量的主题，表明世贸组织体制运行规则和法律效应平行地对待货物贸易和服务贸易。在多边贸易协定方面，对应多边货物贸易协定，“乌拉圭回合”形成服务贸易总协定；在组织机构上，世贸组织成立了与货物贸易理事会相对应的服务贸易理事会。

（一）世贸组织体制确定了服务贸易各成员方共同遵守的国际规则

世贸组织体制关于国际服务贸易的国际规则主要反映在《服务贸易总协定》中。该协定为国际服务贸易的发展创立了各成员方必须共同遵守的国际准则。早在 1986 年《关贸总协定》决定发动第 8 轮多边贸易谈判并将服务贸易列为谈判议题时，《乌拉圭回合部长宣言》就对服务贸易谈判的宗旨做了这样的描述：“这一领域的谈判应旨在处理服务贸易多边原则和规则的框架，包括对各部门制定可能的规则，以便在透明和逐步自由化的条件下扩大服务贸易，并以此作为促进所有贸易伙伴的经济增长和发展中国家发展的一种手段。这种框架应尊重服务业的国家法律和规章的政策目标，并应考虑到有关国际组织的工作。”该宣言还提出；“《关贸总协定》的程序和惯例应适用于这些谈判。”这说明，《关贸总协定》把它 40 多年来在货物贸易谈判中取得的经验都引申到服务贸易中去，从而使得服务贸易谈判起步虽晚，但规则的建立却不滞后。世贸组织体制生效

后，关贸体制有关服务贸易的内容和条款以及组织机构都被完整地继承了下来。

长期以来，尽管国际服务贸易发展迅速，但并没有一套参与国际服务贸易的国家或地区共同遵守的国际规则，缺乏针对性的约束机制。以往各国服务贸易政策和规则的协调主要体现出两个特点：①服务贸易政策的协调以双边和区域协调为主要形式，许多国家订立双边贸易协定，在服务贸易上相互给予互惠待遇。②服务贸易政策的国际协调以行业为主。因此，以往服务贸易规则的谈判都是在国际电信协会、国际民航组织、国际清算银行、国际海事咨询组织等国际性行业组织主持下进行的。显而易见，这些双边性质和行业性质的政策和规则的协调方式不能够适应国际服务贸易发展的现实，妨碍了国际服务贸易的全面自由化并减缓了服务贸易流量的增长。

世贸组织体制完整地继承了“乌拉圭回合”多边谈判产生的国际服务贸易总协定，并在组织机构上加以保证，终于使世贸组织成员方有了一个共同的认可和可供遵循的国际规则。由于国际贸易本身是由国际货物贸易和国际服务贸易两部分所组成的，因此，有关服务贸易国际规则的建立，一方面会成为促进各国服务贸易发展的一种重要手段，另一方面也标志着世贸组织体制较以往的国际贸易体制更为完善。

（二）推动国际服务贸易自由化

服务贸易自由化是体现在《服务贸易总协定》中的基本精神。所谓服务贸易自由化就是指服务业在各国或地区间没有障碍地自由流动。货物贸易可以通过减少以至最终消除关税壁垒来达到自由化的目的。服务贸易不存在关税问题，但却存在着同货物贸易相似的非关税壁垒。

小链接

《服务贸易总协定》的基本原则

1）最惠国待遇原则。最惠国待遇不仅是《关贸总协定》对货物贸易所确立的首要原则，而且也是服务贸易的基本原则。有关本协议的任何措施，每一缔约方给予任何其他缔约方的服务或服务提供者的待遇，应立即无条件地以不低于前述待遇给予其他任何缔约方相同的服务或服务提供者，但是本条规定不适用国际司法援助或行政援助以及边境贸易中的服务输出人。

2）透明度原则。《服务贸易总协定》规定，除非在紧急情况下，每一成员方应该迅速将涉及或影响其国内市场服务贸易的所有相关法律、法规和行政命令以及所有其他决定、规则和习惯做法，无论是由中央或是地方政府做出的，最迟在它们生效以前予以公布、如果它是涉及或影响服务贸易的国际协定签字国，则该项国际协定也必须予以公布。这一有关服务贸易的“透明度”条款，显示出世贸组织体制更加严格的政策监督特点。

3）区别于货物贸易的逐步自由化原则。服务贸易的逐步自由化原则与货物贸易的全面自由化要求显然有所不同，这是发展中国家争取的结果：一是应将服务贸易谈判与货物贸易谈判分开，形成了独立的服务贸易总协议；二是应明确给予发展中国家在承担服务贸易义务上的差别待遇，以促进发展中国家服务贸易的发展，这点经讨价还价最后也基本被接受；三是作为让步，发展中国家有接受“服务贸易逐步自由化”的原则。

4）发展中国家更多参与原则。发达国家缔约方可通过协商承担具体义务，以促进发展中国家国内服务业的效率和竞争力，改善销售渠道和信息网络，促进具体服务部门的市场准入和服务出口；提供商业和技术方面的服务；为获得服务技术给予各种便利等。这一原则规定与货物贸易的发展中国家区别待遇原则相比较，发展中国家在服务贸易中应当享有更多的区别待遇，以尽快提升国际服务贸易的整体水平。

5）服务提供申请获准原则。《服务贸易总协定》规定，当已经作出具体承担义务的服务提供者要求批准时，一参加方有管理权的当局应在接受申请后的合理期限内，根据国内法律及规定全面考虑，并把考虑的结果通知申请人。该条还对管理部门审查批准时所考虑的申请人资格、能力和许可证程序等方面，作了合理、客观、公正和透明度方面的规定。

6）对限制竞争行为的约束。服务贸易领域，经常在国内市场出现垄断和专营提供者，这是贸易自由化的障碍。世贸组织成员方任何一种服务的垄断提供者，均不得滥用垄断地位，不能违背该成员的最惠国待遇义务和已作出的具体承诺。

（三）促进国际服务贸易和商品贸易发展

由于国际服务贸易同世界产业结构的发展紧密联系，并且有着多样性和复杂性的特点，因此世贸组织体制中的《服务贸易总协定》正式生效运行，不仅对服务贸易本身产生直接影响，而且还会对国际货物贸易和国际经济关系产生连带的影响。

对国际服务贸易和服务业的发展，世贸组织体制主要会起到这样几个方面的推动作用。①促进服务贸易的全面增长。总协定的宗旨是推动全球“公平、自由”的服务贸易，削减服务贸易壁垒。因此服务贸易总协定的有效运行，必然促进传统服务项目和高新服务项目的贸易额的较大幅度增长。②对不同类型的服务贸易产生不同的推动，从而导致不同类型服务贸易发展的差异。一般来说，世贸组织体制对高新科技类的服务贸易产生较大的推动，因此像通信、视听服务、金融服务以及其他信息服务等会有较大的发展，而对一些传统的服务项目，其推动作用相对较小，这种差距会加剧不同经济发展水平的国家之间的服务贸易的不平衡。③刺激各国国内服务业的发展，改进技术，改善经营管理。发展对外服务贸易，提高经济实力和国际竞争力，最终促进本国经济的振兴。④推动世界服务业国际分工的进一步深化。在国际分工格局中，服务业发展的分工形式已渐趋明显，世贸组织体制的服务贸易规则将更加促进服务业国际分工的深化。

任务二　加入世贸组织对我国服务业发展的影响

【任务导入】

据中国对外承包工程商会2004年对外劳务合作年度报告显示，全球每年的流动劳务

3000万~3500万人，比20世纪80年代初的2000万人增长了50%以上。随着发达国家出生率降低和人口老龄化，全球劳务的总体需求将更快增长。在这个庞大的国际劳动力市场，中国所占的份额却寥寥无几，到2004年年末，中国的海外就业人数仅为54万人。而总人口为8000万人的菲律宾，常年有800万人在海外就业。

据有关国际组织统计，目前全世界约有1.4亿人在国外从事工作。劳动和社会保障部有资料称，中国合法境外流动就业人口总量还不足国际市场份额1%。

【思考问题】

你认为作为人口大国的中国服务贸易落后的原因有哪些?

【任务分析】

国际服务贸易在一国国民经济生活中占据着日益重要的地位，发挥着重要作用。国际服务贸易的发展首先能够提高贸易参加国的经济效率，促进国际分工的发展；其次能够发挥国际贸易的经济转递功能，在更大范围内利用国际市场的各种经济资源，弥补国内的资源不足，同时引进先进技术和先进的经营管理方式，提高经济效益。

【知识链接】

一、促使我国服务业的市场化

我国加入世贸组织以后，服务业市场对外开放要执行我国政府对世贸组织的承诺。中国政府不断创新支持服务贸易的政策措施，积极扩大服务业开放，对服务贸易发展起到了较好促进作用。中国政府在财政、税收方面出台支持服务外包发展的政策措施，大力保护知识产权，鼓励服务贸易企业开展技术创新，推动金融机构为服务贸易企业提供更好的服务。2014年8月，国务院发布了《关于加快发展生产性服务业，促进产业结构调整升级的指导意见》，提出进一步放开生产性服务业领域市场准入，营造公平竞争环境，引导外资企业来华设立生产性服务业企业、各类功能性总部和分支机构、研发中心、营运基地等。推进生产性服务业领域有序开放，放开建筑设计、会计审计、商贸物流、电子商务等服务业领域外资准入限制。随着生产性服务业开放扩大，将为服务贸易发展创造新的重大机遇。

(一) 放开经营

加入世贸组织以后，我国服务业市场在对外开放的同时，还将对国内企业开放，过去由极少数国有企业垄断或半垄断经营的行业将走向市场化，由市场调配服务资源。这样，符合条件的国内企业投资机会大量增加，与外国公司合资经营或国内企业独资经营进入类似于电信、外贸、金融等行业，这些敏感性行业投资量的增加会进一步加剧竞争，对国内原有企业带来直接冲击。

(二) 规范服务标准

伴随世贸组织服务贸易规范化的进程，我国服务业市场在对外开放的同时，也将走向规范化服务。一是对服务提供者的资格标准要统一规范。放开经营不是说所有的投资者都可以进入某个领域。在逐步给予外商国民待遇的过程中，对于外商或外国人的资格认证标准也要与国内企业或个人的标准逐步一致，即服务提供者的认证标准规范化。二是对于服务的质量标准要规范化。只有规范的服务质量标准，竞争才有尺度。因此，服务业各行业的资格认证和质量认证体系已经迅速建立起来。

二、促使我国服务业不断发展

由于服务业市场逐步放开经营，经营范围增加，投资规模扩大，服务业已经成为我国国民经济体系中增长最快的部门。伴随我国服务业市场开放程度的提高，我国服务业投资总额呈现出较快的增长势头，服务业投资占全社会固定资产投资的比重不断提高。在外商投资企业对服务业投资增长较快的同时，服务业也成为国内企业投资的热点。随着信息技术的快速发展及其在经济和社会发展中的应用程度的提高，发达国家服务业已经打破了传统的定义和范畴，尤其是银行、保险、证券、电信和医疗等诸多行业的技术含量大幅度提高，新兴的服务产品层出不穷。我国服务业市场对外开放以后，国际服务业跨国公司和银行为我国许多行业提供了新兴的服务产品，填补了我国服务业一些领域的空白，如增值电信中的国际互联网服务、远程教育和医疗服务等。

由于我国服务业基础落后，服务质量较差，外国服务业企业进入我国市场之后，在技术、研发、管理、经营的理念和营销手段以及服务态度方面，对国内服务企业发挥示范作用，促进了我国服务企业服务质量的提高。我国服务行业的经营管理发生了巨大的变化，与国际先进水准之间的距离逐渐缩小，尤其是饭店管理、商业零售等行业，进步更是突出，与外国服务业企业的先进示范作用有着密切的关系。

服务业市场对外开放，丰富了服务产品的种类，提高了服务质量，消费者拥有了更多的选择机会。国内服务企业面临外国企业竞争，必须改善经营管理，提高服务质量，使消费者增加服务的购买力，从而扩大服务业消费。我国服务业市场对外开放，在提高服务质量的同时，也会导致部分行业服务产品价格的下降，扩大消费者的购买力，增加消费需求。例如，我国国际航空客运价格、货物海运运价等，近年来都有明显的降低，使得消费者的群体扩大，消费总量增加，市场总容量膨胀。

三、推动我国服务企业的国际化经营

我国加入世贸组织以后，国际国内环境发生较大变化，我国服务业企业的国际化经营将得到新的发展。按照世贸组织的相关原则，我国加入世贸组织后在履行必要的开放市场的义务的同时，还将享有相应的权利，其他成员按照其向世贸组织的承诺，也将对我国开放市场，而不再有歧视性待遇。我国加入世贸组织的同时还参加了《政府采购协议》等，我国服务业企业将按照国际公开竞争的程序进入所有成员的内部市场参与国际竞争。这将给我国服务业企业带来更多的商业机会，提高国际竞争能力。我国部分服务行业在一定的市场范围内拥有相当的国际竞争实力，包括国际工程承包、国际旅游、计算机服务、海运服务、金融服务、医疗服务等。

我国企业在合理吸收了国际投资者的技术、管理经验以后，已经开始走向国际市场。中建集团、中化集团的国际化经营，都是改革开放的产物。加入世贸组织以后，在扩大对服务业的外商投资的同时，我国企业在引进外资以后增强国际竞争力，获得规范的服务质量和资格认证，积极展开对外投资，进军国际市场。这里特别是我国服务业企业近来已经开始注重服务企业和服务产品的品牌效应。目前在国内服务业市场，餐饮和商业零售的连锁经营、专卖，国际海运和航空服务业，我国企业与国际跨国公司之间的联合经营，都体现了我国企业对国际市场的认知程度在不断提高，这是开拓国际市场的重要手段。

四、加入世贸组织对我国服务业的冲击

国内服务业市场对外开放，外国服务企业必然要占领部分市场份额。原来完全由国内企业控制的部分服务行业的垄断经营被打破，市场分割将不可避免。在银行、保险、基础电信等行业，无论外商以合资经营还是独资方式，几乎所有的国际最大服务业企业都会云集中国市场。在增加我国服务业投资、促进服务业发展的同时，外商占有市场的一席之地是不可避免的。

我国服务业市场对外开放基本上取消地域限制，并且在服务的行业领域和品种上也将逐步取消限制。尽管如此，外商投资企业对于我国服务业的投资仍将是有选择的，利益驱动将使外商进入投资回报率高的部门和地区，这将在一定程度上，加剧了我国服务业发展的不平衡问题。

小　结

1）国际服务贸易对贸易参加国经济发展起着重要作用。服务贸易可以扩大国际经济交流，实现生产要素的重新整合，促进产业结构的调整，带动一国国际服务贸易的发展，从而刺激经济增长。

2）国际服务贸易不同于传统的国际货物贸易，具有无形性、不可存贮性等特征，在经济生活中也就具有不同的作用。

3）加入世贸组织，我国服务业进一步扩大对外开放，过去封闭和垄断经营的行业走向市场化，国内外对服务业的投资增加，服务业就业率上升，拉动了服务消费，极大促进了服务业增长。我国服务业市场的竞争更具有国际竞争的特征，促使我国法律体系做出重大调整，与世贸组织的规则相适应，同时提高服务标准与服务产品的技术含量，促进了服务贸易的发展。

基础训练

一、单项选择题

1. 影响国际服务贸易的主要因素是（　　）。

A. 关税壁垒　　B. 非关税壁垒　　C. 国内立法　　D. 国际法

2. 服务贸易标的为（　　）。

A. 服务行为　　B. 服务相关的有形商品　　C. 商品　　D. 精神享受

3. 在服务贸易总协定中最惠国待遇属于（　　）。

A. 承诺义务　　B. 豁免义务　　C. 一般义务　　D. 例外

4. 服务贸易通常不涉及服务（　　）的转让。

A. 所有权　　B. 所有权与使用权　　C. 使用权　　D. 以上都不对

二、多项选择题

1. 服务贸易的基本类型有（　　）。

A. 要素服务贸易　　B. 人员和商品流动引起的服务贸易

C. 物化服务贸易　　D. 技术鉴定服务

2. 服务贸易壁垒可以划分为（　　）。

A. 产品移动壁垒　　B. 资本移动壁垒

C. 人员移动壁垒　　D. 商业存在壁垒

3.《服务贸易总协定》序言开宗明义，将（　　）列为扩大世界服务贸易的基本条件。

A. 最惠国待遇　　B. 发展中国家的更多参与　　C. 逐步自由化

D. 透明度　　E. 国民待遇

三、简答题

1. 什么是国际服务贸易？它有哪些主要形式？

2. 当代国际服务贸易具有什么特征？

3. 简述《服务贸易总协定》的主要内容。

4. 国际服务贸易壁垒主要有哪些形式？

四、案例分析

印度在服务业吸引外资方面最为突出的做法是，通过建立出口加工区来吸引各种离岸服务业，或建立针对服务业的科技园区，因为印度软件业十分发达。在印度，各种针对IT服务业的专业化科技园区是由各省设立的，被用来吸引各种离岸服务业企业。第一批软件科技园是1990年在Bangalore、Pune和Bhubaneshwar三地成立的，1991年又设立了另外四家。在有些情况下，私人部门也可以直接从事科技园区的开发。比如，一家新加坡财团和Tata公司就在Bangalore设立了一个IT园区；Infosys，ICICI金融服务和Hughes软件公司在Karnataka设立了软件园；Quark基础设施公司与Punjab国家电子开发与生产公司合作在Punjab设立了一个科技园等。根据印度信息与技术部2004年的统计，2003年，有39家这样的园区，注册单位达7000家左右。在2002～2003年，这些园区的软件出口占印度软件总出口的80%。这些园区除了提供现代化的计算机与通信技术外，还推出了一系列激励措施。例如，实施“一个窗口结关”机制；允许外国股权比例达100%；提供5年的免税期；进口免税；允许将软件开发活动进行分包等。

分析：

请结合服务贸易的基本特征，分析印度在服务业吸引外资方面为什么会采取这些措施？这些做法对中国服务业吸引外资有何启示？

综合训练

正确认识国际服务贸易

1. 实训目的

通过技能训练，结合所学知识，学生能熟悉世贸组织体制下国际服务贸易的规则，对发展我国的服务业提出自己的建议。

2. 实训资料

请结合课堂讲授的内容，上网下载《服务贸易总协定》条文。

3. 实训要求

仔细阅读《服务贸易总协定》条文，了解协定成员国的各项权利与义务的内容，熟悉协定的各项规则。

4. 实训步骤

1）自由组合成小组，每组 5 人。

2）共同研读讨论《服务贸易总协定》条文。

3）对发展我国的服务业提出建议。

5. 实训评价

教师对各组的建议做出综合评价。

学习情境十一　国际技术贸易

【知识导图】

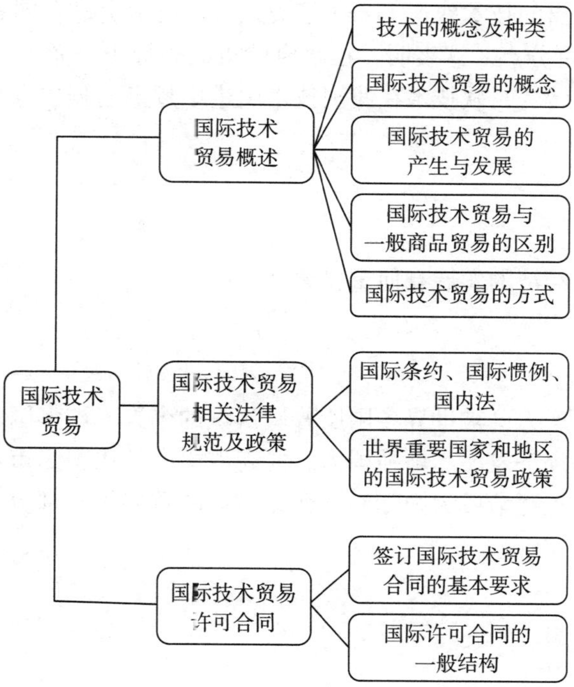

【知识目标】

1）了解技术贸易的基本概念及种类；
2）掌握国际技术贸易与一般商品贸易的区别；
3）熟悉国际技术贸易的方式和相关法律规范。

【技能目标】

1）能应用所学知识分析案例；
2）能运用国际技术贸易知识指导贸易行为；
3）能读懂国际技术贸易合同。

任务一　国际技术贸易概述

【任务导入】

据商务部统计，自1999年实施科技兴贸战略以来，我国累计引进技术近5万项，合同总金额超过1000亿美元，其中技术费达623亿美元，占合同金额的57.6%。2005年，我国为技术引进所支出的技术费达118.3亿美元，占技术引进合同总金额的62.3%，比1999年提高了31个百分点。这表明，在政府政策的引导下，企业“重设备轻技术”的技术引进观念已得到转变，软技术在我国技术引进中逐渐占据主导地位，引进技术的质量明显改善。

【思考问题】

技术贸易对我国经济的发展有何重要意义?

【任务分析】

在科学技术是生产力已被世界各国所普遍认识的今天，许多国家都把引进技术作为提高技术水平、加快经济发展、增强国力、提高本国商品在国际市场占有率的一个重要途径，国际技术贸易正逐渐成为国际经济合作活动的重要组成部分，并受到世界各国的普遍关注。

【知识链接】

一、技术的概念及种类

(一) 技术的概念

根据联合国经济合作和发展组织的定义，技术是指在整个生产过程中应有的知识。技术是人们在生产活动中制造某种产品、应用某种方法制造产品或提供服务的系统性知识，具体体现为工具的使用、加工的工艺流程、配方等。由于技术经常以其物化形态（工具、机器等）出现，在技术贸易中，机器设备被称为技术贸易的“硬件”，技术贸易中的技术被称为技术贸易的“软件”。

（二）技术的种类（见表 11－1）

表 11－1　技术的种类

分类方法	种类	含义
按照其表现形态划分	软件技术	指无形的技术知识，如专利技术、注册商标、专有技术，其中包括理论配方、计划、培训、技术咨询服务、管理服务及工厂设备的安装、操作等所需要的技术知识
	硬件技术	指作为软件技术实施手段的机器设备、测试仪器等。在国际技术贸易中，软件技术和硬件技术密不可分，在硬件贸易中必须含有软件贸易的内容才能被视为技术贸易，否则仅被视为一般商品贸易
按照其法律地位划分	公有技术	又称普通技术，指向全社会公开的科学理论和实践知识，公有技术可以不受任何限制地自由传播和运用
	工业产权技术	又称半公开技术，指经申请得到批准后受到国家法律保护，且具有法定专有权的专利技术。工业产权技术的内容虽向社会公开，但所有者在一定时期内拥有独占权，任何机构或个人未经允许不得任意使用
	专有技术	又称秘密技术，指未通过法律程序申请批准、不受法律保护，而靠发明人的保密手段加以保护的技术

二、国际技术贸易的概念

国际技术贸易是世界不同的国家或地区间，一方将某种内容的技术通过签订商业协议或合同的形式，转让给另一方，并收取一定的技术使用费，这种交易即称为国际技术贸易。国际技术转让可以是有偿的，也可以是无偿的。有偿的国际技术转让就是国际技术贸易。

国际技术贸易的主要内容有：各种工业产权，如专利、商标；各种专有技术或技术诀窍；提供工程设计，工厂的设备安装、操作和使用；与技术转让有关的机器、设备和原料的交易等。总之，技术贸易既包括技术知识的买卖也包括与技术转让密切相关的机器设备等货物的买卖。

小 链 接

技术的寿命

技术与实物商品一样是有寿命的。一项新技术从发明构思开始，经过扩散传播，直至最后失去交换价值或被淘汰，这个过程所经历的时间，称为技术商品的寿命。技术商品的寿命可分为商业寿命和自然寿命两种，商业寿命以技术失去交换价值作为结束，自然寿命以技术因被淘汰而失去使用价值为结束。①技术传播面的扩大和传播时间的推延，使技术商品的交换价值变小。随着技术传播面逐渐扩大，技术商品会逐步贬值，技术转让的次数越多，转让的范围越广，其转让价格就越低。而且，技术商品也会因为保护期限的原因，随时间的推延而贬值。例如一项专利技术的保护期限为20年，随着保护期的临近，其转让价格会远远低于保护期之初的价格。当保护期满后，该专利技术就成为社会的公共财富，任何人都可以无偿使用这种技术，这意味着技术商品已失去了交换价值。②新一代技术的出现，取代了原有的技术，使原技术商品贬值或淘汰。由于现代科学技术的飞速发展，一项新的技术往往还没有普及或还没有达到保护期限，就被更新的技术所取代，使原有技术很快贬值，以致淘汰。当新一代技术比老一代技术能带来更大的效益时，就不会有人愿意采用老技术，必然导致老技术的淘汰。被淘汰的技术不仅失去了交换价值，也失去了使用价值。在现代，技术更新换代的加快，导致技术商品的寿命不断缩短。在高技术领域内，这种情况尤为明显，以电子计算机技术为例，第一代计算机（电子管）的寿命是12年，第二代计算机（晶体管）的寿命是7~8年，第三代计算机（集成电路）的寿命是5~6年。当前，第四代电子计算机使用了高集成度的电路，使计算机速度大大提高，成本大幅度下降。目前，美国、日本和西欧的高新技术产品的发展周期一般为5~7年，电子产品和化工产品的发展周期更短。因此，一项新技术如果不尽快投入生产，几年后也许就落后了。

三、国际技术贸易的产生与发展

（一）国际技术贸易的产生

现代意义的技术贸易是伴随着资本主义商品经济的发展而逐步发展起来的。进入18世纪以后，随着工业革命的开始，资本主义大机器生产逐步替代了封建社会的小农经济，这为科学技术提供了广阔的场所，并出现了许可合同形式的技术贸易。19世纪以来，随着西方各国技术发展加快和技术发明数量增多，绝大多数国家都建立了以鼓励发明创造为宗旨的保护发明者权利的专利制度。专利制度的诞生，是国际技术贸易产生的重要前提。第二次世界大战以后，科学技术在经济发展中的作用日益重要，国际经济竞争实际上表现为技术上的竞争。因此，技术作为一种特殊的商品成为贸易的重要对象，国际技术贸易额不断增加。20世纪60年代中期国际技术贸易额每年约为30亿美元，70年代中期增至100多亿美元，80年代中期增至500多亿美元，1990年已达1000多亿美元，1995年达到2500亿美元。1965~1995年，国际技术贸易的增长率为15.82%，大大高于同期国际商品贸易6.3%的增长率。2002年国际技术贸易额已达近万亿美元。

（二）国际技术贸易发展的特点

1. 发达国家在国际技术贸易中占据绝对优势

长期以来，国际技术贸易活动主要集中在发达国家之间进行，贸易额占国际技术贸易额的80%以上，而且相对集中在美国、德国、日本、英国和法国等少数几个国家，这5个国家的技术贸易额占发达国家技术贸易额的90%以上。

2. 发达国家的跨国公司控制了国际技术贸易的较大份额

长期以来，跨国公司控制了相当份额的国际技术贸易，发达国家的500家大型跨国公司垄断了工业发达国家90%的生产技术和75%的国际技术贸易。跨国公司按照其全球战略进行海外投资，在形成规模经济的基础上将其产品销售纳入世界市场销售网，直接构成全球经济的一部分。此外，跨国公司已经把对发展中国家单纯的资本输出改变为以技术输出带动资本输出和商品输出。

3. 软件技术在国际技术贸易中的比重日益提高

20 世纪 80 年代以前，国际技术贸易主要是通过引进和输出先进设备等硬件来进行，以软件为交易对象的交易较少，进口国往往是以购买设备等硬件为主要目的，兼买软件。80 年代以后，以许可贸易形式进行的软件交易占据主导地位，进口国往往为了购买某项专利或专有技术而附带进口一些设备。尤其是发达国家间的技术贸易，软件技术的转让已占其技术贸易的 80% 以上。近年来，发展中国家开始注重技术引进的效益，减少硬件技术的引进，软件技术正逐渐成为其技术引进的主要标的。

4. 技术输出和商品输出、资本输出结合日益密切

随着国际交往方式的增多，技术转让与其他形式的国际交往、合作在更大范围内融合渗透。部分技术拥有者放弃单纯的技术买卖，开始从事产业贸易，或将技术作为投资入股或合资办厂的投入要素，以参与技术产业效益的分享作技术补偿，部分技术拥有者在提供技术时也提供资金贷款，或在提供资金贷款时限定接受方购买其技术。这样，纯粹的技术买卖关系扩展为以技术产品为中心的复合型国际经济合作。

四、国际技术贸易与一般商品贸易的区别

国际技术贸易是以技术作为交易内容，在国际间发生的交换行为，必然遵循商品交换一般规律。但是，由于技术这类商品有自己的特点，在某些方面不同于物质商品，因此，技术贸易也不同于一般的商品贸易，形成了相对独立的世界技术市场。技术贸易与一般商品贸易有以下区别。

第一，标的物不同。一般商品贸易的标的物是各种具体的物质产品。技术贸易的标的物是知识产品，是人们在科学实验和生产过程中创造的各种科技成果。

第二，形态不同。一般商品贸易是有形贸易，是看得见摸得着的物质产品，而技术贸易则是无形贸易，无法称量也难以检验质量，不能以大小轻重来衡量。因为技术革新、创造发明可能是一个数学公式、一项原理、一项设计，可以写在纸上，也可以记录在录音带上，但是，文字和录音只是技术的载体，可以表示技术的内容，并不是技术本身。

第三，所有权转移不同。商品所有权是指对商品的占有、使用、收益处分的权利。一般商品的所有权随贸易过程发生转移，原所有者不能再使用、再出卖，而技术贸易过程一般不转移所有权，只转移使用权，绝大多数情况下是技术转让后，技术所有权仍属技术所有人，因而一项技术不需要经过再生产就可以多次转让。这与技术商品的特点有关，因为技术商品的所有权与使用权可以完全分开，技术转让只是扩散技术知识，转让的只是使用权、制造权、销售权，并非所有权。

第四，贸易关系不同。一般商品贸易只是简单的买卖关系，钱货两清，贸易关系终结。技术贸易是一种长期合作关系：一项技术从一方转移到另一方，往往须经过提供资料、吸收技术、消化投产，最后才完成技术贸易行为。因此，技术交付不是双方关系的终结，而是双方关系的开始，技术贸易双方通常是“同行”，所以能合作，但也会存在

潜在利益冲突和竞争关系。

第五，贸易条件不同。一般商品贸易条件比较简单。而技术贸易的条件非常复杂，包括转移何种技术、专利使用范围、承担什么义务和责任等。由于技术市场本质上是卖方市场，一般来说，技术引进方总是处于较被动的地位，特别是当今各国都重视科学技术进步对经济发展的作用，采用新技术速度快，需求量大，使世界技术贸易的卖方市场特征更加明显，技术供给方常常利用提供新技术附带一些限制性条款。

第六，作价方式和价格构成不同，一般物质商品的价值量是由生产该商品的社会必要劳动时间决定的，而技术商品的价值量是由该技术发明所需的个别劳动时间直接构成。因为新技术具有先进性，新颖性是社会唯一的，不可能形成社会平均必要劳动时间，同时新技术又具有垄断性、独占性的特点，这就决定了技术商品作价原则的特殊性，技术商品价格构成也复杂得多。

此外，国际技术贸易还具有先进性、垄断性、保护性等特点。

五、国际技术贸易的方式

（一）许可贸易

许可贸易是专利权所有人、商标所有人或专有技术所有人作为许可方向被许可方授予某项权利，允许其按许可方拥有的技术实施、制造、销售该技术项下的产品，并由被许可方支付一定数额的报酬。

（二）特许专营

特许专营合同是指由一家已经取得成功经验的企业，将其商标、商号名称、服务标志、专利、专有技术以及经营管理的方法或经验转让给另一家企业的一种技术转让合同，后者有权使用前者的商标、商号名称、专利、服务标志、专有技术及经营管理经验，但须向前者支付一定金额的特许费。特许专营合同是一种长期合同，它可以适用于商业和服务行业，也可以适用于工业。

（三）咨询服务

顾问咨询是雇主与工程咨询公司签订合同，由咨询公司负责对雇主所提出的技术性课题，提供建议或解决方案。服务的内容很广，如项目的可行性研究、技术方案的设计和审核、招标任务书的拟定、生产工艺或产品的改进、设备的购买，工程项目的监督指导等。特别是发展中国家，往往技术力量不足，或对解决某些技术课题缺少经验，聘请外国工程咨询公司提供咨询服务，可以避免走弯路或浪费资金。因咨询公司掌握有丰富的科学知识和技术情报，可以协助雇主选择先进适用的技术，找到较为可靠的技术供方，以较合理的价格获得质量较好的机器设备。雇主虽然要支付一笔咨询费，但所节约的资金远远超过支付的咨询费，总体算下来，对雇主仍是有利的。咨询费一般可以按工作量计算，也可采用技术课题包干定价。一般所付的咨询费相当于项目总投资的 5% 左右。

（四）技术服务与协助

技术服务与协助是技术转让交易中必不可少的环节。技术转让不仅包括转让公开的技术知识而且包括转让秘密的技术知识和经验，对技术受让方引进项目的成败往往起关键作用。因为，这些技术知识和经验很难用书面资料表达出来，而必须通过言传、示范等传授方式来实现。技术服务与协助可以包括在技术转让协议中，也可以作为特定项目，签订单独的合同。提供技术服务与协助的方式有两种：由受让方派出自己的技术人员和工人，到技术提供方的工厂或使用其技术的工厂培训实习；由提供方派遣专家或技术人员到受让方工厂，调试设备，指导生产，讲授技术。

（五）承包工程

工程承包或称“交钥匙”项目，是委托工程承包人按规定条件包干完成某项工程任务，亦即负责工程设计、土建施工、提供机器设备，施工安装、原材料供应、提供技术、培训人员、投产试车、质量管理等全部过程的设备和技术。工程承包是一种综合性的国际经济合作方式，也是国际劳务合作的一种方式，其中包括大量的技术转让内容，因此又可称为国际技术贸易的一种方式。

小讨论

分小组讨论技术服务与技术咨询的区别。

任务二　国际技术贸易相关法律规范及政策

【任务导入】

2005年我国某公司与荷兰某公司草签了一项引进挖泥船设备和制造挖泥船专有技术的许可合同，其中有这样一条款：“对那些挖泥船用户的总机构是在中华人民共和国之外注册的，假如与荷兰某公司的利害关系无冲突和将无冲突，那么这些挖泥船的建造和交船可以进行，对上述情况必须经双方协商最后判断。对荷兰某公司利害关系是否存在或是否将存在冲突，最后由荷兰某公司单方决定。”

【思考问题】

对这样的条款我方是否应该接受，为什么？

【任务分析】

国际技术贸易比一般商品贸易更多地受到国家政府的干预与管理，表现为各种各样的国内立法，协调国家意志的国际条约，以及起着法律规范作用的国际转让方面的国际惯例。这些都是从事国际技术贸易应当了解并遵守相关法律及规范。

【知识链接】

一、国际条约

条约是国际技术贸易法的重要渊源。这些条约有的是专门针对国际技术贸易活动的，有的则包含这方面的规则与规范。

（一）专门条约

目前，有关国际技术贸易的专门条约与协定并不多。已经正式签订的只有几个区域性协定。从1974年开始，联合国贸发会就着手拟定一个国际技术转让方面的全球性规范。1978年10月《国际技术转让行动守则草案》提交联合国讨论，但由于各国政治经济利益的根本分歧和科技水平的重大差异，草案未获通过。实际上目前并不存在一个国际技术贸易方面的世界性公约。但该草案对各国立法具有一定的借鉴意义，影响不可忽视。

（二）有关的国际条约

主要有工业产权保护方面的国际公约，如《巴黎公约》《专利合作公约》《保护植物新品种国际公约》《专利国际分类条约》，以及《关贸总协定》乌拉圭回合1993年达成的《与贸易有关的知识产权协议》。商标保护方面的国际公约，如《马德里协定》等也与技术贸易间接相关。各国签订的有关技术贸易的双边贸易协定或其他协定，对于当事国来说，也具有条约法的意义，对签约方的技术贸易有约束力。

二、国际惯例

与国内法和国际公约不同，国际惯例具有一定的伸缩性。它的作用是有一定的限度的，并不是对一切从事国际技术贸易的人都有约束力，只有当技术贸易合同双方承认并以某种方式采纳某一惯例时，才对当事人双方有法律约束力，具有补充与解释当事人意思的作用。在国际技术贸易合同中不得订立限制性商业条款，是多数国家普遍接受的重要国际惯例。

三、国内法

这是目前国际技术贸易法的主要渊源。主要是工业产权法、反垄断法、涉外技术转让法等。

（一）涉外技术转让法

各国制定的专门的技术转让法，主要是通过国家的干预来控制技术引进活动的某些重要环节、增强技术受让方的谈判地位的法律，这些法律是国际技术贸易法的最重要的国内法渊源。我国是对国内与涉外技术转让活动分别立法的。

（二）反垄断法

许久以来发达国家是没有技术转让法的，他们调整技术转让活动主要依靠反垄断法。在以“托拉斯”为主要垄断形式的国家称为“反托拉斯法”（Anti－Trust Law）；在以“卡特尔”为主要垄断形式的国家往往称为“反卡特尔法”（Anti－Cartel Law）；在大多数国家又可以称为“不公平竞争法”（Unfair Competition Law），美国有自己独特的名称，是《谢尔曼法》（Sherman Act）和《克莱顿法》（Clayton Act）。我国虽然尚未制定专门的反垄断法，但已经制定了《反不正当竞争法》，它同样也是有关我国涉外技术贸易的重要立法。

（三）工业产权法

工业产权法是与涉外技术贸易关系最为密切的国内立法之一，而专利法又是其中最为重要的部分，因为专利技术是国际技术贸易的主要标的所在。为鼓励外国人把他们的新发明拿到本国来申请专利，从而引进技术，大多数国家在专利法中对外国申请专利的权利都未做限制，外国人在申请专利方面享有国民待遇。我国的专利法对外国人在中国申请专利做了专门规定。由于商标不能算作一种技术，只能作为随同技术一道转让的标的，所以各国的商标法远不如专利法那么重要，但也是重要的辅助立法。

随着技术革命的进展，一些国家开始为保护专有技术及计算机软件准备专门立法，如法国与日本正在研拟《专有技术法》，我国于1992年颁布了《计算机软件保护条例》。这些法律成为工业产权的重要组成部分，也成为国际技术转让法的重要渊源。

（四）其他国内立法

不少国家有规范对外贸易的专门法——对外贸易基本法，也适用于涉外技术贸易。有些国家还在对外贸易基本法中设立专章，对技术贸易活动做出原则性规范。如我国的《对外贸易法》。

由于国际技术贸易绝大多数是通过许可证合同的方式来进行的，所以当事人各方所在国的合同法也具有重要意义。我国采用《经济合同法》与《涉外经济合同法》分立的模式，各司其职。自1999年10月1日起，《合同法》正式取代了原来的《经济合同法》《涉外经济合同法》和《技术合同法》。

此外，公司法、破产法、外商投资法、外汇管理法、税法、银行法等也间接与国际技术贸易活动相关联，可算作国际技术贸易法的重要国内法渊源。

四、世界重要国家和地区的国际技术贸易政策

发达国家对国际技术贸易管理的侧重点在技术出口方面，其管制技术出口的主要目的是防止尖端技术外流。同时，出于政治、经济目的考虑，发达国家普遍注重对技术出口进行国别限制以及在技术出口问题上进行国际合作。而对于技术进口，发达国家普遍实行国民待遇原则，除了法国1970年颁布了有关技术引进的法令外，美国、日本、欧盟等都是通过一些与技术转让有关的法律，如反垄断法、专利法、商标法、外汇管理法、出口管理条例等，对技术引进进行间接调整。

（一）美国对国际技术转让的政府管理

美国是世界上最大的技术输出国，非常重视本国知识产权在域外的保护，有严密的有关知识产权出口的管理措施。美国商务部是从事技术出口管理的主要机构，直接负责

全部民用和军民两用的商品和技术的出口审批。除商务部之外，美国国务院、国防部、司法部、能源部、农业部、内务部、原子能管理委员会、专利商标局等部门也都在其管辖的范围内，参与技术出口管理。

美国技术出口管制的目的有三个：一是防止可用于军事用途的产品和技术落入到不友好的国家从而危害国家安全；二是为了执行美国对外政策、履行国际义务；三是防止国内供应短缺引起通货膨胀。

美国技术出口管理有以下主要内容。

1. 分类管理

美国政府对出口的商品和技术实行分类管理，对不同类别的商品和技术出口采取不同的管理政策。按照商品和技术的用途，将实行管理的商品和技术分为三类：民用商品和技术资料；既可民用又可军用的双重用途的商品和技术资料；军事用途的商品和技术资料。按照这种分类，美国政府将全部商品和技术资料个编入两个商品管制清单：一个是民用及军民双重用途的商品管制清单，另一个是纯军事用途的商品管制清单。

在美国商务部颁布的《出口管理条例》中，列有民用及军民两用技术管制清单的全部内容。军事用途商品和技术的出口管制清单，依照美国《武器出口管制法》，授权美国总统制定。根据美国政府公布的此种清单，将军事用品和技术分为22类，几乎包括从步枪、刺刀到核武器的全部军事用品和相关技术。

出口商可以查阅商务部出口管理局颁发的商品控制清单，该清单由商务部每年审核一次，属于多边控制的则每3年审核一次。商务部一般办理双重用途商品，技术的出口事宜，制定商品出口控制清单。国务院下设武器出口管制局，负责制定美国军售政策和武器出口清单；国防部则审查出口商品、技术是否有助于增强某些进口国的军事实力，从而损害美国的国家安全。宇航技术和太阳能技术分别由宇航局、太阳能委员会管理等。有关技术和商品非经有关部门同意，不能随意出口或转移到国外。

2. 国别管理

为推行其国别政策，美国政府对不同的国家实行不同类型的出口管制。对社会主义国家和从事、支持国际恐怖主义的国家，主要以国家安全管理为主；对其盟国和其他发展中国家，则主要以外交政策和稀缺物质供应管理为主。按照美国商务部制定的《出口管理条例》美国将除加拿大以外的所有外国按照其与美国关系分为8组（分别以英文字母PQSTVWYZ为代表），分别实行不同的出口控制标准。

中国原来被单列在P组，后来又被调至V组，但中国从来也没有真正享受过V组的宽松待遇，向中国出口潜在军事用途大的商品和技术还要受到多方面的限制，所以从美国进口技术产品一定要事先了解美国的相关政策。

3. 出口许可证管理

美国对技术出口的管理是通过发放出口许可证具体实施的。根据美国1988年修订的《出口管理法》，除了向加拿大直接出口的多数商品和技术资料外，美国对世界任何国家出口的一切商品和技术都必须获得美国政府的出口许可证。

美国的出口许可证分为一般许可证、一次有效的许可证和多次有效的许可证。一般许可证适用于七类货物和技术的出口，从商品的类别、价值、出口国别看，属于管理最宽松的，其发放不需要向商务部申请，不需要逐一审批，只要在报关单上填写该商品或技术的一般许可证编号即可出口。一次有效许可证需要出口商专门办理，有商务部出口许可证处审批，每一许可证限于特定种类、数量、价值的商品或技术出口，两年内有效，许可证项下的商品和技术出口完毕后失效。发放此类许可证的关键是出口商列明最终收货人和出口商品或技术的确切资料。多次有效许可证包括经销许可证、综合经营许可证、项目许可证、提供服务许可证等，该类许可证授权出口商可向不同的进口商多次出口货物或技术，也不限定货物或技术的数量和价值，有效期长。但审批严格，审批时间长，在许可证有效期间，商务部可能随时进行审计、监督其使用。

（二）欧盟对国际技术转让的政府管理

欧盟的管理特点是在实行转让的自由化的同时，通过竞争法等进行宏观调控，同时非常强调欧盟内部的合作和行动的一致性。欧盟没有一部完整的竞争法典，主要体现在1957年签订的《欧洲经济共同体条约》的第一章关于竞争法则的第85条和第86条。在知识产权方面，1996年，欧共体委员会就第85条第（3）项的若干知识产权转让协议的适用问题制定了新规章（EC No240/96，也称为技术转让规章）。该规章采取一般禁止与豁免相结合、单独豁免与集体豁免相结合的体制，控制专利、商业秘密和其他知识产权许可协议中的反竞争行为。该规章共有13条，主要规定了白色清单条款、黑色清单条款和灰色清单条款。白色清单条款，指一般不限制竞争的条款；黑色清单条款指因严重影响竞争而不予豁免的许可合同条款；灰色清单条款指不在基本豁免范围，又未列入白色或黑色清单内的许可合同条款。灰色条款适用通知异议程序，当事人将合同内容及有关情况通知欧共体委员会，如欧共体委员会在4个月内未提出异议，视为已获得豁免。

（三）日本对国际技术转让的政府管理

1. 日本对技术引进的政府管理

日本没有对技术引进制定单独法规，鼓励知识产权引进的政策、措施和意图贯穿在《电子工业振兴法》《企业合理化促进法》等有关具体的行业事业法中。在这些法规中，日本政府鼓励引进国外的先进技术，鼓励企业和科研机构加强与外国政府和科研机构合作，共同研究和开发技术。鼓励企业间给予跨国企业间技术成果的转让、普及和应用。“二战”后，日本为保护和扶植国内生产力。为追赶工业工业国家的技术水平，对企业引进技术提供大量外汇支持，鼓励以购买专利权等形式引进技术。这些措施使日本得以全面引进外国先进技术，降低生产成本，在引进、消化的基础上进行技术革新，促进了经济高速增长，在较短时间内提高了产业竞争力。

2. 日本对技术出口的政府管理

1999年日本文部科学省对日本技术出口情况作了调查，2002年发表调查报告显示：日本制造技术企业出口较前几年呈下降趋势，行业集中在石油煤炭、医药、精密仪器、电气机械等。合同形式大多是有偿合同，占80%以上。收费方式为收取“首次金”和收取“运行使用费”等。对发达国家的出口合同多为包括专利的合同，对亚洲国家的技术出口合同多为包括技术诀窍的合同。其中对中国的技术出口合同中含有技术诀窍的合同为87.7%。2002年日本成立了“知识产权战略会议”，出台了“知识产权战略大纲”，修改《特许法》和《商标法》，拥有专利的企业向海外转让专利及其垄断使用权须经日本政府批准。

（四）我国对技术贸易的管理

1. 我国技术进出口管理的法规

我国对技术引进的管理，主要是通过将其纳入国际经济技术发展的统一规划，并根据国家的政策和所制定的有关的行政法规，对技术引进项目及合同实行政府机构审批实现的。1981 年，国务院通过了《技术引进和设备进口工作暂行条例》，1985 年，国务院又发布了《中华人民共和国技术引进合同管理条例》，1988 年，原经贸部经国务院批准发布了该管理条例的《实施细则》。随着我国科技和经济实力的增长，在大量引进技术的同时，从 20 世纪 90 年代开始，我国也开始向外国输出技术，为了对越来越多的技术出口进行管理，同时也适度放松对技术引进的诸多限制，2001 年 10 月，国务院通过了《中华人民共和国技术进出口管理条例》，2002 年 1 月 1 日生效，原来的《技术引进合同管理条例》及其《实施细则》同时废止。

除了《中华人民共和国技术进出口管理条例》外，目前我国涉及技术进出口的法规还包括：2004 年 7 月 1 日，修订实施的《中华人民共和国对外贸易法》（对贸易进出口取消审批制，改为登记制），2001 年修订后实施的知识产权法规《专利法》《商标法》《著作权法》《集成电路布图设计保护条例》及 2002 年修订后实施的《计算机软件保护条例》。

2. 我国对技术进出口管理的基本原则

我国对技术进出口的管理实施以下原则。

1）国家统一管理原则。国家对技术进出口实行统一的管理制度，依法维护公平、自由的技术进出口秩序。商务部（原外经贸部）负责全国的技术进出口管理工作。省、自治区、直辖市人民政府外经贸主管部门负责本行政区域内的技术进出口管理工作。

2）符合国家政策原则。技术进出口应当符合国家的产业政策、科技政策和社会发展政策，有利于促进我国科技进步和对外经济技术合作的发展，有利于维护我国经济技术权益。

3）自由进出口原则。国家准许技术的自由进出口。但是，法律、行政法规另有规定的除外。

3. 我国技术进出口的主管部门

商务部（原外经贸部）负责全国的技术进出口管理工作。省、自治区、直辖市人民政府外经贸主管部门根据国务院外经贸主管部门的授权，负责本行政区域内的技术进出口管理工作。国务院有关部门按照国务院的规定，履行技术进出口项目的有关管理职责。

我国 1985 年开始实施的《技术引进合同管理条例》，规定所有的技术引进合同都必须经审批机关批准后才能生效。但在 2002 年 1 月 1 日生效的《技术进出口管理条例》，在一定程度上放宽了限制，将技术进出口分为自由进出口、限制进出口和禁止进出口三种。对于自由进出口实行登记制度，合同自依法成立时生效，登记不是合同生效条件。

对于限制进出口实行严格的许可制，在这类技术进出口前，有关当事人必须首先取得进出口许可意向书方能签订合同，而合同订立后也必须再经主管部门审批后才能生效。

为维护我方利益，根据我国实践经验并参考一些国家的立法，我国规定，引进合同中不得含有下列不合理的限制性条款：

1）（搭售条款）要求受让方接受同技术引进无关的附带条件，包括购买不需要的技术、技术服务、原材料、设备或产品；

2）限制受让方自由选择从不同来源购买原材料、零部件或设备；

3）限制受让方发展和改进所引进的技术；

4）限制受让方从其他来源获得类似技术或与供方竞争的同类技术；

5）双方交换改进技术的条件不对等；

6）限制受让方利用引进的技术生产产品的数量、品种或销售价格；

7）不合理地限制受让方的销售渠道或出口市场；

8）禁止受让方在合同期满后，继续使用引进的技术；

9）要求受让方为不使用的或失效的专利支付报酬或承担义务。

依照我国法律规定，技术引进合同需要审批的，合同的引进方应自合同签订之日起的 30 天内，向审批机关报批。审批机关应在收到报批申请书之日起的 60 天内决定批准或不批准。审批机关逾期未予答复的，视为合同获得批准。经批准的合同自批准之日起生效，并由审批机关发给技术引进合同批准证书。

在技术引进合同的履约过程中涉及税收和用汇问题，分别统一由国家税务局（涉及关税的由海关总署）和国家外汇管理局负责解决和管理。

小讨论

发达国家为什么在技术输出上设置如此多的政策障碍？

任务三　国际技术贸易许可合同

【任务导入】

1994 年 7 月，我国南方某制药厂（以下简称受让方）与美国某制药有限公司（以下简称转让方）签订了一份技术许可合同。合同中规定，转让方向受让方提供生产某一系列品种西药的配套技术，受让方从生产这一系列药品的净销售额中提取 10% 作为向转让方支付的技术使用费。合同生效之后，双方履行合约顺利，产品在国内国际市场均打开了销路，但是关于受让方向转让方支付技术转让费出现了争议。按受让方对合同的理解，合同中所说的“产品净销售额”是指产品销售总额扣除掉销售退回、销售折让、包装费、运输费、保险费、销售费用以及税金后的余额；而转让方则称，合同认定的“产品净销售额”是指产品销售总额扣减掉销售退回和销售折让后的余额。按受让方所理解的含义，其产品销售净额为500万美元，应支付转让方50万美元的使用费；而按转让方所下的定义，受让方的产品净销售额应为600万美元，受让方应支付的技术使用费应为60万美元。

【思考问题】

结合案例，分析合同双方为什么会起纠纷？应如何避免出现这样的纠纷。

【任务分析】

国际技术贸易合同是一种比较特殊的合同，其基本要求不仅应符合各有关国家合同法的一般规定，而且应符合主管部门制定的技术转让专门法律、法规的规定。否则，合同将不被批准。

【知识链接】

一、签订国际技术贸易合同的基本要求

（一）国际技术贸易合同必须以书面形式订立

国际技术贸易合同是当事人权利和义务的具体规定，是履行合同的基本依据，是解决合同争端的重要证据。因此，我国合同法、技术转让法律、法规都要求国际技术贸易合同要以正式的书面形式订立。

（二）国际技术贸易合同的内容应完整、明确

国际技术贸易合同中的条款很多，有些条款要根据法律、法规的要求拟订，有些可以由当事人双方根据契约自由原则独立拟订，但法律、法规明令的基本内容是不能遗漏的，如技术的主题、范围和必要的说明，其中涉及专利和商标的应当附具清单；预期达到的技术目标以及实现各项目标的期限和措施；报酬、报酬的构成和支付方式。这些内容如遗漏或不明确均属合同内容不完整，将成为不合格合同。

（三）合同应争取在平等互利的基础上签订

国际技术贸易合同当事人双方的地位和关系是平等的。但是，国际技术贸易中，往往会出现一些反竞争行为。如《中华人民共和国对外贸易法》第30条，以及世贸组织《与贸易有关的知识产权协议》都明确规定，知识产权权利人有下列行为：阻止被许可人对可合同中的权利有效性提出异议、进行强制性一揽子许可、在许可合同中规定排他性返授条件等行为之一的，并违反对外贸易公平秩序的，主管部门可以采取必要的措施消除危害。因此，合同当事人应当防止一方凭借在技术上的优势地位，把一些不平等的限制性商业做法强加于另一方。但是，在平衡接受某种限制与对国家和当事人的影响，接受某种限制与获得技术的利弊后，国家或当事人有时会以发展为前提，经与许可方协商后，做出某种妥协。

（四）合同使用文字应该准确，条款之间应严格一致

国际技术贸易合同条款涉及一系列数据、指标和计算方法，软件和硬件供应，人员培训、技术指导具体细致的规定，当事人应该尽可能措辞清楚、准确达意，防止误解。条款之间应严格一致，互相呼应，保持条款之间，合同主体与附件之间的一致性，避免合同中出现相互矛盾的规定，给将来履行合同埋下隐患。

二、国际许可合同的一般结构

在国际技术贸易活动中，当事双方的权利与义务是靠合同的具体条款来决定的，交易的开展也是靠执行合同条款来实现的。由于国际技术贸易合同的种类很多，具体条款各式各样，技术的水平又不一样，有普通技术，有高精尖技术，合同的内容也随之变化。

国际技术贸易合同一般应包括首部（前言）、序言、定义、范围、价格、支付、技术资料的交付、技术服务、人员培训、保证、索赔、税费、侵权、保密、不可抗力、争议的解决，以及合同生效等十几项条款的内容。

国际技术贸易合同的结构，大体上分为五个部分：第一部分为合同首部，第二部分为合同序文，第三部分为合同主体，第四部分为合同尾部，第五部分为合同附件。

（一）合同首部

首部是国际技术贸易合同必不可少的开头语，主要包括合同名称和编号、签约时间、地点、当事人法定名称和地址。

1. 合同名称和合同编号

合同名称（Title of Contract）要确切地反映合同的内容、性质和特征。如“关于××专利的实施许可合同”。这样就可以此从合同名称上了解该合同所转让的技术名称和合同性质。合同编号（Number of Contract）是识别合同的特定符号，它反映出当事人的国别代号或公司代号、合同签订的年份、进出口国别地区、进出口企业所在地区、技术进出口合同标识、进出口技术的行业分类和企业自定义。其作用是：有利于将此合同与彼合同相区别；便于立卷存档和查阅；简化当事人双方往来函电的内容；有利于上级主管部门监督检查。

自2002年1月1日起施行的《技术进出口合同登记管理办法》第8条规定，“编制技术进出口合同号码应符合下列规则。第一，合同号码总长度为17位。第二，前9位为固定号。其中，第1~2位表示合同的年份（年代后2位）、第3~4位表示进口或出口国别地区（国标2位代码）、第5~6位表示进出口企业所在地（国标2位代码）、第7位表示技术进出口合同标识（进口I、出口E）、第8~9位表示进出口的行业分类（国标2位代码）、后8位为企业自定义。

2. 签约时间和签约地点

签约日期（Date of Contract）通常为当事人双方达成交易的日期。在技术贸易中，签约日期并不是合同生效日期，因为各国技术转让法规都规定，合同签订后必须履行审批手续，例如我国限制进出口的技术要求申请进出口许可证，许可证日期才是合同生效日期。

签约地点（Place of Contract）通常与签约日期排列在一起，但它们却是两个不同的问题。通常合同上写“某年某月某日，中国北京”。前者表明签的时间，后者表明签约地点。应特别注意签约地点，因为签约地点具有如下重要作用：第一，在合同中，当事人双方未订立法律适用条款的情况下，一旦发生争议，提交仲裁或进行司法诉讼时，根据国际私法规则，仲裁机构或法院将把签约地点作为推定合同适用法律的依据之一。我国《合同法》还特别规定，中外合资、合作合同等的签约地点必须为中国或中国某城市。第二，有些国家征收印花税，也将签约地点作为征税的依据。

3. 当事人法定名称和地址

当事人的法定名称，是指其作为公司或企业向政府主管部门进行登记注册，经政府部门确认所使用的公司或企业的全称。法定地址是指当事人作为法律实体长期或永久营业所，是区分同名或类似名称企业、公司的重要条件。法定地址是有关通信联络不可缺少的，也是双方发生争议确定合同适用法的依据之一。当事人的名称一定要表明当事人的法律地位和性质，股份有限公司或合伙企业，一定要用全称，简称不具有任何法律意义。

（二）合同序文

又称鉴于条款（Whereas Clause），常用“鉴于……”语句。该条款主要用以说明当事人双方的背景、立约意愿和目的，其中要特别讲明许可方对技术或权利拥有的合法性及被许可方接受技术的经验和能力。例如“鉴于许可方拥有某项制造技术和生产某项产品的实践经验”“鉴于许可方已在某国取得了某某工艺方法的专利”“双方授权代表通过友好协商，同意就以下条款签订本合同”。该条具有潜在的法律作用，即要求双方在合同一开始就做出某种法律上的保证，确认转让技术的有效性和合法性，使许可方不敢随意将通过不正当手段获得技术，或把根本不具备可实施性的技术转让给被许可方，从而起到避免损失、保护被许可方利益的作用。一旦发生纠纷，仲裁机构或法院就可以根据这些保证，对合同的其他有关条款进行解释和评论，以判明是非。鉴于条款的叙述和合同正文的条款地位是有差别的。根据国际贸易惯例，如果鉴于条款的叙述与合同正文条款的规定发生矛盾，则应以合同正文条款为准。

（三）合同主体（或合同正文）

合同主体包括双方当事人权利、义务的各项具体规定，以条款的形式分别叙述，是整个合同的核心部分。

国际技术贸易合同大多比较复杂，条款很多，涉及技术、商务、法律等很多领域，在合同条款的行文中经常有些关键的、重要的名词术语反复出现，如果不对这类名词术语下定义，极易产生理解上的不一致，或对名词术语的内涵产生误解，甚至产生纠纷。因此，在合同主体条款的开头，单独拟定定义条款是十分必要的。许多技术贸易合同的正式条款的第一条就是定义条款，把双方同意的定义在这里写明。需要下定义的词语数量依据合同的复杂程度决定，多少不限，但应注意所下定义的名词和术语在同一合同各条款出现时，含义应安全一致。经常下定义的词语有：专利技术、专有技术、合同产品、净销售价、备件、部件等。

小链接

技术的价格

技术的价格是指技术受让方为取得技术使用权所支付的、提供方可以接受的使用费的货币表现。技术价格的高低是以利用该技术所能带来的经济效益大小为基础，利用该技术所产生的经济效益越大，其价格也就越高；相反，所产生的经济效益越小，其价格也就越低。技术的价格构成包括技术开发的成本、技术转让成本、技术服务费、机会成本、新增利润的分成这几个主要部分。

（四）合同尾部

这一部分通常置于合同的结尾部分，其主要作用在于对合同未尽部分进行补充和完善。因此，这部分的内容是较复杂的，在商订这一部分条款时，应对前面几部分合同条款进行仔细审阅，凡是其他几部分包括不进去的内容都要写进“合同生效与其他”这一部分里。“合同生效及其他”条款包括的主要内容有：合同的生效、合同的有效期、合同的变更和终止、合同文字的效力等内容。

1. 合同的生效

合同的签字日期和生效日期的确定有着重要的法律意义。目前，大多数国家的法律都规定，国际技术贸易合同（主要指许可证合同）在签订后的一定期限内呈报政府主管部门批准之后才能生效，在这种情况下，双方当事人应分别提交本国政府当局批准，以最后一方的批准日期为合同生效日期。

2. 合同的有效期

国际技术贸易合同一般还应明确规定有效期，有效期的长短可由双方当事人根据具体情况商订，可以规定 5 年、7 年或 10 年不等。但有的合同未明确规定合同的有效期，国际上通常认为，双方默示合同的有效期限，即合同有效期限直至许可专利的有效期届满为止。随着技术生命周期越来越短，技术贸易合同的期限也呈缩短的趋势。为了控制合同的有效期限，不少国家的法律对合同期限都有一定的限制，如有的国家规定技术引进合同的有效期一般不超过 5 年，以保护本国当事人的利益。从当事人的角度考虑合同有效期，要注意被许可方或受方掌握技术所需要的时间，要考虑所转让技术的生命周期，合同标的如为某种知识产权，合同有效期应与该权利的法律保护期限相协调，还要注意法律、法规对合同有效期的规定。

3. 合同的续展

合同的续展，是指延长合同有效期。延长合同有效期属于合同的变更。合同条款的任何变更、修改或增删，须经双方协商同意后，双方代表签署书面文件，作为合同的组成部分，与合同有同等法律效力，还需要根据国家法律、法规规定报请合同审查部门批准。

4. 合同的终止

合同终止基本有两种情况：一种是合同期满而告终止；另一种是合同还未满期，由于某些原因，通常是一方以另一方违约为理由，行使终止权而提前终止合同。合同中途终止要区别情况分别规定不同的处理办法。

5. 合同文字及签署

当事人约定合同用两种文字签订时，在合同中必须说明，合同以哪种文字为准，还是两种文字具有同等效力。我国当事人如采用外文为合同文字时，应避免使用我们不熟悉或只有少数人熟悉的外文；如采用中文和外文两种文字，中外文本具有同等效力时，应注意翻译的准确性，并规定，当两种文字发生矛盾时，以其中哪一种文字为准。

当事人在合同正本上签字虽不是合同生效的条件，但是，是当事人对合同权利、义务的确认。因此，签字的人员应具备一定的资格。签字人应为双方当事人的法人代表或其正式授权人，必要时，授权人应出具“授权书”。

（五）合同附件

合同附件，是附在合同之后用以说明合同正文不便详细罗列的内容，其地位、效力与合同正文是相同的。所有附件应与合同正文提到的附件相对应，顺序不能颠倒。为了避免将附件当作合同次要部分的误解，有必要在合同附件之前对其地位、效力加以明确。例如，“所有合同附件均为合同正文不可分割的组成部分，与合同正文具有同等法律效力。”

小　结

1）技术是系统性知识，需要在生产活动中不断总结、完善，技术的发明和掌握是需要付出成本的。技术能提高生产的效率，带来更高的经济利益。因此，技术本身具备使用价值。

2）经济全球化进程加速，国家间竞争日趋激烈，国际技术贸易比重不断扩大，技术竞争能力是衡量国家贸易实力强弱的重要因素，同时，知识创新已经成为我国一项基本国策，提升技术与品牌的竞争实力，是我国从贸易大国向贸易强国转变的根本出路。

基础训练

一、单项选择题

1.（　　）技术可以不受任何限制地自由传播和运用。

A. 工业产权　　B. 公有　　C. 专有　　D. 秘密技术

2. 国际技术贸易中（　　）占据绝对优势。

A. 发展中国家　　B. 发达国家　　C. 欠发达地区　　D. 落后地区

3. 我国的（　　）负责全国的技术进出口管理工作。

A. 海关总署　　B. 国家质检总局　　C. 国务院办公厅　　D. 商务部

4. 我国法律规定，技术引进合同需要审批的，合同的引进方应自合同签订之日起的（　　）天内，向审批机关报批。

A. 10　　B. 20　　C. 30　　D. 40

二、多项选择题

1. 技术按照其法律地位可分为（　　）。

A. 公有技术　　B. 工业产权技术　　C. 专有技术　　D. 先进技术

2. 下列关于国际技术贸易与一般商品贸易的区别表述正确的是（　　）。

A. 标的物与形态不同　　B. 所有权转移不同

C. 贸易关系不同　　D. 贸易条件不同

E. 作价方式和价格构成不同

3. 国际技术贸易合同的结构，大体上分为以下部分（　　）。

A. 合同首部和序文　　B. 合同主体

C. 合同尾部　　D. 合同附件

4. 美国的出口许可证可分为（　　）。

A. 一般许可证　　B. 一次有效的许可证

C. 和多次有效的许可证　　D. 专门许可证

三、简答题

1. 技术贸易中的软件技术包括哪些内容？

2. 国际技术贸易与一般商品贸易相比较有哪些区别？

3. 从事国际技术贸易应当了解并遵守相关法律及规范有哪些？

4. 什么是工业产权技术？如何保护？

四、案例分析

中国“飞达”商标被恶意注册案

中国的AS企业欲将“飞达”牌商标注册于某国第34类（加工或未加工的烟草、烟具、火柴类）的某些商品上，但该企业在申请注册时只把其商标用于烟斗所用的烟草上。后来，某国BY企业在香烟上开始使用与“飞达”商标类似的“飞鸟”商标，并向该国商标主管机关申请商标注册，同时提出证明：在该国的大部分地区，“飞达”牌商标现在已对BY企业的商品而不是对AS企业的商品具有显著性。经审查，该国商标主管机关允许BY企业注册其商标，并经BY企业请求，禁止AS企业在香烟上使用其“飞达”牌商标。

分析：

1）该国商标主管机关禁止AS企业使用“飞达”商标有何依据？

2）AS企业应如何避免此类事件再次发生？

综合训练

正确认识国际技术贸易

1. 实训目的

通过技能训练，结合所学知识，使学生掌握技术引进的基本步骤。

2. 实训资料

我国某研究所急需一批精密仪器用于科学研究，从各种渠道了解到只有美国有生产这种仪器的厂商。该研究所决定从美国进口该种仪器。但考虑到美国政府对精密仪器的出口有严格的限制，尤其是对中国的出口，该研究所决定制定一份行动方案指导该引进业务，以避免不必要的损失。

3. 实训要求

请为该研究所制定一份行动方案完成进口任务。

4. 实训步骤

1）自由组合成小组，每组 5 人。

2）明确每个人的职责，分工合作完成方案。

3）形成设计方案，全班共享。

5. 实训评价

教师对各组的设计方案做出综合评价。

参考文献

[1] 刘濛．国际贸易原理与实务［M］．成都：西南财经大学出版社，2010.

[2] 鲁丹萍．国际贸易理论与实务［M］．北京：高等教育出版社，2015.

[3] 李军．国际贸易概论［M］．北京：北京理工大学出版社，2010.

[4] 矫立军．国际贸易理论与实务［M］．成都：西南财经大学出版社，2008.

[5] 张向先．国际贸易概论［M］．4 版．北京：高等教育出版社，2014.

[6] 唐卫红，尹丽琴．国际贸易理论与实务［M］．北京：北京邮电大学出版社，2012.

[7] 高彩云，杨丽．国际贸易概论［M］．北京：机械工业出版社，2006.

[8] 胡德华，麻伟亮．国际贸易——理论、实务、案例、实训［M］．2 版．北京：高等教育出版社，2015.

[9] 王玉清，赵承璧．国际技术贸易——技术贸易与知识产权［M］．3 版．北京：对外经济贸易大学出版社，2005.

[10] 林珏．国际技术贸易［M］．上海：上海财经大学出版社，2006.

[11] 陈宪程．国际服务贸易［M］．上海：立信会计出版社，2008.